商业银行经营管理人员阅读经典译丛

Asset Liability Management Optimisation

A Practitioner's Guide to Balance Sheet Management and Remodelling

资产负债管理最优化

资产负债表管理和重塑的实践指南

贝娅塔 · 卢宾斯卡（Beata Lubinska）◎ 著

于东智　关继成　李康乐　谭明洋 ◎ 译

中国金融出版社　WILEY

责任编辑：李　融　李林子
责任校对：孙　蕊
责任印制：程　颖

北京版权合同登记图字01-2021-1000
《资产负债管理最优化》一书中文简体字版专有出版权属中国金融出版社所有，不得翻印。

图书在版编目（CIP）数据

资产负债管理最优化：资产负债表管理和重塑的实践指南/（波）贝娅塔·卢宾斯卡（Beata Lubinska）著；于东智等译.—北京：中国金融出版社，2021.12
　（商业银行经营管理人员阅读经典译丛）
ISBN 978-7-5220-1433-3

　Ⅰ.①资…　Ⅱ.①贝…　②于…　Ⅲ.①商业银行—资产负债结构—资产管理—研究　Ⅳ.①F830.45

中国版本图书馆CIP数据核字（2021）第271950号

资产负债管理最优化：资产负债表管理和重塑的实践指南
ZICHAN FUZHAI GUANLI ZUIYOUHUA: ZICHAN FUZHAIBIAO GUANLI HE CHONGSU DE SHIJIAN ZHINAN

出版
发行　**中国金融出版社**

社址　北京市丰台区益泽路2号
市场开发部　　（010）66024766，63805472，63439533（传真）
网上书店　www.cfph.cn
　　　　　　（010）66024766，63372837（传真）
读者服务部　　（010）66070833，62568380
邮编　100071
经销　新华书店
印刷　保利达印务有限公司
尺寸　169毫米×239毫米
印张　16.75
字数　230千
版次　2022年1月第1版
印次　2022年1月第1次印刷
定价　68.00元
ISBN 978 -7-5220-1433-3
如出现印装错误本社负责调换　联系电话（010）63263947

博闻广志　虚心若愚
促进中国银行业持续变革

在新的发展阶段，面对国内外经济金融形势严峻复杂、利率市场化快速推进、金融脱媒不断加剧、监管要求日趋严格等新情况和新问题，中国银行业面临的挑战愈加复杂化、多元化。这要求中国银行业在全面深入推进自身战略转型的同时，也要加强对全球银行业科学发展规律的认识，加强对国际领先同业先进经验的学习，从而为中国银行业的持续变革和稳步发展，探寻出行之有效的发展战略和实施路径。

一、中国银行业步于崭新的历史发展起点

经过多年卓有成效的改革与发展，中国银行业发生了前所未有的制度变迁，取得的成就有目共睹。但是，回顾改革开放40多年来的改革历程，中国银行业的发展之路并不平坦。20世纪70年代末期，中国启动了从计划经济体制向社会主义市场经济体制的历史性转型。由于经济转轨的成本缺乏有效的制度性安排，加上外部环境及自身管理水平等诸多原因，中国银行业积累了巨大的风险。脆弱的银行体系困扰着中国经济发展，成为金融稳定与经济增长的潜在威胁和重要瓶颈。尤其是经历了20世纪90年代末的亚洲金融危机之后，中国的经济增长和银行业发展受到严重冲击，银行业积累了大量不良资产。对此，西方媒体曾经悲观地认为，中国的国有银行在技术上已经破产。

1

面对严峻的形势和挑战，国家下定决心对银行业进行改革，破解银行业发展难题和挑战，提高银行体系的竞争能力。经过多年的努力，中国银行业经历了成功的管理改革与战略转型，实现了跨越式的发展：商业银行的体制机制改革和公司治理建设取得突破，风险内控管理水平和风险抵御能力得到明显改善，转变增长方式取得进步，行业综合竞争实力获得显著提升。尤其是多年来改革发展积淀的实力与力量，让中国银行业成功经受了本次国际金融危机的严峻考验，这不仅维护了中国经济的稳定，更提振了亚洲乃至世界的信心。

"要把银行真正办成银行"，这是改革开放之初邓小平同志对银行业改革发展提出的期望和要求。毫无疑问，经过40多年来艰苦卓绝的改革发展历程，从被海外认为已经技术性破产，到现在综合竞争实力显著提升，中国银行业正在稳步向真正的银行业转变，正在走出一条具有中国特色、符合自身实际的科学发展道路，正处于一个新的历史发展起点。

二、中国银行业未来发展仍然任重道远

虽然中国银行业改革发展取得的成就令世人瞩目，但与我们的目标相比，与实体经济对银行业的巨大需求相比，与国际领先同业的标杆相比，中国银行业仍需要保持快速稳健发展。我们必须清醒地认识到时代赋予了中国银行业前所未有的机遇，也提出了更加严峻的挑战，我们也必须正视中国银行业与国际先进银行之间存在的差距，中国银行业的未来发展依旧任重道远。

首先，中国银行业发展仍面临诸多严峻的挑战。国际金融危机导致中国商业银行的经营管理面临前所未有的复杂环境。从宏观经济环境看，经济下行风险加大，经济结构调整迫在眉睫，经济转型任重道远，中国银行业的改革发展将面临诸多难以预见的风险，这对商业银行强化风险管理和提高盈利能力提出了高要求，未来的经营管理难度加大。从金融改革与行业变革看，随着金融市场改革开放不断深入，

金融脱媒趋势加剧和利率市场化改革加速对商业银行的经营模式带来冲击。前者导致银行主导型的市场格局正在发生根本改变，银行业面临存款与客户流失、流动性风险管理难度加大等经营压力；后者导致商业银行存贷款利差空间缩小，风险定价能力、产品创新能力和盈利水平面临巨大考验，发展模式急需转型。从监管要求看，国际金融危机爆发后，二十国集团（G20）主导推出了全球金融监管新框架，对全球银行业发展提出了更加严格的监管要求，我国也不断完善金融监管体系，推出了新资本管理办法，市场化监管力度不断加大，这不仅对商业银行资本管理能力提出严峻挑战，也对公司治理、风险管理、内部控制、金融创新等提出更高要求。

其次，中国银行业与国际先进银行相比仍存在一定的差距。与国际先进银行相比，中国银行业的差距仍是多方面的，有管理工具方面的，有人员素质方面的，有体制机制方面的，但追溯经营管理中存在问题的根源，这种差距更多、更直接地体现为经营管理理念上的不足。这些经营管理理念上的不足集中反映为两个方面：一是片面追求规模扩张的粗放式增长理念仍然存在；二是资本约束理念尚未真正确立，对资本必须覆盖风险，进而限制银行 "规模冲动"和"速度情结"的认识仍不充分。这种理念上的"软肋"导致商业银行的发展模式和增长方式存在缺陷，导致商业银行的发展速度、规模、质量、效益难以协调统一，风险与收益、短期利益与长期价值难以统筹平衡，从而直接影响商业银行的市场竞争力和可持续发展能力。

内外部经营环境的剧变，推动中国商业银行的经营管理步入了一个大变革时代。适应新形势，探索新道路，成为中国银行业必须思考的重大课题。

三、通过学习和借鉴促进中国银行业持续变革

在未来前进的道路上，我们还会面临这样或那样的情况和问题，还会遇到这样或那样的风险和挑战。未来永远是不确定的，变化本身

却是永恒的，而学习则是从中寻找到确定性规律的唯一渠道。站在新的历史起点上，面对一个全球经济体系和金融格局迅速变化的时代，在探索和选择中国银行业持续变革的战略与路径时，我们迫切需要学习，需要客观评价自身的能力和不足。我们需要用开放的态度和辩证的思维，去了解和把握全球银行业理论与实践的最新进展和动向，去学习和借鉴国际银行业经营管理方面的先进理念和领先实践，去洞悉和领悟国外先进同业在经历危机沉淀后形成的一切有价值的经验和方法。我们需要在实践中学习，在学习中借鉴，在借鉴中把握未来，有效促进中国银行业的持续变革和稳步发展。

在这种背景下，中国金融出版社组织发起出版"商业银行经营管理人员阅读经典译丛"，我觉得这是一项非常有意义的工作。译丛精选的大多是国外近年来最新的商业银行经营管理理论和实务的经典著作，这些著作及时、动态、全面地反映了当前国际银行业经营管理的理论前沿和实践动向，能够让我们看到经历危机的西方商业银行是如何思考、如何行动、如何调整的，这有助于我国银行业经营管理人员更好地开阔国际视野和提升专业素养，也是正处于改革和发展新起点的中国银行业从业人员十分需要的。

"博学之，审问之，慎思之，明辨之，笃行之。"伴随着经济发展和科技进步，银行业的发展也日新月异，知识理论的更新更是一日千里。借此"商业银行经营管理人员阅读经典译丛"出版之际，我衷心希望中国商业银行的经营管理者们能够进一步博闻广志，求真务实，求知若饥，虚心若愚，既要深植于中国经济土壤之中，又要吸收借鉴他人的经验和教训，强化战略思维，树立世界眼光，提高对银行业科学发展的规律性认识，在科学发展观的指引下迎难而上，奋勇向前，共同开创中国银行业基业常青之事业。

中国人民银行副行长　潘功胜
2018年3月

谨以此书献给我的家人。特别感谢莉迪亚，我能想象到的最好的女儿，也特别感谢我的丈夫丹尼尔，他占据着我心中的特殊位置。

银行业是一个有着悠久历史的行业。作为一门商业学科，现代银行业可以追溯到公元15世纪，但也有证据表明，罗马和巴比伦时期也有与现代银行业惊人相似的业务模式。如果我们所说的银行，是指一个独立的企业，吸收客户存款，承诺本息安全并保证随时可取；同时它还将资金借给借款人，借款人同意在未来某个确定的日期偿还本息，那么从这个角度来认定，银行业确实是一个古老的行业。

当然，这就使商业银行资产负债管理作为与银行密切联系的一门学科，也具有相当悠久的历史。商业银行资产负债管理就是管理商业银行的资产和负债，所有银行均有负责资产负债管理的部门或岗位。原因很简单，管理银行业务就需要有效地管理其资产和负债业务。资产负债管理岗位对银行来说，就像发动机和车轮之于汽车一样重要。在银行的资产负债表中，存贷款有不同的现金流状况，到期日存在差异，因此银行会面临不同的风险。管理这些形形色色的差异就是开展银行管理和银行资产负债管理，或者说如果想保持长期可持续的银行经营，就需要管理好这些事项。

然而，资产负债管理作为一门正式的学科并配有专门的教材，则是相对近期的事情。20世纪70年代初之前，在所有有关商业银行经营管理的学术或者业务文献中，我都没有找到这样的表述。银行经营管理中如此至关重要的内容，却没有专门的文献记录，这很奇怪。我推测有两个方面的原因：第一，在发展过程中，资产负债管理在传统上属于司库管理的一部分，司库管理以"在工作中学习，沉浸其中，不断深入"的管理方法而闻名，不从事该工作的学者对其可能了解较少；第二，它是一个从未引起学术界过多关注的金融领域。如果学者们不写关于司库工作的学术论文，那么司库管理从业者通常也不会这么做。

不管怎样，2008年国际金融危机的诸多影响之一就是进一步加强资产负债管理工作，或者说强调了资产负债管理工作的重要性。资产负债管理不再是那个穿着灰色西装，只能站在角落里低头看自己皮鞋，寂寂无名的毛头小伙儿了，现在他是摇滚明星，是万众瞩目的焦点。为什么会发生这种变化？因为当前资本和流动性都面临更多的约束和更高的成本。资本或者流动性两者中任何一种太多，都会使银行面临令人难以忍受的低效率，而两者中任何一种不足，都会使银行感受到监管机构扑面而来的压力。无论银行管理层之前对资产负债管理工作如何忽视，一夜之间，它已经成为异常紧急的事项，值得最高管理层高度关注。

因此，2008年以来，资产负债表优化成了流行语，而我则一直偏好将其称为战略资产负债管理。我认为资产负债管理的优化是在存贷款的生成阶段来优化构建资产负债表，以尽可能高效和有效的方式满足监管机构、客户和股东的竞争需求。考虑到三个关键利益相关者的需要，采取积极主动而非被动反应的做法，这本质上就是战略资产负债管理。

虽然本书作者对优化的定义与我的逻辑一脉相承，但是仍略有不同。我定义了"优化是什么？"，而卢宾斯卡女士则定义了"如何优化？"。是的，优化是一个过程，它涉及优化技术的应用以及优化标准规则的定义、目标和约束。她进一步指出，本书的目标之一是从实践的角度，细致地引导读者通过优化的过程，量化这项工作带来的经济效益。

在后危机时代，银行监管压力较大、资本和流动性受限，在追求竞争策略的正确道路上，对资产负债管理采取一种更严格、更正式的方法变得至关重要，同网络安全与公平对待客户一样重要。毫无疑问，这是商业银行构建能够长期持续经营的资产负债表的关键。就像我常说的：资产负债表就是一切。

　　这是一本要仔细研究的书，要不断研读，然后评估如何应用到银行的实践中。本书所描述的工具，以案例分析的形式加以解读，并不一定适用于每家银行，银行应该吸收借鉴其中的方法、规则，并对技术进行调整，以确保在具体情景中找到适合自己的正确方法。这不是一个琐碎的话题，但如果一家银行能够正确地应用相关方法，该银行所有利益相关者获得的回报将是显而易见的。

穆拉德·乔德里教授

英国萨里

2019年10月 31日

作者简介

　　贝娅塔·卢宾斯卡博士是一名金融工程师，先后在通用电气资本（GE Capital）、德勤（Deloitte）、渣打银行（Standard Chartered Bank）等国际金融机构就职，拥有超过15年的金融领域工作经验。目前，她开办了一家总部设在伦敦的小型专业咨询公司（BL Advisory &Consulting）。

　　此前，她是伦敦MeDirect集团市场风险部主管，主要关注银行账簿利率风险、市场风险和资产负债表管理等方面。作为穆拉德·乔德里教授在伦敦创立的管理学院（BTRM）的教职人员，她为来自全球各地的银行专业人士提供培训。

　　她的专业领域主要包括资金转移定价、银行账簿利率风险、资产负债管理和资产负债表优化管理。

　　贝娅塔在波兰兰格经济学院获得博士学位。在她的博士论文中，她提出一个设想：优化技术的应用将会改善银行账簿管理，从对银行利润表可量化的经济影响角度来看，相较于用两种方法分别独立管理两种风险，用一种集成方法综合管理利率风险和流动性风险将大有裨益。此外，她还大力提倡积极主动地管理银行资产负债表。她的研究成果发表在《金融科学》（*Financial Sciences*）、《斯普林格商业和经济论文集》（*Springer Proceedings in Business and Economics*）和《兰格经济学院研究》（*Research Papers of Wroclaw University of Economics*）等期刊上。她最近的研究成果包括：

　　（1）《以静态方法计量利率风险敞口的研究评论》（*Review of the static methods used in the measurement of the exposure to the interest rate risk*），《金融科学》，2014年；

（2）《决策模型在构造资产负债表和资金转移定价过程的作用》（*Balance Sheet Shaping Through Decision Model and the Role of the Funds Transfer Pricing Process*），《斯普林格商业和经济论文集》，2017年；

（3）《通过决策模型和资金转移定价构建资产负债表》（*Balance Sheet Shaping Through a Decision Model and Funds Transfer Pricing*），《兰格经济学院研究》，2017年；

（4）《资产负债管理的当代挑战》（*Contemporary challenges in the Asset Liability Management*），《斯普林格商业和经济论文集》，2018年；

（5）《当代资产负债管理的挑战》（*Contemporary challenges in the Asset Liability Management*），《兰格经济学院研究》，2018年；

（6）《满足多重约束下的现代资产负债管理》（*Modern Asset Liability management needs to operate in the multidimensional world*），《ALCO杂志》（*ALCO magazine*），2018年8月；

（7）《银行账簿利率风险——修订后的欧洲银行管理局准则实施过程中的关键挑战以及重要性解读》（*Interest Rate Risk in the Banking Book – key challenges in the implementation of the revised European Banking Authority Guidelines and why it is so important*），《ALCO杂志》，2018年11月。

译者简介

　　于东智，管理学（会计学）博士，中国农业银行香港分行副总经理。曾先后供职于中国人民大学商学院博士后流动站、中国工商银行博士后工作站、中国工商银行总行、中国农业银行总行。曾在《中国社会科学》《经济研究》等学术期刊上发表多篇论文，并出版多部专著及译著。

　　关继成，经济学硕士，金融风险管理师（FRM）、高级经济师，中国农业银行资产负债管理部专家；先后从事流动性、同业融资、资产负债合规管理等工作。曾在《农村金融研究》《金融电子化》等期刊上发表论文二十余篇。

　　李康乐，经济学硕士，高级经济师，中国农业银行香港分行资产负债部经理。曾供职于中国农业银行总行信息中心和资产负债管理部，从事数据管理、资产负债管理、内外部定价管理等工作，曾在《中国金融》《中国银行业》等期刊上发表多篇论文。

　　谭明洋，工学硕士，中国农业银行香港分行经理。曾先后供职于中国农业银行总行研发中心和资产负债管理部，从事流动性管理、外汇资金管理和软件研发工作，曾在《中国金融》《中国银行业》等期刊和国际会议上发表多篇论文。

目录

资产负债管理在商业银行账簿管理中的地位不断提升，作用越来越重要。资产负债管理人员意识的变化就是一个明显的改进：由原来银行战略管理和融资模式带来的银行账簿结构被动管理的方法，正在被积极主动的方法所取代。管理人员意识到，应该根据目标，以一种有意识和积极的方式来构建银行账簿结构。

本书的目的是促进资产负债管理角色的转变，以及在现代金融中促进金融风险管理实践方法的全面性转变。通过整合的方法，积极主动管理资产负债管理领域的两个主要金融风险类别（利率风险和流动性风险），并与银行的商业策略相互关联，将会带来巨大的效益。这些益处主要体现在可以量化的经济效益上。2008年以来，银行业一直面临趋严的监管环境、低利率或负利率（在欧元区）和利差收窄等形势，这些挑战使商业银行的变革具有了迫切性。

作为应对上述挑战的一种尝试，"优化"一词在银行业中频繁出现，广泛应用。我经常在想，"优化"在实践中意味着什么？在现实环境中，什么应该被优化，它应该如何被优化。我认为，"优化"通常意味着更好地分配资源，如流动性或资本，以便银行与规定的要求一致。在我看来，优化是一个过程，它涉及优化技术的应用（书中将详细描述）以及优化标准规则的定义（我们想优先考虑哪种指标？）、目标（我们想优化什么？）和约束（在优化过程中需要考虑的条件）。同时，优化也需要一个实用的工具（方法）。本书的目标之一是从实践的角度，详细地引导读者通过优化的过程，量化其带来的经济效益。最后，将向读者提供两个业务案例，对优化过程进行检验测试。

此外，本书还揭示了另一种情况：当前，管理金融风险基于互相独立的假设，这是银行业的日常惯例。基于互相独立的假设方法以及包括对金融风险的独立管理，特别是银行账簿中的利率风险和流动性风险的分割管理，导致银行无法对融资策略（以及后续的流动性和融资风险）作出最优选择，只能作出次优选择和套期保值次优策略（在接下来银行账簿利率风险的缓释中也会出现同样情况）。

在我的经历中，我总是看到这两类风险被分开处理，互相独立地开展计量和日常管理。例如，在风险管理部门，有一个人（或团队）专注于计算流动性指标，另一个人（团队）专门负责银行账簿利率风险指标的分析。每个银行的司库都有为此目标和职能所做的设置，因此，在一些银行，你会发现在司库部门内运作的资产负债管理职能，主要目的是重点对利率曲线进行有效预测，并试图从符合市场预测的利率曲线变动中受益。流动性缓冲的规模和组成部分（也在司库部门的职责范围内）往往是在没有考虑利率走势因素的情况下单独决定的。只有在建立流动性缓冲的整个过程完成之后，才能评估对银行账簿利率风险管理指标的影响。银行司库部门主管最重要的任务之一就是提出融资策略，这是评估所有可用资金资料来源并决定其组成的过程。同样，这个过程与银行账簿利率风险的相互作用仍然很弱。而我的经历和学术研究得出的结论是，这种相互作用是很有必要的。

让我们对此做一个详细分析。司库部门的关键任务是在银行账簿的盈利能力和它面临的所有金融风险之间保持一种动态的平衡。银行账簿的风险及其盈利能力之间有比较明确的此消彼长的关系。在本书中，我称这种关系为目标头寸（目标结构）。寻找这样的目标结构是资产负债管理分析面临的真正挑战，它需要分析工具和建立框架。目标结构意味着定义资产和负债的组成，在一些监管要求和内部风险限额约束的前提下，银行账簿的盈利达到了最大值。我稍后会继续介绍资产负债结构的定义。目前，我的主要目标是证明银行账簿中的利率风险和流动性风险（资产负债管理部门必须管理的两类主要风险）之间有着很强的互动关系。如果将未到期资产负债的利率调整约定日期（利率风险视图）和流动性现金流约定日期（流动性风险视图）对比来看，这个结论就会非常明显。

通过讨论一个非常简单的案例，来详细介绍这一论点，一家银行的账簿由重定价周期为3个月的浮动利率负债组成，资产方由固定利率贷款组成。它们的财务特征如图I.1所示。

资产——固定利率贷款，100

还款类型：定期还息到期还本
下一次（本金）付款日期：2019年12月31日
下一次重定价日期：2019年12月31日
客户利率：3.50%
FTP基准利率：2.00%
FTP流动性溢价：0.50%

负债——重定价周期为3个月的浮息票据100

还款类型：定期还息到期还本
下一次（本金）付款日期：2019年9月30日
下一次重定价日期：2019年3月31日
客户利率：1.50%
FTP基准利率：1.25%
FTP流动性溢价：0.25%

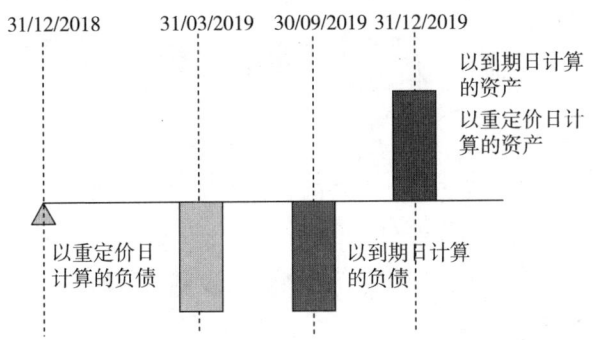

图I.1　银行账簿利率风险和流动性概况

（资料来源：作者整理加工）

在分析资产负债管理的盈利能力时，我们需要首先定义一些术语。利率风险管理会带来正利差，即资产的利息收入高于负债的利息支出，这归因于资产负债管理（业务部门与资产负债部门之间的利润分配在本书后面部分进行了描述）。如果这个利差已经固定并明确归属，我们称为锁定利差。如果未来的利差存在不确定性，该头寸将会暴露在利率变化的风险中，我们称为风险利差。随着时间的推移，同样情况也会出现在融资利差的变化上。

在此案例中，银行账簿显示2019年3月31日由于浮动利率负债的重定价利率风险的敞口变化情况。从重定价日开始，重定价资产将由重定价后的负债支持，造成重定价缺口以及对净利息收入的影响，即净利息收入敏感性。由于受利率风险影响，在该资产负债头寸下，锁定的融入融出基准价差为0.75%[①]，而在3个月期欧元利率下降25个基点（从1.25%下降至1%）的假设下，资产负债管理部门融入融出基准价差将变成1%[②]。

这种情况如图I.2所示。

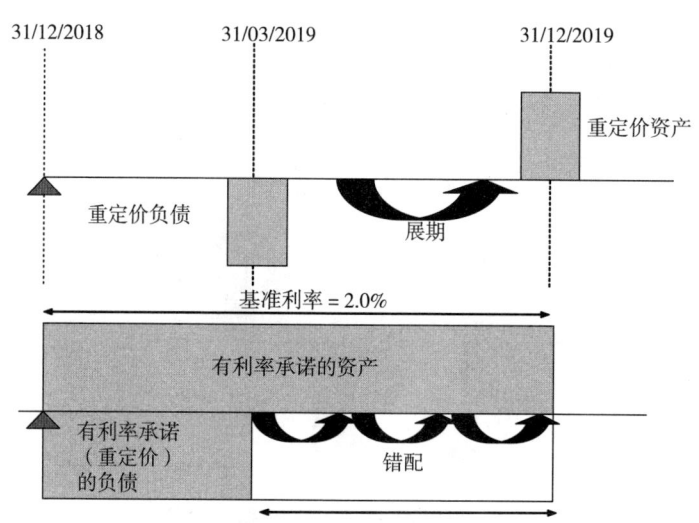

图I.2　银行账簿利率风险敞口

（资料来源：作者加工整理）

---

① 资产方FTP基准利率（2.00%）–负债方FTP基准利率（1.25%）=融入融出基准价差（0.75%）。——译者注

② 资产方FTP基准利率（2.00%）–负债方FTP基准利率（1.00%）=融入融出基准价差（1%）。——译者注

从流动性的角度分析，情况略有不同。该银行于2019年9月30日对到期负债展期，此时银行将面临流动性风险，出现的融资缺口将带来净利息收入的敏感性。详见图I.3。

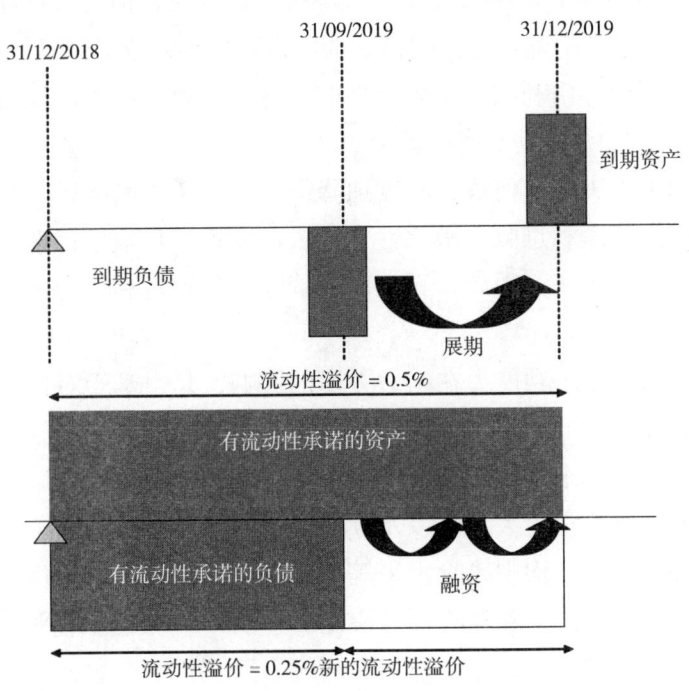

图I.3　银行账簿融资风险敞口

（资料来源：作者加工整理）

当前资产负债头寸产生的锁定FTP流动性价差等于0.25%[①]（资产与负债之间的流动性溢价差异）。然而，资产负债流动性风险价差取决于需要展期的负债，在展期情况下的定价水平，将会影响相应的流动性价差水平。

在本案例中，考虑银行盈利能力时，我们需要基于商业银行资产负债结构，将利率风险和流动性风险对净利息收入（NII）的边际影响

[①] 资产方FTP流动性溢价（0.50%）－负债方FTP流动性溢价（0.25%）=0.25%。——译者注

进行加总。

因此，截至2019年3月31日，总的净利差为1%（0.75%+0.25%），这些需要簿记在司库部门资产负债管理活动的收入项上。从2019年3月31日起到2019年9月30日，净利差将达到1.25%，但由于存在利率风险，这一结果是不确定的。同样的情况在2019年9月30日之后也存在。资产负债管理部门利润的不确定性取决于到期负债的流动性溢价和欧元利率曲线上3个月期利率的波动。

司库主管决定如何最大限度地降低银行账簿中利率风险和流动性风险所产生的净利息收入敏感性，以及需要资产负债管理部门贡献多大利润给业务部门。因此，真正的挑战在于理解盈利能力和风险之间的权衡。

银行的实际盈利能力在损益方面的影响，是由基于对银行账簿利率风险管理的对冲策略和司库部门基于融资策略的期限调整工作共同决定的。因此，未实现的损益取决于未来会计区间的利率风险和融资策略引起的风险利差大小，以及预期损益水平及其波动性（敏感性）和嵌入银行账簿结构中风险水平等因素共同影响。其中风险水平是由银行的风险承受能力和监管要求决定。显然，不确定性水平及银行对市场利率曲线和资金利差方面的预测能力是主要的影响因素，但它们并未囊括所有的因素。

还有其他重要因素，如银行客户不可预测的行为对商业银行资产和负债都有影响，这些因素决定了银行账簿的最终构成。与资产方相关的客户行为假设主要涉及抵押贷款或个人贷款的提前还款率，这些贷款可以在合同到期日之前提前偿还。该因素给银行账簿带来了重大的不确定性，因为它可以在短期内改变银行的流动性状况。此外，过去采取的对冲策略可能因此失效，需要调整。

由于上述原因，资产负债管理面临的主要挑战是在金融风险的情况下构建银行账簿的目标结构，尽量将受内部政策和监管要求约束的融资成本最小化，以提高其盈利能力。资产负债管理的另一个挑战是积极主动地与业务部门合作，明确银行账簿中资产目标结构的含义。对于适用于资产方的目标结构，主要面临的约束包括回报最大化要求和监管要求。

关于利率风险与流动性风险之间存在的相互关系及其对银行账簿结构的影响并不是新问题，在各种论文和书籍中都有广泛的讨论，如巴尔丹、泽恩和雷博纳托（2012），乔德里（2017，2018）均对此问题有过讨论。因此，本书试图从不同的角度来处理综合性问题，即通过数学函数的构建以及优化技术的应用，找出最合适的银行账簿构成。函数构建将需要优化的目标变量（资产盈利能力和融资成本）和优化工作的约束条件（如净利息收入波动、资金集中度和流动性缓冲的理想水平）纳入考虑。

如此构建的优化问题的输出结果，将会使银行实现资产负债的目标配置，以及对银行损益影响的量化测算。近期，主权债务危机、银行间市场流动性紧张、强化的《巴塞尔协议Ⅲ》等迫使银行业构建最合适的资产负债结构，以最大限度地提高盈利能力，同时满足内部政策和监管机构所制定的各类约束要求。

本书的结构服从于本书的主要目的，即银行账簿资产端和负债端如何构建目标结构。

第一章介绍了商业银行资产和负债管理的主要概念，并强调了司库部门在追求利润最大化（主要取决于商业银行在收益率曲线预测正确情形下的融资策略选择）和保持一定的风险水平（之前设定的风险指标表现）之间寻求平衡方面的特殊角色。从流动性管理的角度来看，优化任务的重点是建立足够的优质流动性资产缓冲和保持适当的长期流动性比率。利率风险管理则是通过设置净利息收入（NII）的敏感性阈值来实现。本书这一部分介绍了商业银行账簿管理最重要的概念、它所面临的主要金融风险以及资金转移定价流程等。第一章还概述了建于2007—2009年国际金融危机之后的监管架构，即《巴塞尔协议Ⅲ》的相关内容。

第二章介绍了计量和控制银行账簿利率风险和流动性风险的相关方法。第一部分详细介绍缺口法，量化银行账簿资产负债项目的期限错配及其对经济价值影响的风险度量方法。分析内容也包括久期方法及其在银行资产和负债管理过程中的应用（久期缺口法，DGAP）。第二部分介绍了流动性风险的分解，对流动性短期和长期的测量和管理方法。特别强调了风险敏感资产、负债之间的错配以及基准风险的分析。另有一节专门讨论银行部门的资金转移定价（FTP）问题，以及用其来确定资产价格和负债定价参数。此部分阐述了FTP的概念和客户支付利息的分解。FTP过程在银行账簿结构形成中起着重要的作用。

第三章重点关注银行客户决策行为的决定因素。这个问题从两个方面来解释：一方面是负债方（储户的行为）；另一方面是资产方（借款方的行为），即有提前偿还选择权的借款人提前偿还借款的行为。本章强调行为因素对银行账簿稳定性和结构的重要性。从流动性和利率风险管理的角度来看，对这些现象进行建模是关键的挑战之一。在现有的众多方法中，本书提出了两种估计无固定到期日存款支取水平的方法：第一种是定量方法，基于增长模型来确定存款的稳定性；第二种是复合方法。通过开展敏感性分析可以发现影响存款稳定性变化的显著因素，如利率水平或宏观经济因素。相反，贷款提前偿还的建模（银行账簿的资产方）过程是分阶段的：第一阶段描述建模的目标；第二阶段描述提前还款的行为类型和影响决策过程的因素。这部分工作是定性的，有助于模拟客户提前还款行为。特别是，提前还款现象是受宏观经济因素和利率变化影响的，但相关统计数据无法由上述因素解释。

第四章重点介绍优化技术，并描述决策模型中的优化过程。本章首先介绍了基于拉格朗日乘数的优化和优化算法的概念。其次介绍了银行账簿体系定义和对模型建立基期资产和负债初始状态进行了描述（包括定期存款的展期、活期和储蓄账户的波动性、资产摊销情况、资产提前偿付率、利率类型和定价策略）。这一部分介绍了各国银行账簿结构的差异以及模型所受的监管约束。再次介绍了模型结构中的目标函数和约束。约束被划分为决定银行账簿资产端的约束，包括流动性风险（流动性缓冲、短期流动性比率、结构性流动性比率，存在考虑客户的行为影响以及不考虑其影响两种情况），利率风险（基于收益计量和经济价值计量方法）和资本吸收（资本充足率）。在负债方面，除流动性和利率风险外，限制因素还包括过度依赖特定资金来源的风险（集中度风险）。第四章还介绍了目标函数的推导：资产收益最大化和资金成本最小化（获得负债的成本）。最后介绍了模型风险及其敏感性分析。特别的是，本章还定义了模型风险，并对监督要求提出见解。随后，本书创建了一些情景，用于业务案例分析。

第五章研究分析了实际案例，案例展示了个别情景对优化模型应用结果的影响。以两家不同银行为例进行研究分析。案例研究可以看作对之前设计模型的检验。

附录1和附录2对在各种情景下（如第四章描述），应用优化模型对银行账簿的资产和负债所产生的收益进行了量化。

决策模型这一术语的使用是为了强调优化工作在决策过程中的实际应用。优化，这一贯穿本书的主题，为商业银行司库管理人员、财务总监和风险总监提供了一个银行账簿的最佳结构基准。因此，高级管理人员可以了解银行账簿的组成，这将有益于减少负债方的资金成本，增加资产方的收入。

本书结尾是一些结论性的信息和书中重点强调的观点，希望对读者有所裨益。

第一章

银行账簿的资产负债管理

本章详细阐述了商业银行资产负债管理的主要概念，并从多个方面加以分析和实证研究。本章还重点强调了资产负债管理在商业银行中不断演化的角色定位和在保持商业银行健康盈利的资产负债结构中日益重要的作用。

本章对资产负债管理范畴内银行账簿相关风险进行概述，并就巴塞尔银行监管委员会（BCBS）中关于流动性和融资风险管理有关做法以及《巴塞尔协议Ⅲ》的相关内容进行回顾。本章重点介绍资金转移定价过程（FTP）及其在银行账簿利率风险和流动性风险管理中的作用。本章最后部分重点是文献综述——相关文章中的观点对资产负债管理领域的理论发展作出了重大贡献，确保了资产负债管理功效、风险度量技术和盈利能力策略的研究不断发展进步。

资产负债管理在商业银行中的作用

资产负债管理一般是指对资产负债表结构的管理，其主要目标有两个：

- 将风险控制在承受能力范围之内；
- 从用以覆盖银行账簿风险的资本中获取盈利。

这些目标由银行的司库部门通过资产负债管理委员会（ALCO）设定。在某种意义上，每家银行对银行账簿利率风险和流动性风险有不同的风险偏好。管理这些风险也都是资产负债管理的工作范畴。

如此一来，银行需要根据自身的风险偏好，在风险和盈利之间进行权衡。例如，有的银行愿意承担更大的风险敞口，采取借短放长策略（收益率曲线骑乘策略），通过融入浮动利率负债来支撑长期固定利率资产增长。而有的银行不愿意承担较大的风险敞口，会选择风险中性策略。

汇率风险和信用利差风险也在资产负债管理范畴之内。

在我看来，资产负债管理还有另外一个重要目标，这个目标在2008年国际金融危机后受到关注。这个目标就是，如何以最经济的融资结构为银行优化资源配置，如流动性、支撑银行的经营发展模式。

在此背景下，资产负债管理在业务部门之间，特别是在决策过程中，充当了战略性的、积极活跃的中枢环节（这一点将在后面详细解释）。

此外，它还必须通过融资成本最小化来构建银行的资产负债结构目标组合。

资产负债管理部门也是一个改变游戏规则的部门——它率先对金融风险、利率风险和流动性风险进行了综合化、集成化的管理。资产负债管理部门通常被称为"银行内部的银行"，我同意这个观点。图1.1介绍了资金转移定价的过程，通过该图可以清楚地看出资产负债管理部门的重要性。资产负债管理部门向资产中心（负责将产品交付给有意向银行借款的客户，如信用卡、抵押贷款、商业贷款部门）收取内部资金转移价格（FTP利率），并向负债中心（负责向有意在银行投资或存款的客户提供产品）支付内部资金转移价格（FTP利率）。

通过这一过程，金融风险（利率风险和融资风险）从业务部门中剥离出来，转移到资产负债管理部门，由其进行管理。这就是为什么称其为"银行内部的银行"的原因。图1.1展示了内部资金转移定价的整个过程，在本书中我们还将反复提及。

然而，必须指出，银行一些特有的风险不能通过衍生交易转移到金融市场，而只能在资产负债管理部门通过结构调整进行内部管理。这可能是银行不合理的内部资金转移定价造成的（定价方法或者曲线构造不正确）或者是某些地区或某种货币的衍生品市场的流动性不足导致的。从定义来看，信用风险也不能被转移至资产负债管理部门进行管理。

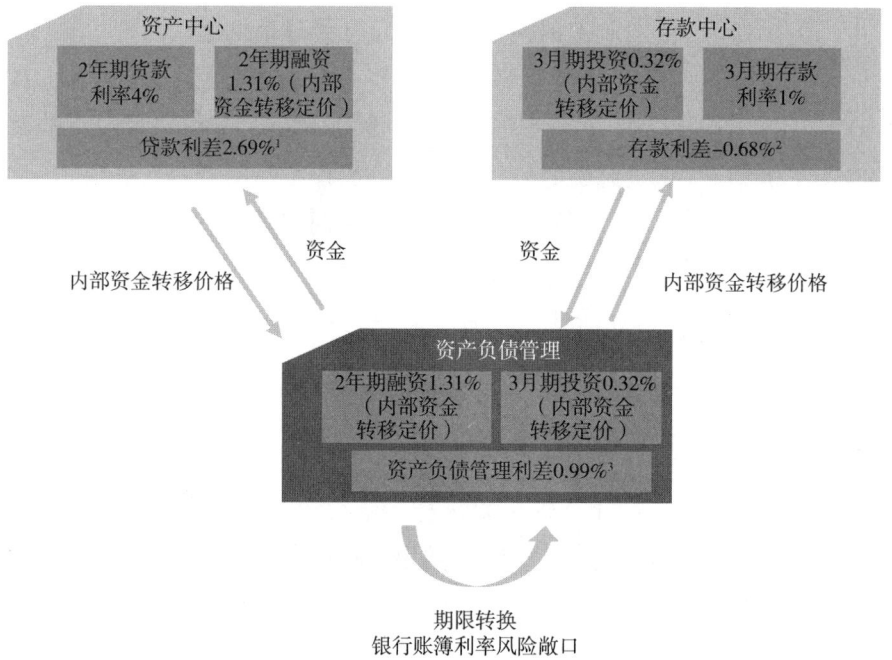

1. 贷款利差：2.69%=4%−1.31%；2. 存款利差：−0.68%=0.32%−1%；

3. 资产负债管理利差：0.99%=1.31%−0.32%。

图1.1　期限匹配的内部资金转移定价和资产负债管理角色
（资料来源：作者加工整理）

因此，资产负债管理被定义为用金融工具来管理资产负债表相关风险；然而，并非所有的资产负债表风险都可以由资产负债管理部门和资产负债管理委员会管理。

信用风险资本占用最大，通常由另一个称为"银行管理层委员会"的决策机构管理（在一些银行由风险委员会管理）。严格来说，商业银行所承受的信用风险要与银行的商业战略和所提供的产品相符。

事实上，尽管不同银行管理信用风险的委员会的名称不同，但将信用风险管理与金融风险管理分开仍然是非常普遍的做法。在此重申，资产负债管理在构建资产负债表方面发挥着重要作用，应当与各业务部门密切合作。

如前所述，资产负债管理的主要任务是控制和管理资产负债表的表内、表外风险。管理要求需要体现内部限额和监管要求，并控制对盈利、对资产负债表的影响。因此，监管和内部要求是制约因素；管理风险的目标是从中获利，完成盈利预算。此外，从实际来看，银行客户业务和资产负债表的所有风险都是无法完全缓释的。以下风险由资产负债管理部门管理：

- 银行账簿利率风险（IRRBB）：利率水平的不利变动导致商业银行整体收益减少的风险，或者是资产负债结构的利率风险头寸导致银行市值下降的风险。资产负债管理的理念、报告和约束必须反映这种双重视角。
- 流动性风险：资金不足导致流动性匮乏的风险。此风险可通过保持一定的流动性缓冲来管控，在压力情景下，流动性缓冲可以转化为真实流动性来保证安全。
- 流动性成本风险：流动性成本（融资利差）增加导致利息收入（或市值）下降的风险。
- 汇率风险：外汇汇率的不利变动带来损失的风险。
- 银行账簿信用利差风险（CSRBB）：债券和衍生品投资组合的信用利差波动带来市值损失的风险。

根据内部资本充足评估过程（ICAAP）的要求，资产负债管理中的银行账簿利率风险管理、银行账簿信用利差风险管理和汇率风险管理受到监督和管理委员会（风险策略）决策的约束；同时，流动性风险和流动性成本风险相关要求则通过内部流动性充足性评估（ILAAP）覆盖。这些风险的管理通常独立于客户业务部门开展。

我在绪论中指出，在金融机构内部有不同的形式来构建资产负债管理部门。这些形式主要包括以下几种：

- 资产负债管理部是市场部门（金融市场、资本市场和司库）的一部分。由相应的董事会成员领导的资产负债管理委员会决定风险水平；由司库部门进行日常管理，并将实际风险水平控制在目标之内。在这一设置中，司库主管根据其对未来利率走势判断，设置有利于银行的账簿结构。如果银行在利率曲线的短端（通常指1年以内）是资产敏感性[①]的，并且预期利率会上行，司库主管将增加1年以内的总缺口，以提高利率变动对收益的影响力。反之，如果司库主管预期利率会下降，则不会这样做。这种主动性的方法称为方向缺口（见图1.2和图1.3），与交易策略无关（通过短期出售或购买以赚取利润）。

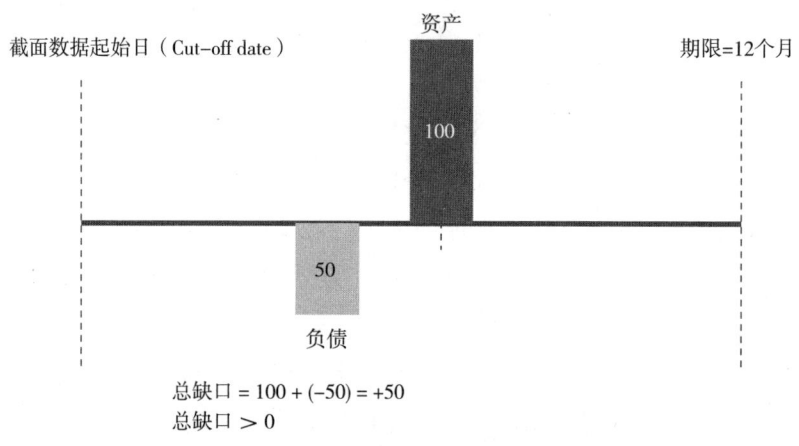

截面数据起始日（Cut−off date）　　　　　　　资产　　　　　　　期限=12个月

100

50

负债

总缺口 = 100 + (−50) = +50
总缺口 > 0

图1.2　方向缺口：资产敏感性头寸
（资料来源：作者加工整理）

---

① 资产敏感性是指考察期内，到期资产大于到期负债，缺口为正的情况。——译者注

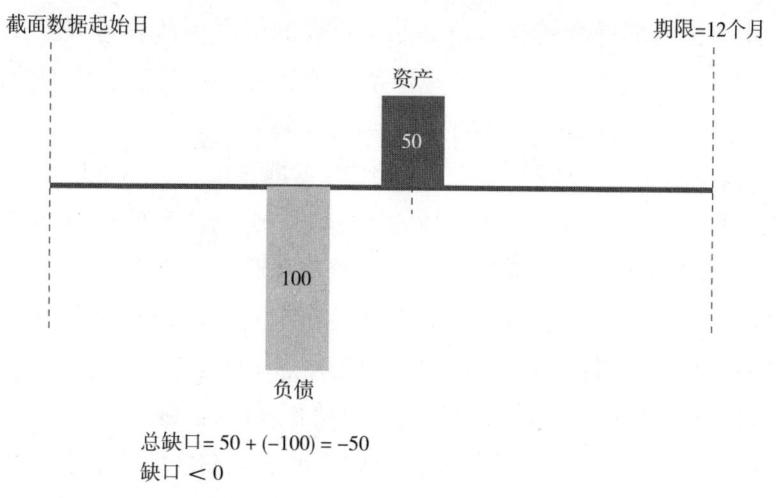

图1.3　方向缺口：负债敏感性头寸
（资料来源：作者加工整理）

按照该模式设置资产负债管理的银行通常将执行工作交给交易部门。如果银行没有交易部门，资产负债管理部门自行执行市场交易。在这两种情况下，资产负债管理都需要完成盈利预算，这种设置通常称为业务单元模式。

- 资产负债管理部是非市场部门（金融、风险）的一部分，在这种情况下，资产负债管理部不直接参与风险投资。所有没有由资产负债管理委员会明确的政策措施（如在两次资产负债管理委员会会议空档期的政策措施）都需要严格符合银行的风险政策和风险战略。此外，资产负债管理部门不得有交易授权，因此，这些交易必须移交给市场部门执行。该设置在追求银行账簿利率风险中性策略的机构中较为常见。

前文对内部资金转移定价过程进行了非常简短的介绍，现在将做更为详细的分析研究。

FTP过程是将交易结果分为客户贡献和风险贡献，并将相关风险（利率风险和流动性风险）从交易部门转移至资产负债管理部门进行集中管理的政策和方法总和。

　　此外，内部资金转移定价是非常重要的资产负债表管理工具，可用以达成银行战略；强大的FTP框架，能够使银行拥有达成符合战略目标的资产负债表结构所需的指导和控制手段。

　　期限匹配的资金转移定价（MMFTP）遵循机会成本原则——无论是否真的需要进行对冲，机会成本都定义了金融市场价格对冲交易中所包含风险的成本。内部资金转移定价将风险剥离上收：为每一笔交易设置资金转移价格的目的，就是假设每笔交易的流动性和利率风险都将被对冲。从图1.4可以清晰地看到这一点。

　　业务部门和资产负债管理部门之间没有真正的风险对冲（资产负债管理部门向资产中心提供了虚拟的风险对冲）。在这个例子中，业务部门以内部资金转移价格开展5年期业务。这样，业务部门就不会承担任何利率风险（它从资产负债管理部门获取固定利率资金，并向外部客户提供固定利率贷款），也不承担流动性风险（它从资产负债管理部门获得5年期的定期资金，并向外部客户提供5年的定期贷款）。由此，从利率风险和流动性风险的角度来看，业务部门的敞口已经对冲掉了。

　　业务部门唯一需要管理的风险就是外部客户风险，以及通过交易获得的商业利差水平。

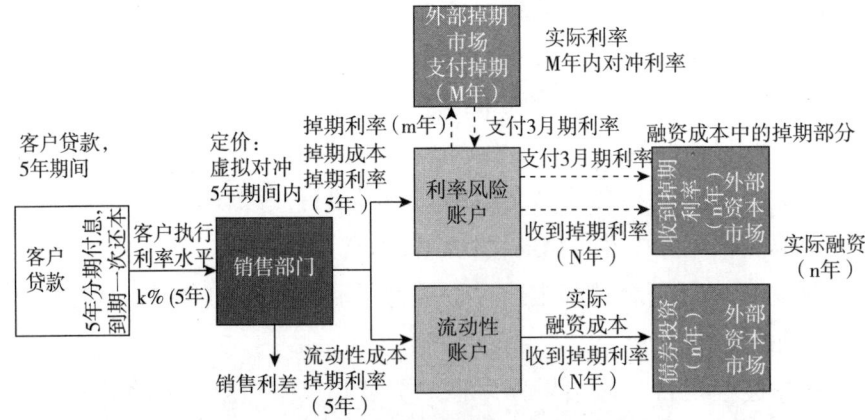

图1.4　资产负债管理和内部资金转移定价过程

（资料来源：作者加工整理）

业务部门的损益（P&L）账户在整个交易过程中是固定不变的。资产负债管理部门必须从外部市场（在这个例子中，是通过发行债券）或从负债中心（在整个银行中负责募集资金的部门）募集资金。

银行从外部融入的资金与提供给资产中心的资金不一定具有类似的财务特征，因此，资产负债管理部门要承担资金期限和利率方面的错配风险。司库主管将内在的风险剥离，分别通过利率风险账户（IRRM）和流动性账户来管理上述的错配风险；然后再决定是通过衍生品（在此例中为利率互换）来减少敞口，还是放任其保持敞口，寄希望于市场利率走向有利的方向。

在这个特定的案例中，基于一笔交易（以固定利率向外部客户提供5年期贷款），司库主管可能有三种选择：

一是保持流动性风险敞口，关闭利率风险敞口；

二是保持利率风险敞口，关闭流动性风险敞口；

三是关闭所有风险敞口（利率风险和流动性风险敞口）。

那么，如果司库主管决定选择以下其中一种策略：

第一种，进行利率互换，支付固定利息，收取浮动利息（期限=5年），发行5年期有息票债券支持上述5年期贷款发放，同时再进行另外一笔利率互换（期限=5年），支付浮动利息，收取固定利息。

第二种，进行利率互换，支付固定利息，收取浮动利息（期限=5年），发行3年期有息票债券支持上述贷款发放，同时再进行另外一笔利率互换（期限=3年），支付浮动利息，收取固定利息。

第三种，进行利率互换，支付固定利息，收取浮动利息（期限=3年），发行5年期有息票债券支持上述贷款发放，同时再进行另外一笔利率互换（期限=5年），支付浮动利息，收取固定利息。

在第一种策略中，所有风险敞口都是关闭的，因为资金到期（有息票债券）和利率期限（支付固定利息收取浮动利息的利率互换）都与提供给外部客户的资金特征相匹配。

在第二种策略中，利率风险敞口是关闭的（支付固定利息，收取浮动利息的利率互换的期限与原始贷款相同），但流动性风险仍然是存在的（因为有息票债券的期限比原始贷款短）。

在第三种策略中，流动性风险是关闭的，利率风险仍然没有完全对冲。上面的示例揭示了内部资金转移定价的拆分是如何实现的，以及在中央处理单元（资产负债管理部门）中发生了什么，该单元需要通过不同的工具手段来管理流动性和利率风险账户。

基于上述情况，可以计算无风险（融资风险和利率风险）的客户价差水平。通过内部资金转移定价过程的应用，客户价差水平在整个产品存续期间保持不变，利息、流动性成本或外汇价格的变化等都不会对其产生影响。

因此，资产负债表管理的前提是，客户部门和风险部门之间可以用有效的方法区分开。在这种剥离的基础上，资产负债管理可以独立于客户业务管理风险，无须将风险利差和客户价差混为一谈。同时，将风险和客户业务的剥离是内部资金转移定价模型健全和符合监管要求的前提，将在第三章中详细讨论。

图1.5从资产负债管理的角度展示了内部资金转移定价的过程。

内部资金转移定价过程强调了资产负债管理作为"银行内部的银行"的作用，它以FTP价格从负债中心获得资金，并以FTP价格将这些资金借给资产中心。正是经由这一过程，资产负债管理部门通过期限转换，为银行带来盈利。此外，资产中心和负债中心的盈利能力是通过外部产品价格与FTP价格之间的价差来确定的，换句话说，盈利水平就是外部资产收益率和外部负债成本分别与对应FTP价格的价差。

一旦我们将FTP构成区分清晰，我们就可以计算每个部门的盈利水平，如图1.1所示。资产中心的盈利能力（损益影响）等于2.69%（外部资产收益率与FTP价格之差）；负债中心和资产负债管理部门的盈利能力分别为-0.68%和0.99%。当资金的外部成本高于资产负债管理部门确定的FTP价格时，负债中心就会出现亏损。资产负债管理部门通过期限和利率的转换获得正的收益为0.99%（相关概念将在下一章中详细解释）。

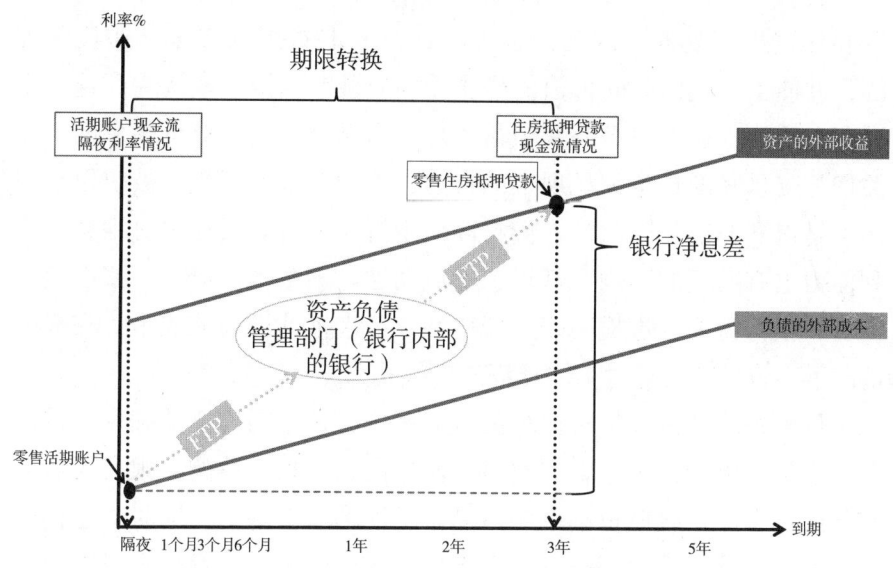

图1.5　资金转移定价过程和资产负债管理的角色作用
（资料来源：作者加工整理）

银行账簿中的金融风险概述

从20世纪70年代开始，受利率大幅波动和外部环境不确定性的双重影响，妥善管理银行账簿金融风险的重要性显著提升，并将直接影响银行的净利息收入。事实上，外部市场环境的变化对银行业绩确实产生了巨大的影响。近期最明显的例子之一就是，负利率环境对银行账簿的影响。经济学一个基本概念就是货币具有时间价值，各种投资机会均产生时间价值。

因此，今天购买特定期限的固定收益债券将会获得收益或者未来价值，这取决于复利计算方法以及所采用的利率水平。支付或收取的利率高低在很大程度上取决于投资期限的长短。因此，利率代表一段时间内使用货币所支付的价格，通常称为货币的时间价值。

近年来，欧洲各国央行采用前所未有的负利率政策，以对抗衰退和促进经济复苏。因为出借款项而被收取费用的想法是违反常理的，并使上述货币时间价值的概念受到质疑。经济学家认为，这一举措存在争议，这会对经济和银行系统产生显著影响。对负利率的主要关切之一是其助长了囤积现金的行为，因为在银行存款将被收取费用而不是得到补偿。因此，人们将倾向于持有现金。负利率对银行的盈利能力也有明显的影响，其增加了流动性过剩银行的成本（账面负成本），银行需要通过提高账户费用和收费来抵消更高的成本，在极端情况下，将削减银行对实体经济的贷款支持。

负利率政策带来了对银行利差的挤压，这是因为浮动利率（或短期重定价）资产是由包含客户行为属性的负债来支撑的。银行无法向零售或批发储户收取负利率（产品中隐性的零下限）；同时，它们必须根据市场价格，对资产进行重定价。受监管监督和银行本身的商业战略驱动，向储户收取负利率的行为是不现实的，简单来说是因为银行不想失去客户。在负利率环境下，利率风险管理难度更大。这是因为不仅是净利息收入（从短期来看）受到影响。存款中隐含的零利率下限可以被视为利率下限为0%的自动期权①。随着利率进一步下降，期权的内在负值变得更低（银行账簿的经济价值是银行账簿的现值和嵌入在其结构中自动期权经济价值的总和）。银行必须学会管理这种风险，因为在利率处于正值区间的时候，它们从来不需要面对这种风险。

因此，利率概念极其重要，因为利率的变化以不同的方式影响银行的收益及其风险状况。因此，银行有必要建立衡量利率风险的系统和适当精确的方法，使其能够揭示利率风险的所有重要来源，并评估其对银行业务结构的影响。

---

① 意为存款利率小于等于零时，客户自动选择不执行该期权，即不在银行存款。——译者注

从利率风险评估的两个不同角度提出银行账簿利率风险缺口管理的两个目标：

一是利率水平的变化对净利息收入（NII）的影响；二是研究利率变动对投资组合市场价值的影响。

对短期利润影响的量化（短期通常指的是1年以内）是通过到期缺口模型测算的；同时，通过久期缺口分析和/或经济价值（EVE）分析，计算资产和负债经济价值的变化。这就是银行账簿利率风险管理的双重视角，是在银行风险管理中必须要识别和管理的事项。

举一个简单的例子来说明，为什么银行账簿利率风险管理必须在经济价值和净利息收入双重视角下计量。

银行账簿：银行A

司库投资组合：30　　受客户行为影响的负债：70

按揭贷款：60　　批发融资：20

固定资产：10　　权益：10

该银行固定收益债券和长期抵押贷款占比很高，而此类资产却是由受客户行为影响的负债（如活期和储蓄账户）支撑的。一部分投资组合将在未来几个月到期，司库主管必须决定如何有效利用这些资金，他的决定主要受预期利率的走势影响。事实上，市场预计近期利率将会急剧攀升，司库主管决定等利率上行后再投资。

银行选择净利息收入的变化作为其目标变量，对经济价值的变化没有任何正式的限制，资金临时存放在现金账户。这种结构（受客户行为影响的负债为固定利率资产提供资金）使银行面临曲线中长部分的结构错配［通常通过经济价值或动态指标来衡量，如风险价值（VaR）来计量］。在案例中，司库主管的预测错了，利率没有上升反而下降了。这对净利息收入有显著的影响，现金账户产生的回报更低，此外，相关行为也对净利息收入有影响，如客户提前偿还的情况将会增加。提前偿还与到期债券（而不是再投资）的叠加使资产组合的总久期缩短，导致资产负债结构不匹配。

当前，银行在利率曲线中长端呈现净负债头寸，会因此出现经济价值的内在损失。总之，用净利息收入指标来计量收入方面出现的损失，而这种损失是由结构性风险暴露造成的，结构性风险却不能用任何官方指标体系来衡量。

这里最大的问题是，司库主管只是基于银行账簿利率风险指标来管控银行账簿敞口，目的是测算短期内净利息收入的变化，而结构性风险无法监控正在成为银行业无法回避的问题。在经济价值指标的约束下，司库主管可能会突破限额，通过有效利用现金资产（活期资产减少）来拉长资产组合的久期。

利率风险敞口可以表现为不同的形式：

直接的：可以通过资产和负债的合同特征来识别。

与产品行为特征有关的：如利率敏感性的定期存款和储蓄账户。

例如，利率不匹配引起的利率风险、基准利率重新确定的风险和资产负债现金流的结构风险均属于直接的利率风险敞口类别。

此外，由客户行为（提前终止贷款或部分提前还款）引起的项目特征的变化以及由利率变动造成的资金提前还款现象，会导致资产负债表结构的变化。

利率风险最常见的形式是资产与负债之间的利率不匹配（如以浮动利率负债支撑固定利率资产）。

利率特征的不匹配使银行面临再投资和再融资风险：

1. 当负债期限短于资产期限时，就会产生再融资风险。例如，如果银行的中长期资产将在1年内到期，融资是由3个月的存款支持的，那么银行就会面临再融资风险，负债利率的提高会减少银行的净利息收入。

2. 当资产期限短于负债时，会产生再投资风险。例如，如果一家银行用1年的资金为其6个月的投资组合提供资金支持，就会产生再投资风险。如果6个月后收益率下降，它将不得不以较低的收益率重新投资资金，这其中就存在风险（正如上面的例子中司库主管面临的问题）。

同样的原则也适用于浮动利率的资产和负债。如果资产的重定价期限短于负债的重定价期限，利率曲线向下移动，即使该资产的合同期限长于负债期限，银行也会面临再投资风险。

流动性风险是银行账簿中第二重要的风险。流动性风险包括以下两种类型：

- 流动性风险（再融资风险）是指银行需要履行支付义务时，缺乏再融资来源。在极端情况下，这可能导致银行无力支付。加之，信用质量恶化，整体市场流动性不足也会导致再融资风险。

因此，当资产端的付款承诺期比负债的偿还承诺期更长时，就会发生流动性风险——这就是所谓的期限转换，它也是银行最基本的功能。银行通常面临的再融资风险，也是需要资产负债管理严加管控的。

- 流动性成本风险，意为解决流动性不足，带来的流动性成本的增加，是一种与利率风险并称的市场风险。增加的流动性成本是指再融资成本的增加减少了银行的资本（利润）（恩托夫和哈斯，2016）。

为了管理资产负债中有确定到期日的现金流，商业银行根据这些头寸到期时间对其进行分类统计，分别列示在对应的到期期限缺口统计表内。累积流动性头寸可以用以观察流动性头寸在特定时间跨度内的变化情况。因此，银行需要有一套分析工具，以便管理和评估整体流动性状况。

资产头寸的现金流赎回会导致正缺口和流动性头寸增加，而负债存款的赎回会导致负缺口，流动性头寸减少（恩托夫和哈斯，2016）。因此，流动性管理过程必须确保银行能够在适当时间区间内获得多样化的资金来源。

负责流动性管理的人员必须确保决策部门充分了解本机构资产和负债来源的组成、特点和多样化程度。融资多样化的目的是确保银行有替代的资金来源，以便能够承受严格而合理的压力场景，比如特定机构或整个市场的压力场景。因此，银行在进行业务规划过程时应考虑到融资渠道的多样化。银行应定期测试从各个资金来源筹集短期、中期和长期资金的能力（麦卡锡，2015）。

流动性管理的另一个着力点是日间流动性状况及其相关风险，因为在正常和压力条件下，银行面临的所有还款义务都需要及时履行。在日间流动性管理过程中，银行计算每日资金总流入和总流出，并预测在期间内可能发生的潜在净资金短缺的范围。为了适当控制日间流动性，应制定早期指标，以反映银行的压力状况。这些指标基于以下情景：

- 资产快速增长，特别是其融资来源为波动性较大的负债。
- 资产和负债日益集中。
- 货币错配增加。
- 负债加权平均剩余期限下降。
- 信用评级下调。
- 股价下跌。
- 债务或信用违约互换点数走阔。
- 零售存款加速流出。
- 公司存款（CDS）提前赎回情况增加。
- 交易对手开始要求追加信贷风险抵押担保。
- 代理行取消或减少授信额度。
- 短期负债（商业票据）发行面临困难。

压力测试和情景测试是识别、计量、监测和控制流动性风险的关键工具，是流动性管理过程中的主要内容。

压力测试可用于识别潜在流动性紧张的来源，以确保当前的敞口符合其流动性风险承受能力。通过压力测试，综合考虑合同和非合同现金流，银行可以综合评估面对流动性压力的弹性（布莱尔和阿齐兹迪斯，2011）。

　　流动性成本风险评估是内部资本充足评估程序（ICAAP）的一个环节。ICAAP评估因流动性成本增加而产生的风险，流动性成本会影响银行损益以及资本。该风险必须予以计量和管控，以确保银行资本的保全。这里的风险情况是指流动性成本的增加或变化，以及其造成资本变化的风险。

　　在正常情况下，流动性成本风险始于资本占用，然后需要持续关注流动性成本的增加会对收入产生多大程度的影响。监管当局在内部资本充足评估程序第二支柱中预先确定了三个不同的视角，即正常情况（持续经营）、清算（破产）和压力情景，商业银行据此来测算上述流动性成本风险。在三种情况下，再融资成本（流动性转移价格）的变化对流动性风险的影响将导致损益变化，最终导致自有资金受到损失。

　　一般来讲，计算流动性成本风险，需要假设流动性溢价增加，再通过再融资弥补累积负缺口，由此导致的成本增加即为流动性成本风险。一种方法是将每个持有期的信用利差波动率作为计算利差的基准。另一种方法是使用在险价值法（流动性VaR），该方法考虑了溢价波动性和相关性。

　　利率风险和流动性风险外，汇率风险也是一个巨大的风险隐患。银行、公司和投资者处于持续的货币风险中，因此汇率风险是资产负债管理的常见风险之一。

　　汇率风险通常是指由于外汇汇率的不利变化而导致银行收益减少的风险。对于银行来说，如果资产负债表中不同币种的资产和负债头寸之间存在不匹配，就会出现汇率风险。由于外汇头寸敞口按其市场价格估值，因此市场价格的任何变化都将直接影响银行损益结果。

　　为了评估这一风险，应对银行损益产生负向影响的价格变动进行计量。在计量汇率风险时，银行可以使用标准法或内部模型法。

　　在标准法下，将每种货币所有多头头寸和空头头寸分别进行加总后，取两个敞口中的较大者作为风险敞口，必须有相应的资本覆盖该汇率风险敞口。这隐含着资本可以吸收外汇头寸8%的价格变化。标准法有明显的局限性，它假定所有外汇均面临最大变化率，而没有相关性抵消。

确定头寸的依据是每种货币的净头寸（资产和负债之间的差额），包括现金净头寸（包括该币种的应计利息）、远期头寸、担保和所有外汇期权的增量加权净头寸。

结构性外汇头寸是银行有意开展的，以对冲汇率波动对权益的负面影响，在计算净外汇头寸时，结构性头寸是不考虑的。

2010年11月24日，欧盟发布第2010/76号指令（CRD III），重新规定了使用内部模型的条件。具有显著外汇头寸敞口的银行通常使用VaR方法量化汇率风险。管理外汇头寸和风险最常见的工具是外汇远期和外汇掉期产品。

资产负债管理部门管理的另一个风险类别是信用利差风险。信用利差是债券收益率与无风险收益率的差值。

这种风险的重要性也是由ICAAP框架内的新监管要求确立的，《巴塞尔协议III》、欧盟资本要求指引IV和欧盟监管要求I等监管要求，明确提出要对信用利差风险进行单独和明确的计量，目的是充分计算覆盖ICAAP风险所需的自有资金。

信用利差风险是指，由于交易对手的评级保持不变而信用利差发生变化所带来的价值损失的风险。对于银行资产负债表中，用市场价格来估值的所有资产，银行将面临信用利差改变所带来的风险，以及由此带来的估值变化。

最初，银行只需要计量交易账簿利差风险。然而，近年来，监管机构开始要求商业银行既要计量交易账簿利差风险，也要计量银行账簿的利差风险（恩托夫和哈斯，2016）。

自国际金融危机以来，随着市场利差波动的显著增多，信用利差风险的重要性日益凸显。一方面，《巴塞尔协议III》要求流动性投资组合应主要由债券组成；另一方面，市场波动和不确定性促使监管机构提高对银行交易账簿和银行账簿信用利差风险的评估要求。信用利差风险被视为市场风险，常用的市场风险度量技术也适用于此。风险价值（VaR）是信用利差风险量化常用的方法。

然而，从实际角度来看，很难收集到用以计算信用利差及其相关性所需的所有信息。在这种情况下，通常使用基准标记法，即监测每种资产类别/信用评级下的债券情况。针对每组的信用利差变动历史，评估其平均值用以进一步的计算。信用利差也可以从信用违约掉期（CDS）或其指数中测算得出。一直以来，大多数银行都将债券投资组合的历史信用利差风险和指数中所测算的结果视为同一个数字，而不区分它们的来源。

这一情况正在发生变化，监管机构和资产负债管理结果中的透明度原则，迫使银行将债券组合的表现分成单独的信用利差和利率风险影响。事实上，这一趋势已经反映在巴塞尔银行监管委员会（BCBS）和欧洲银行管理局（EBA）分别于2016年和2017年推出的经修订的银行账簿利率风险管理原则中。

监管要求——《巴塞尔协议Ⅲ》

自2008年国际金融危机以来，监管机构严阵以待，步步为营，在对银行业务进行广泛讨论的基础上，出台监管措施以降低银行部门的系统性风险和经济风险。统一全球资本监管标准是一项相对较新的创举。《巴塞尔协议Ⅰ》于1988年生效，但仅与信用风险有关。在此之前，并没有关于银行资本充足率的标准化规则。1996年，《巴塞尔协议Ⅰ》中增加了市场风险规则。

1998年12月，巴塞尔银行监管委员会意识到需要修订《巴塞尔协议Ⅰ》，以更有效地反映信用风险情况，防止银行更加频繁地使用套利手段，它们正在用越来越复杂的内部模型来计量和管控风险，这使真实风险状况无法得到有效反映。委员会还决定对操作风险计算资本占用。由此，《巴塞尔协议 II》诞生，并花了5年时间来完善，然后又花了4年时间来实施。《巴塞尔协议 II》于2007年1月（2008年，适用于《巴塞尔协议 II》下采用高级法的机构）至2013年实施。《巴塞尔协议 III》是由巴塞尔银行监管委员会成员于2010—2011年商定，原计划于2013年至2015年推出。然而，执行日期却由2013年4月1日推迟到2018年3月31日，然后再次推迟到2019年3月31日。巴塞尔银行监管委员会的职责覆盖面远远超出了制定资本充足率监管规则，还包括制定其他全球标准和提供咨询，具体包括利率风险、流动性风险、压力测试、风险管理以及风险回报一致性等方面。

与《巴塞尔协议 I》相比，《巴塞尔协议 II》的目的是将经济资本和监管资本结合得更加紧密。为实现这一目标，《巴塞尔协议 II》引入了两类办法：

- 标准法使用正式的信用评级，更多应用于风险加权资产类业务。
- 基于内部评级（IRB）的初级法和高级法更复杂，允许银行按照《巴塞尔协议 II》框架使用自己的风险模型和风险暴露数据。

《巴塞尔协议 II》的实施使银行和资产负债管理的具体领域发生了变化，某些产品和部门的业务增加，而有些相应减少，这是由于商业银行需要根据新的资本要求，寻求调整后的目标回报率最优的结果。《巴塞尔协议 II》的主要目标是使经济资本与监管资本更好地保持一致，那么很显然，低经济风险的银行业务消耗更少的资本。

如前所述，《巴塞尔协议 II》的基石是三大支柱。三大支柱分别是最低资本要求、监督审查和市场纪律。

第一支柱的理念是通过更有针对性的制度设计，在经济资本和监管资本之间建立更密切的联系；《巴塞尔协议 II》的制度设计是针对单个信贷业务，而不是如《巴塞尔协议 I》中针对整体资产类别的粗略方法。

这一点从公司贷款的处理中可以明显看出，在《巴塞尔协议 I》

中，无论公司信用质量如何，所有公司都采用100%的风险加权；《巴塞尔协议Ⅱ》则根据其信用质量对风险权重进行了区分。然而，必须强调的是，巴塞尔银行监管委员会的结论和建议不具有法律效力——它的作用是推动监督标准和准则的制定。

巴塞尔银行监管委员会建议各当局应建立最适合本国制度的细化安排，执行相关巴塞尔协议的制度设计要求；鼓励成员使用统一的办法和标准，而不用协调成员在具体细节上的不同。

即使在欧盟《资本要求指引》（CRD）第四版中载有《巴塞尔协议Ⅲ》，不同国家在解释和执行方面也存在差异。

在危机前的一段时间市场流动性过剩，最初流动性风险没有得到太多的关注。

随着危机的发展，当流动性变得稀缺（特别是批发资金枯竭）时，银行发现它们没有足够的流动性储备来履行兑付义务。

《巴塞尔协议Ⅲ》的主要建议由巴塞尔银行监管委员会（BCBS）于2010年12月发布（2011年6月修订），标题为《第三版巴塞尔协议：更具稳健性的银行和银行体系的全球监管框架》。

为了执行《巴塞尔协议Ⅲ》的各项要求，并协调整个欧盟的银行偿付能力监管，2013年6月，欧洲议会和欧盟理事会通过了以下立法：

- 资本要求指引2013/36/欧盟（以下简称CRD IV）关于信贷机构活动准入和信贷机构和投资公司的审慎监管。CRD IV 2014年1月1日在欧盟生效。

- 2013年6月26日欧洲议会和欧盟理事会关于信贷机构和投资公司审慎要求的第575/2013号条例（欧盟）（以下简称CRR）。

资本充足性框架由三大支柱组成，每个支柱各侧重于资本充足性的不同方面：

- 第一支柱，称为"最低资本要求"，确定了银行应具有覆盖其信用、市场和操作风险的最低资本数额。它为计算银行资产负债表（"风险加权资产"组成部分）资产中的风险敞口和设定最低资本要求提供指导。

- 第二支柱，称为"监督审查和评估过程"，涉及银行和监管机构对一家银行是否应持有额外资本以防范第一支柱未涵盖风险的看法。第二支柱包括"内部资本充足评估过程"（ICAAP），这是银行对第一支柱未覆盖风险的自我评估。

- 第三支柱，称为"市场纪律"，旨在通过要求银行按规定披露其风险、资本和风险管理的具体细节鼓励市场约束。

2013年1月，巴塞尔银行监管委员会商定了流动性覆盖率的最终形式。这些要求旨在提高流动性监管要求的透明度，强化市场纪律。根据《巴塞尔协议Ⅲ》，相关国家当局实施了信息披露要求，银行需从2015年1月1日后的第一个报告期结束之日起执行。

这些标准旨在实现两个独立却相辅相成的目标。第一个目标是提升银行流动性风险状况的短期韧性，同时确保银行有足够的优质流动性资产（HQLA）来承受持续30天的重大压力情境。为此，委员会发布了《巴塞尔协议Ⅲ：流动性覆盖率和流动性风险监测标准》。

第二个目标是要求银行为其业务提供足够稳定的资金来源，以缓解重新筹资的压力，从而在较长的时间内降低未来的融资风险。为实现这一目标，委员会发布了《巴塞尔协议Ⅲ：净稳定资金比率》。这些标准是《巴塞尔协议Ⅲ》（Basel III）推出一系列改革的重要组成部分，它们将共同提高银行对流动性冲击的韧性，促进商业银行形成更稳定的资金配置，强化整体流动性风险管理水平（莱卡蒂斯，2014）。

如上所述，流动性覆盖率旨在确保银行有足够的无变现障碍的资产，以满足其在30天内流动性压力情景下的流动性需求。优质流动性资产由现金或在市场上能够以零损失或以极小的损失转换为现金的资产构成。

银行无变现障碍的优质流动性资产至少应使银行能够在压力情景下维持30天，届时假定银行管理层和监管机构可以采取适当的纠正行动或该银行可以有序处置相关危机。

$$流动性覆盖率 = \frac{优质流动性资产储备}{未来30日的资金净流出量} \geq 100\% \qquad (1.1)$$

流动性储备资产包括两类资产。列入其中的资产是银行在压力期当天持有的资产，无论其剩余期限如何。一级资产没有上限限制，可全部纳入储备资产，而二级资产只能占总储备资产的40%（艾哈迈德，2015）。

一级资产限于：

- 现金（纸币和硬币）；
- 中央银行储备；
- 主权国家、中央银行、公共服务实体、国际清算银行、国际货币基金组织、欧洲共同体或多边开发银行发行的或担保的，交易市场活跃的有价证券[1]，同时满足《巴塞尔协议Ⅲ》规定的条件。

二级资产包括：

- 主权国家、中央银行、公共服务实体、多边开发银行发行的或担保的，交易市场活跃的有价证券[2]，同时满足《巴塞尔协议Ⅲ》规定的条件。
- 符合《巴塞尔协议Ⅲ》规定条件的公司债务证券（包括商业票据）和资产抵押担保债券。
- 符合规定条件的居民住房抵押贷款证券。
- 符合规定条件的普通股。

某些附加资产可根据母国监管要求酌情列入二级资产。此外，二级资产的市场价值会受到削减。

净现金流出（流动性覆盖率指标的分母）是指在压力情景下，30

---

① 监管机构和巴塞尔委员会根据不同的风险权重来区别一级资产和二级资产。——译者注

② 监管机构和巴塞尔委员会根据不同的风险权重来区别一级资产和二级资产。——译者注

个自然日的预期现金流出减去预期现金流入。

预期现金流出总额的计算方法是将各类负债和资产负债表外应付款的未偿还余额乘以其预计付出、流出比率后加总。

预计现金流入总额的计算方法是将各类合同应收款的未结清余额乘以其预计流入比率，上限为情景模拟下预期现金流出总额的75%（巴塞尔银行监管委员会，2013年1月）。

除流动性覆盖率外，监管机构还可以采取其他辅助监测工具指标补充现有监管框架，以助其获取特定的流动性风险信息。这些监测指标工具包括：

- 合同期限错配：将表内外所有项目的合同现金及证券流入和流出，按其各自的到期日对应列入指定的时间段内。
- 融资集中度：包括报告来自每个重要交易对手融资负债占银行负债总额的百分比；通过每个重要产品/工具吸收的负债资金占负债总额的百分比；以及按主要货币计价的资产和负债清单。
- 可用的无变现障碍资产：可在二级市场进行抵押融资或被中央银行接受作为合格抵押品以获得常备便利的无变现障碍的资产。
- 重要币种的流动性覆盖率：等于该币种优质流动性资产总额除以该币种30天内的净现金流出总额。
- 与市场有关的监测工具。

净稳定资金比率是巴塞尔委员会的另一项倡议，旨在促进银行业经营更加稳健，要求银行保持与其资产负债构成相符的稳定融资框架。因此，该指标限制了商业银行对短期批发融资的过度依赖，并强化了融资的稳定性。2007年金融危机期间，大多数银行都因流动性管理和框架不当而面临困境，金融机构过度期限转换的问题由此产生。

净稳定资金比例（NSFR）是指可用的稳定资金与所需的稳定资金的比率。这一比率应持续大于等于100%。NSFR的计算公式如下：

$$\frac{可用的稳定资金}{业务所需的稳定资金} \geqslant 100\% \qquad (1.2)$$

银行可用的稳定资金（ASF）是根据机构相对稳定的筹资来源特征来计算的，这些特征包括其负债的合同到期日、不同类型资金提供者撤回资金的倾向差异。

在确定权益工具或负债工具到期日时，假定投资者会尽早赎回一个看涨期权。而所需的稳定资金（RSF）是根据银行资产的流动性风险和表外风险暴露的广泛特征来衡量的。所需的稳定资金总量等于银行所持有的资产价值与巴塞尔委员会设定的该类资产特定的稳定资金需求系数的乘积。

赋予各类资产稳定资金需求系数的目的是估计必须提供资金支持的资产数量。这些资产要么是因为需要展期，要么是因为流动性较差难以转让或抵押融资变现（BCBS，2014）。

必须强调的是，虽然稳定资金需求系数的标准和定义是国际商定通用的，但是有些要素仍须由本国自行决定。

国际通用的标准反映了负债在以下两个维度上的稳定性：

融资期限——净稳定资金比例在期限上的设计，体现了长期负债比短期负债更稳定。

融资类型和交易对手——零售客户提供的短期存款和小企业客户提供的资金在行为上比来自其他交易对手相同期限的批发资金更稳定。

关于各种资产所需的稳定资金（RSF），主要考虑了以下标准：

信用创造的弹性——一部分贷款需要通过稳定的资金来融资，以确保资金融通和银行业务的连续性。

银行行为——银行为维护客户关系，可能会展期大部分到期贷款。

资产期限——短期资产（到期时间不足1年）需要相对较少的稳定资金，因为银行能够让这些资产部分到期而不是将其全额滚动续作。

资产质量和流动性价值——无变现障碍的优质流动性资产，可以证券化或交易，并可随时用作抵押品，以获得额外融资或在市场上出售，可以算作拥有稳定的融资，不需要全部的稳定资金支撑。

此外，额外需要一小部分的稳定资金，以支持由表外承诺和/或有资金义务引起的潜在流动性需求（BCBS，2014）。

《巴塞尔协议Ⅲ》《资本要求指引Ⅳ》的资本要求

《巴塞尔协议Ⅲ》、资本要求比例、《资本要求指引Ⅳ》的核心内容是对银行资本的严格要求。在资本质量和数量方面，这些要求均较以往的要求更加严格。对银行实施更严格监管的目的是提高金融体系的稳定性。

依据监管要求，截至2019年1月1日过渡期届满后，银行的核心一级资本（CET1）必须至少占银行总加权风险资产的7%。7%的核心一级资本由4.5%的最低要求和2.5%的资本缓冲组成。整个一级资本（核心一级加附加一级）必须至少达到8.5%；总资本（一级加二级）必须至少达到10.5%。

因此，监管资本的最低比率，即总资本减去资本缓冲，仍保持在《巴塞尔协议Ⅱ》要求的水平（8%）。此外，《巴塞尔协议Ⅲ》引入了逆周期缓冲，可在0~2.5%间取值，这取决于经济状况。将不再计算三级资本。

此外，系统风险缓冲和系统重要性机构缓冲取值视情况而定，取决于银行/国家和经济状况。商业银行也要满足监管机构第二支柱规定的内部资本要求（监督审查和评估程序，SREP）。因此，总资本需求加起来可能有20%或更多。

为了确保监管资本的质量，对可纳入监管资本的资本工具的资格有严格的规定。一级资本主要用于覆盖银行因正常展业遭受的损失；而二级资本在破产（清算）的情况下将被视为负债。

核心一级资本包括以下项目：

- 实收资本或普通股；

- 资本公积；

- 盈余公积；

- 一般风险准备；

- 未分配利润；

- 少数股东资本可计入部分；

- 核心一级资本的监管调整。

其他一级资本包括混合一级资本工具（可转换债券、强制性可转换票据）以及如下部分的总和：

- 其他一级资本工具及其溢价；

- 少数股东资本可计入部分。

二级资本包括以下项目：

- 二级资本工具及其溢价；

- 超额贷款损失准备；

- 适用于二级资本的监管调整。

除了第一支柱中对风险敏感的资本要求外，《巴塞尔协议Ⅲ》和资本要求比例（CRR）引入了杠杆率作为一个关键指标，用以限制银行体系债务的过度累积，并防止资产负债表内外相对于股本的过度增长。杠杆率决定了最大负债率，以避免可能损害整个金融体系稳定的去杠杆过程。杠杆率是指符合条件的一级资本总额与表内外资产总额的比率。《巴塞尔协议Ⅲ》和资本要求比例要求杠杆率最低为3%[①]（恩托夫和哈斯，2016）。

---

① 原文误写为"最高为3%"，译者调整为"最低为3%"。

商业银行资产负债管理和利率风险及
流动性风险综合管理的若干文献综述

银行业对资产负债管理有诸多定义，我在本书中也介绍了一些（主要是从业人员使用的定义）。下面我们将通过简短的篇幅，讨论学者们对资产负债管理学科的贡献，重点关注学术领域对其的常用定义。

目前，银行用于风险管理和资产负债管理的技术手段，是在广泛的研究成果中逐步形成完善的。

在其正式定义中，资产负债管理可以被定义为一种机制，用于解决银行因流动性或利率变化所引起的资产和负债之间的不匹配而面临的风险。

虽然资产负债管理并不是一个相对较新的工具，但它已经从一个在不同时间区间内将资产和负债进行到期匹配的简单想法演变成一个包括久期匹配、静态和动态模拟等复杂概念的框架。

正如罗纳德·莱恩在《资产/负债管理的演变》的摘要中所说，保险公司可能是资产负债管理的发源地，并构建了资产负债管理学科的模式。银行和保险公司自成立以来，一直在践行资产负债管理。它们的资产负债管理以利率风险管理为中心，以便资产负债的风险/回报是匹配的（莱恩，2013）。

泽恩（2008）将金融中介机构的利率风险定义为市场利率波动导致资产平衡在一个方向或另一个方向上发生重大变化的可能性；自1997年巴塞尔委员会公布利率管理准则（BCBS，1997和2004）以来，利率风险一直是监管关注的对象。相关文献充分讨论了银行面临的各种利率风险，瓜兰德里（1991）和卢西尼亚尼（2004）的著作中均有体现。利率风险的各种类型将在下一章中详细讨论。

近年来，公开发表的文章主要集中在分析评估风险的各种方法。第一个方法基于收益视角，包括所谓的"缺口管理"模型，其中目标变量为净利息收入（雷斯蒂和斯罗尼，2007）。

第二种方法是基于经济价值视角，计量利率变动对银行金融资产、负债市场价值的影响。最常用的分析模型依赖于最初开发用于计量债券投资组合利率风险的技术方法（布里戈和莫库利奥，2007；斯泰库拉斯，2006；格鲁克，2004）。风险管理技术的进步将这一概念扩展至所有银行账簿项目，目前被欧洲银行管理局（EBA）视为最佳实践。

梅美尔在2011年对1562家德国银行进行了抽样调查分析，截取了2005年9月至2009年12月这一时间段内的相关数据，以利率期限结构、其与银行利率风险敞口的关系，以及由此带来的盈利水平为标的进行分析。

结果显示，利率风险敞口与期限转换产生的收益可能是一致的，但这在很大程度上取决于银行的规模和特殊性。因此，中小型银行呈现出显著的风险敞口，而大型银行的银行账簿风险似乎要小得多。

这一趋势在当前银行体系中仍然可以看到。身处挑战者行列的银行愿意接受更大的风险敞口，采取收益率曲线骑乘策略（短借长贷），而大型和国际银行则会将其风险敞口控制在一定范围内。

鉴于银行账簿利率风险的重要性，并考虑到其对资本和收益稳定性的影响，近年来，对银行账簿利率风险的管理越来越受到监管机构和银行业的关注。因此，银行账簿利率风险已成为英国国内和欧洲监管机构的热门话题。2015年5月，欧洲银行管理局向欧洲各机构发布了《非交易活动引起的利率风险管理准则》，从2016年1月起该准则取代《欧洲银行监管委员会（CEBS）标准准则》。

2016年4月，巴塞尔银行监管委员会发布了《银行账簿利率风险管理标准》，取代了2004年的《银行账簿利率风险管理原则》。新的标准规定了巴塞尔银行监管委员会对银行账簿利率风险管理在识别、计量、监测、控制和监督管理方面的期望。

最新的银行账簿利率风险管理原则反映了由于低利率和负利率环

境导致的市场和监管做法的最新变化，并为银行提供了在更广泛、更加强化的风险管理框架中使用的模型和方法。

2018年7月19日，欧洲银行管理局发布了《非交易账簿活动引起的利率风险管理准则》更新后的最终版本。这令人期待已久的更新版本是在2015年5月公布的准则的基础上修订的。它实际上是巴塞尔银行监管委员会于2016年4月发布的《银行账簿利率风险标准》结合欧洲法律的翻译版本。

该准则自2019年6月30日起适用。在该准则的编写过程中，欧洲银行管理局仍在制定一些技术标准，作为正在修订的资本要求指引（CRD）和欧盟监管要求（CRR）的一部分。欧洲银行管理局将修订银行账簿利率风险的披露要求和标准化方法。这些技术标准将在稍后阶段另行公布。与2015年版本相比，此版本的篇幅大幅增加。它包含了超过40%的新条款，部分来自巴塞尔银行监管委员会标准，但也包含了一些全新的内容要求。除此之外，欧洲银行监管局将银行账簿的信用利差风险（CSRBB）纳入银行账簿利率风险管理框架。这是实现银行业风险管理标准化的一个重要步骤，试图将银行账簿利率风险管理与另一种金融风险结合起来。准则的另一个主要补充要求是在收益指标中纳入市值变化要求。这一变化要求银行模拟真正的《国际财务报告准则》风险损益，并将总收益和资本的增加、减少考虑其中。

传统上，收益指标只关注净利息收入，而忽略了损益账户其他事项对利率的敏感性。这将对收益计量的建模产生重大影响，因为金融工具的会计处理将决定收益计量所受到的影响。

虽然这似乎是收益指标的合理延伸，但它也带来了挑战，特别是在用于套期会计的衍生品和可供出售（AFS）投资组合中的金融工具领域，截至目前，收益度量中还只包括息票支付。

欧洲银行管理局最新的准则表明，银行业似乎出现了一个重要趋势，即重新审视目前基于互相独立的方法来管理不同类型风险的必要性，并提出对风险管理实践实施更全面管理的观点。

德雷曼等人于2010年第一次提出了将利率风险和另一种风险（信用风险）结合起来管理的观点。德雷曼等人所做的工作是构造用以计量银行风险的一般性框架，这些银行的风险主要来自利率和信用冲击的相互影响。

结果表明，信用风险与利率风险之间存在较强的相互作用，足以影响盈利能力和资本充足率。特别是，每个风险类别大小和受到假设冲击后利润恢复平衡的速度，取决于银行账簿中头寸的重定价特征和资金成本（巴尔丹、泽恩和雷博纳托，2012）。

2018年1月，欧洲银行管理局启动了全欧盟范围的压力测试工作。压力测试基于多个宏观经济场景，这些场景同时对金融机构的信用风险、市场风险和流动性风险产生影响。从监管方的角度来看，这是一次明确的尝试，从全面的视角来审视金融和信贷风险暴露情况。欧洲银行管理局2018年7月发布的最新《机构压力测试指南》促进了综合压力测试的实施。这些准则旨在使欧盟内各压力测试机构遵循一致的做法。

准则中提供了详细的指导，要求各机构在设计和执行压力测试方案和框架时遵守。在进行压力测试时，监管机构强调要考虑不同风险类型之间的联系和相关性。事实上，机构应涵盖资产负债表表内和表外所有关联的重大资产负债组合所面临的所有重大风险类别（和子类别）。

学者们早在2007年金融危机之前就对流动性风险产生了兴趣，第一篇论文可以追溯到19世纪，当时奈斯（1876）强调，需要流动性缓冲来弥补流入和流出之间的负缺口。

1942年，萨拉切诺指出，在所有业务中，寻找最有成效的借贷业务组合以确保银行在收支之间必要的平衡是银行管理的核心问题。银行的流动性可以被定义为在经济上和任何时候都能实现这一平衡的能力。2009年瓜兰德里提出了流动性的定义，进而定义了银行的流动性风险。

2011年，科尼特等人分析了2007—2009年的金融危机。他们指出，在危机期间，流动性风险与贷款增长的相关性，以及流动性资产的增长替代了支持新贷款发放所需的融资。

巴塞尔银行监管委员会于2010年发布了关于流动性风险管理、标准和监测的国际新规则。这一新的框架确立了流动性风险管理标准：流动性覆盖率（LCR）和净稳定资金比率（NSFR）。雷斯蒂（2011）指出，强制性引入LCR和NSFR指标将对银行的盈利能力产生重大不利影响。延长融资期限、建立优质流动性资产缓冲将收窄银行的利差空间，增加机会成本。

金融风险之间的联系可以从信贷机构的一项主要职能中看出，如期限转换。银行通过发行比投资期限短的负债为其投资提供资金，由此产生的资产和负债之间的不平衡意味着它们承担了利率风险和流动性风险。巴尔丹、泽恩和雷博纳托提出了一个假设，即流动性风险和利率风险之间存在直接关系，因此减少流动性风险的敞口会导致利率风险的降低。他们研究分析了意大利一家小型银行2009—2010年的经营情况，该银行必须调整其流动性状况，以符合《巴塞尔协议Ⅲ》的要求。结果显示，这家银行同时降低了利率风险敞口。作者得出结论，为了实现风险的综合管理，对每一种风险的控制都是根据银行的不同职能进行的，并影响其战略决策。

在监管要求更新之后，相互独立的方法正在慢慢被更综合的资产负债风险管理所取代。这是因为盈利能力仍然是欧盟银行业的一个主要的关注点。

一些国家的银行的低盈利能力和分散化经营，以及高额的运营成本继续抑制整个欧洲银行业的盈利前景。因此，有必要提出新的办法，以解决盈利能力下降、管制严格以及金融风险等问题。乔德里在2018年《资产负债管理战略和综合资产负债表管理：银行风险管理的未来》中强调了此举的必要性。在这篇文章中，乔德里建议，对全球银行40多年来实行的资产负债管理学科进行升级，以应对全球化和《巴塞尔协议

Ⅲ》带来的挑战。

为了维持具有活力和可持续经营的资产负债表，银行需要从传统的"反应性"资产负债管理方法转向更积极主动的综合资产负债表管理框架。这将使银行能够解决目前面临的多维优化问题。在《选集——关于银行和金融的过去、现在和未来的原则》①一书中，乔德里描述了一个关于可持续的银行商业模式的"未来愿景"。这个未来愿景包含了战略、集成和优化的资产负债管理概念。司库人员、风险管理人员和监管机构正在认识到整合的必要性。资产负债管理系统供应商也开始考虑相关问题。他们试图建立以银行账簿利率风险、流动性和内部资金转移定价之间的集成为重点的解决方案，认为当今的银行需要更全面的资产负债表风险管理。无论是在银行业务中还是在交易账簿中，利率风险都不能与流动性风险、资金转移定价或资本管理分开看待。

如今资产负债表变得更加不稳定，这是不断变化的期限结构、期权、更知情的客户以及衍生品的广泛使用所致。

本书代表了进一步发展综合资产负债管理概念的尝试，并在穆拉德·乔德里教授、咨询公司和其他认为需要变革的前人工作的基础上进行的深入研究。在落实监管要求的基础上，它在一定程度和范围上尝试去为银行业面临的挑战提出潜在的解决方案。

---

① 该书中译本为《银行管理大典：从理论到工具》，中国金融出版社，2020年4月。——译者注

利率风险和流动性风险的计量和管理方法

第一章介绍了金融机构资产负债管理的基本概念，并基于利率风险与流动性风险之间存在的密切关联，阐述了资产负债管理的重要性以及资产负债管理部门在盈利能力与管理金融风险之间的重要权衡作用。此外，第一章还介绍了如何将利率风险和流动性风险从业务部门转移至资产负债管理部门的过程，即内部资金转移定价（FTP）过程，该过程奠定了资产负债表管理的基础。

第二章将进一步阐述内部资金转移定价过程，并详细介绍银行账簿利率风险以及流动性风险的关键指标和计量方法。在之前讨论过的银行账簿利率风险和流动性风险概念的基础上，本章将从资产负债管理部门如何管理这些风险展开。

本章将概述商业银行对银行账簿利率风险和流动性风险的主要计量方法，重点介绍了反映风险暴露程度的关键指标。

最后分析了FTP价格的组成部分，以及在实践中如何将FTP作为资产负债表结构调整的工具。此外，本章还讨论了行为化的概念，并提出了如何计算没有确定到期日的资产负债项目内部资金转移价格的方法。

首先，明确了解银行账簿利率风险与流动性风险的主要区别非常重要。有两种不同的方法来计量利率风险：净利息收益法和经济价值法。

净利息收益法侧重在1~2年的短时间内，利率变动对银行净利息收入的影响。然而，净利息收益法未能反映利率变动的长期影响，因为期限的不匹配可能体现在更长的时间区间上，而净利息收益法未能覆盖如此跨度的时间区间（正如前一章示例所示）。为了全面了解利率变化的长期影响，银行必须采用经济价值法，这是基于预设利率冲击，测算所有现金流现值变化的方法。

流动性风险的分析、讨论、计量或管理不能脱离具体情景。压力测试和情景分析被认为是识别、计量、监测和控制流动性风险的关键工具。压力测试可用于识别潜在流动性紧张的来源，以确保当前的敞口持续符合流动性风险偏好。

通过压力测试，将合同现金流和受客户行为影响的现金流纳入考虑，银行可以评估自身对流动性压力的韧性。流动性分析的目的是预测识别未来现金流入可能低于流出的时间点。流动性分析的要点是确定流动性资产缓冲（LAB）的金额。为了确定其金额，采用压力测试工具来反映压力情景下的预期要求。

本章基于欧洲一些银行的做法，对这两种风险进行了详细分析。必须强调的是，有许多技术方法来计量这些风险，但没有放之四海而皆准的做法。本章旨在引导读者了解银行采用的一些相关技术和方法。

银行账簿利率风险——计量和管理

短期利率风险敞口——期限缺口分析

当前，金融监管要求商业银行建立与本行规模和复杂程度相适应的利率风险管理方法体系，这称为匹配性原则。就风险敏感资产金额而言，银行规模越大，其衡量银行账簿利率风险的方法就越复杂。

本章主要关注静态方法，并就静态方法的应用及结果呈现，结合实际案例进行解释。按照监管机构的说法，期限缺口分析是计量银行利率风险敞口最简单的方法。该方法将利率敏感性资产、负债和资产负债表表外的头寸根据其到期日（固定利率）或到下一次重定价的剩余期限（浮动利率），分配至相应的时间区间中。

对于没有明确重定价周期的资产、负债（如活期存款或储蓄账户）或实际到期日可能与合同期限不同的情况（如客户有提前偿还选择权的抵押贷款），银行可以根据经验判断，将其分配至合适的时间区间。对于受客户行为影响的资产负债项目的时间区间分配，可以用一些统计方法来测算，我们将在第三章进行讲解。

计算收益敞口，可以从相应的利率敏感性资产中减去对应时间段的利率敏感性负债，就会得到该时间段的重定价缺口。用缺口金额乘以假定的利率变化，就可以得出由于利率变动导致的净利息收入变化的近似值。

分析中使用的利率变化幅度要基于多种因素，包括银行历史经验、未来利率走势的模拟以及银行管理层的判断（巴塞尔银行监管委员会，2016）。当前的监管准则要求银行应用正负200个基点的平行冲击（所有期限变动幅度一致）进行分析。

这种方法的应用非常简单，很容易扩展应用到汇率风险的计量上。

然而，静态期限缺口法存在明显的局限性，比如：

- 只考虑分析日银行账簿中存在的业务（假设没有新业务发生）。

- 忽略了同一时段的业务也有不同的到期日（假设纳入同一时段内的所有业务都具有相同的风险特点）。

- 只允许利率的同幅度变动。

- 假设到期的资产和负债将在缺口期内再投资/再融资（而不改变资产负债表结构，假设没有新业务发生）。

然而，通过应用净利息收益模拟模型，可以很容易地克服这些局限，更精确地掌握银行在风险曲线短端面临的真实风险状况。

利率变动对净利息收入的影响（ΔNII），可以用利率变动（Δi）与利率风险敏感性资产（RSA）、负债（RSL）的差额（称为缺口，GAP）的乘积计算得出：

$$\Delta NII = \Delta i \times GAP = \Delta i \times (RSA - RSL) \qquad (2.1)$$

其中：利率敏感性资产（RSA）代表对利率变动敏感的资产（如固定或浮动利率贷款）；利率敏感性负债（RSL）代表对利率变动敏感的负债（如批发融资或活期存款）；缺口（GAP）是在给定的时间范围内，未到期的利率敏感性资产（RSA）和利率敏感性负债（RSL）的差值；利率变动幅度（Δi）代表利率冲击的程度。

现在引入缺口期限（GP）的概念，它表示所分析的时间范围，如1年。因此，净利息收入的变化是两个要素的函数：

- 利率变动幅度。
- 利率敏感性资产和利率敏感性负债的差值（缺口）。

应用期限缺口法，银行可以选择如下策略来管控风险敞口：

- 利率风险中性策略使缺口接近于零。
- 方向缺口，根据利率曲线的预期走势，以及对银行资产负债表项目到期分布情况的分析理解，有意识地保持错配。

如果缺口>0，那么银行将面临再投资风险，意味着如果利率上升，银行将受益；如果利率下降，银行将会面临损失。

如果缺口<0，那么银行将面临再融资风险，意味着如果利率上升，银行将面临损失；如果利率下降，银行将会受益。

因此，如果缺口=0，银行对利率风险和利率曲线的变动都是中性的。当然在这种情况下，方向缺口策略包含了对缺口调整的信号（当利率有向上的趋势时，扩大缺口；如果市场利率有下行的压力时，则缩小缺口）。

示例

假设银行账簿资产负债结构如下：

现金：100百万欧元　　　　　　　定期存款：200百万欧元

浮动利率公司贷款：1000百万欧元　　受客户行为影响的负债：

　　　　　　　　　　　　　　　　　　900百万欧元

其他资产：200百万欧元　　　　　批发融资：100百万欧元

固定资产：50百万欧元　　　　　　权益：150百万欧元

　　图2.1显示了资产负债结构下的期限缺口。

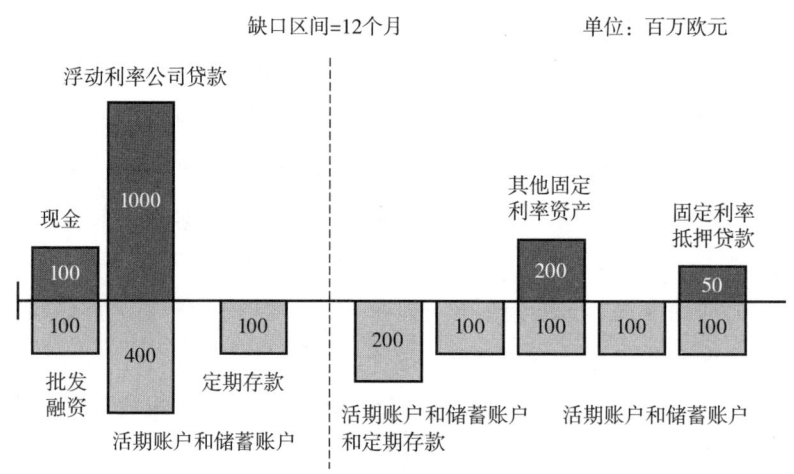

图2.1　重定价缺口——银行账簿利率风险

（资料来源：作者加工整理）

　　该图的重定价缺口显示，在短期内该银行是资产敏感性的，总缺口为5亿欧元，这意味着，在12个月的时间区间内，如果利率上升，净利息收入将增加；如果利率下降，净利息收入将下降。另外，在利率曲线的中长端，银行表现为净负债头寸，随着利率的上升将对经济价值产生正向的影响，利率下降时将产生负向的影响。这两个指标的区别在于时间区间。第一个指标考察短周期对净利息收入的直接影响；后者衡量的是银行账簿中当前所有项目的现值变化。

监管机构要求，期限缺口分析应很容易地在Excel电子表格中执行；然而，这种方法存在重大局限性（卢宾斯卡，2014）。增量缺口法，通过对时间因子加权的后续缺口求和得到增量缺口，丰富了原来的期限缺口分析方法（卢西尼亚尼，1996）。

此处时间因子代表的是每个时间区间的中心时间值与缺口周期结束的时间值：

$$\Delta NII \ = \ \sum GAP \ x \ (T - t) \times \Delta i, \qquad (2.2)$$

其中：T 代表的是缺口周期的长度；t 代表时间区间到期日；Δi 代表的是对利率曲线的冲击。

示例

在12个月的缺口周期下，计算200个基点的利率冲击对净利息收入的影响。

假设：短端利率在负值区间。

浮动利率（零利率底）资产的重定价期限为1个月，金额为100百万欧元。

浮动利率负债的重定价期限为3个月以内（无利率底），金额为300百万欧元。

净利息收入 $= 100 \times \dfrac{11}{12} \times 0 - 300 \times \dfrac{9}{12} \times (-2\%) = 4.5$（百万欧元）

高级法下的期限缺口分析

如前所述，上述简单的缺口分析方法是静态方法，没有考虑利率曲线的变化和资产负债表结构的变化。随着时间的推移，在监管最早提出的基本方法的基础上，静态方法也在演变，随着各种衍化，方法逐渐丰富。

在详细介绍银行账簿利率风险的计量方法之前，有必要简要介绍该类风险的各类形式。银行账簿利率风险是指利率的不利变动导致当前或潜在银行账簿的经济价值、资本和收益遭受损失的风险。

利率风险的敞口既来自重定价日交易利率的变动，也来自利息、利差变动对到期头寸以新利率进行再投资或再融资带来结构变化的影响。第一类风险仅存在于浮动利率业务中，仅适用于其中需要重定价的部分（固定利率到期的部分不适用）；第二类风险涉及固定利率业务。

以下就是银行账簿利率风险的主要类型：

• 缺口风险，是指利率变动时，由于不同金融工具重定价期限不同而引发的风险。

由于金融工具的重定价期限不同，利率上升时，当负债利率重定价早于资产；或利率下降时，资产利率重定价早于负债，银行在一定时间内利差减少，出现缺口风险。缺口风险既包括收益率曲线平行上移或下移（平行风险），也包括收益率曲线形状发生变化，即不同期限发生不同幅度的变化（非平行风险）。银行通过分析重定价缺口以及每一个时间区间的货币净错配程度来计量和管控缺口风险。

• 基准风险，是指期限相近但使用不同定价基准的金融工具，由于定价基准的利率变化不一致而形成的风险。它是由不同金融工具收取或者支付利率的相关性不完全匹配造成的，即使这些金融工具具有相似的利率变化特征。

银行通过监测不同时间区间资产负债的利息收入变动并对其进行1个基点的冲击来衡量基准风险，以了解对损益的潜在影响。在默认情况下，某些银行采取的策略是尽量减少基准风险敞口，包括将资产和负债在定价基准上尽量匹配。

• 期权性风险来自银行账户头寸中明确或隐含的期权衍生头寸。

自动利率期权旨在保护银行免受利率下降/上升的影响，这些影响需要根据经济价值的潜在变化来评估（自动利率期权对经济价值的影响详见第三章）。银行客户存款也有期权性质，主要体现为客户提供提前支取的合同权利。这种现象被称为嵌入银行账簿的客户行为性期权，将在第三章中全面分析研究。

- 收益率曲线风险，是指收益率曲线的意外非平行移动所产生的风险，如变得陡峭、平坦或者曲线反转，或是曲线中长部分的平行移动（短端没有随之发生平行移动）。

银行账簿利率风险越来越受到监管部门的关注，近年来已成为英国国内和欧洲监管部门的热门话题之一。对于如何计量、监测和缓释这种风险，监管都有明确的规定。被称为最终报告的《银行账簿利率风险监管准则》于2018年7月19日发布。按照该监管规定，全面的银行账簿利率风险管理并不仅仅在于集成软件解决方案，更需要修订度量标准和引入模型验证框架等多个维度的工作。在Excel电子表格中执行简单期限缺口分析已经无法满足这个要求。

净利息收入模拟技术的实施，是满足战略性资产负债结构头寸形成方法所必需的，也是银行面临的一个重大挑战。这是因为预期的净利息收入法的结果可以基于不同的视角满足不同的目的。例如，欧洲银行管理局压力测试所需的净利息收入模拟隐含了与定价、时间范围和在一段时间内银行账簿结构变化等有关的假设，而内部衡量标准通常更关心短期内利率对净利息收入的纯粹影响，不考虑银行账簿结构的任何变化。就这种分析而言，银行账簿是恒定不变的，即假设没有新的业务发生。

对于到期的资产负债项目，假设可以具有相同财务特征的项目替换。为了涵盖上述所有方面假设，需要一种综合且灵活的方法，并且需要一种可以服务于实现净利息收入模拟相关目的（而不仅仅是静态方法）的软件解决方案。

高级法对影响净利息收入的计量需要包括以下额外的基本特征：

需要展示出每个时间区间内的银行账簿头寸所挂钩的利率风险因素，简单情况下挂钩1个利率指标，通常情况下可能挂钩几个利率指标；为了将利息收入分配给前台销售部门和后台司库部门，必须将FTP价格剥离为利率风险部分、流动性部分和商业利差，三者之间有明确的区分。

两种方法（期限缺口基准法和重定价缺口高级法）的简要比较

这两种方法都考虑了与基础交易相关的现金流，并将现金流放置在对应的利率敏感区间内。同时，期限缺口基准法将资产负债项目按照其到期时间进行分类，相应头寸采用的时间权重是对应时间区间的中点值。而在重定价缺口高级法下，将以确切的风险日期定位每笔业务，时间更加准确。

假设与交易相关的利率曲线受到200个基点的平行冲击（显然也可以选择其他幅度的冲击），这两种方法对应的现金流都用于确定在缺口期内的预期利差变化。

期限缺口基准法最重要的局限性之一就是无法识别业务所关联的风险因素。这意味着浮动利率业务将根据重定价之前的剩余时间分配到合适的时间区间段。因此，如果该业务交易落入3~6个月的时间区间，但仍不清楚它与哪个市场风险参数相关联（如果业务是按年浮动的，距离下一次重定价时间为3~6个月，那么不能确定该业务是与1年期利率关联还是与3~6个月期利率关联）。

重定价缺口高级法则允许测算多个期限利率参数对每个时间区间利差贡献，来估计每个参数的影响。此外，使用期限缺口基准法，无法知道预期利差的敏感性是来自到期现金流（分期偿还或者到期必须再投资或再融资的"新"利率）还是来自重定价的现金流。

相对于重定价缺口高级法来说，这是一个致命的缺点。高级法计算到期再投资（再融资）时，使用缺口期结束时的远期利率水平来计算净利息收入敏感性。

最后，重定价缺口法之所以具有如此大的优势，被认为是静态方法中最好的方法，是因为它很好地识别了没有完全匹配业务的敏感性。

特别的是，如果业务是浮动利率并且定价完全挂钩某个利率，重定价现金流整体就可以在第一个重定价日被完美匹配。如果不是完全挂钩某个利率，则需要计算随后的所有重置日期的利率敏感性。不完全的利率挂钩会发生在以下情景中：

- 利率重定价期限与利息支付期限不同；
- 不同期限（不同币种）价格存在利差；
- 利率挂钩系数的权重不是1；
- 一揽子利率挂钩机制。

两种不同的期限缺口分析视角

除了区分期限缺口基准法和重定价缺口高级法外，还有两种不同的期限缺口分析视角，二者均应用于日常工作，但服务于不同的目的。

第一种观点是流量分析法，如图2.2所示，该方法以现金流量（适用于固定利率项目）和未到期的重定价现金流（适用于浮动利率项目）设计到期缺口。这种方法通常用于计算一定的缺口周期、一定利率冲击下的净利息收入变化。

第二种观点是存量分析法，如图2.3所示，该方法是对每个未到期资产负债项目的到期缺口进行统计分析。剩余缺口产生净利息收入敏感度，表明利率风险敞口暴露水平。这种方法通常用于计算时间区间敞口和对冲。

重定价缺口分析和重置缺口分析（Refixing Gap Analysis）

重定价缺口分析指的是上述到期缺口分析所衍生的高级法。在这个阶段，重点关注该方法的应用，以及与重置缺口分析之间的差别（重置缺口分析不仅关注第一次重置日的现金流，而且关注后续所有重置日需要重置的现金流）。

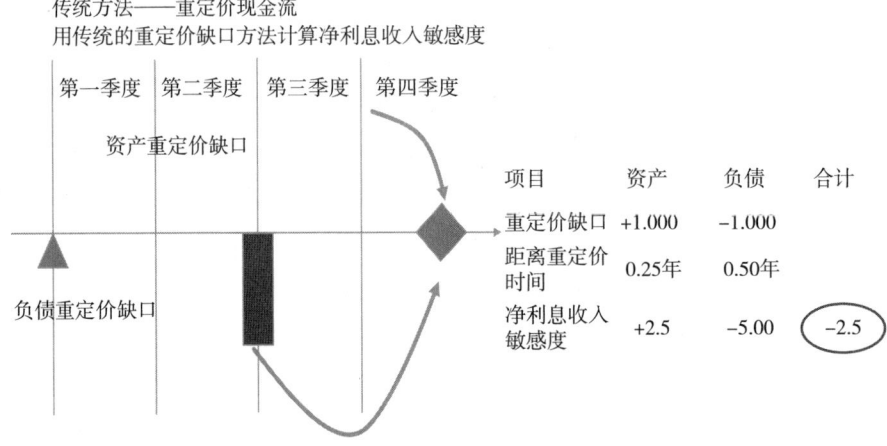

图2.2 重定价缺口分析——流量分析法
（资料来源：作者加工整理）

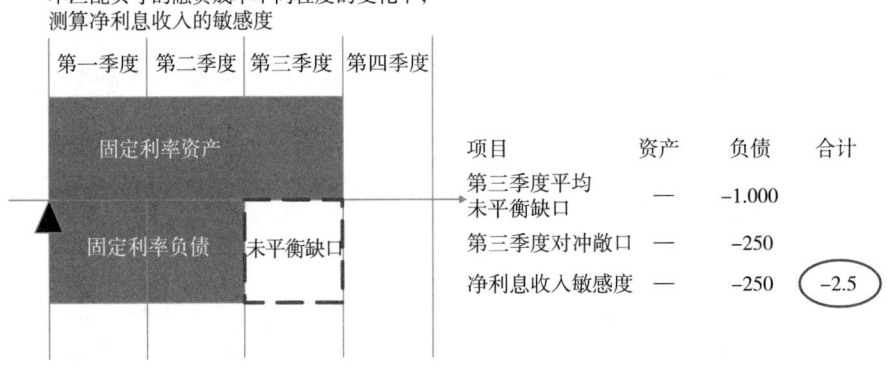

图2.3 重定价缺口分析——存量分析法
（资料来源：作者加工整理）

重定价缺口通常显示短期（12个月）内利率风险敞口情况。它可以识别到期需要重新再投资（再融资）的固定利率资产（负债）头寸，或者重定价日需要重置利率的浮动利率资产负债头寸，两者均会带来利率风险敞口。缺口区间（通常为12个月）按月划分时间段，时间划分越精确，风险识别和计量也就越精确。

值得注意的是，该方法虽然从利率风险的角度对风险状况进行了概览，但它并没有考虑之后的资产负债头寸的重定价缺口。相反，它只关注资产负债头寸第一次重定价（fixation）的情况。

假设一家银行有一笔负债，分别在2019年1月、2019年4月、2019年7月和2019年10月重定价（利率水平与3个月期的欧元银行业同业拆借利率挂钩）。在重定价缺口方法下，如果以2018年12月为数据截止日（cut-off date）进行分析，我们将只关注2019年1月的重定价。在这种方法下，到期头寸和重置头寸是分开考虑的，这极大地方便了对结果的解释。银行知道何时风险来自头寸到期，何时是由重置造成的。

为了计算利息收入的敏感性，银行将重置现金流和到期现金流进行加总。再次强调，利息收入的敏感性也相应将由重置造成的风险敞口与现金流到期造成的敞口进行了区分，这对分析结果有很大帮助。银行的重定价缺口如图2.4所示。

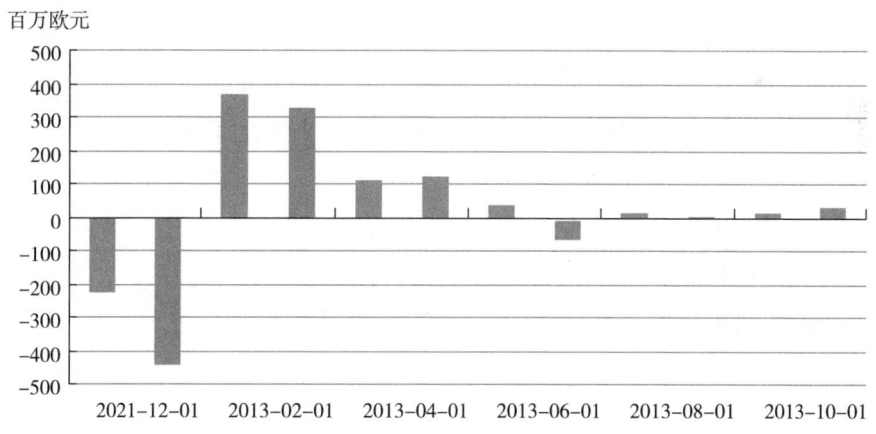

图2.4　重定价缺口分析

（资料来源：作者加工整理）

图2.4显示了1月存在金额较大的负缺口，主要是指在再融资中的负债缺口。从利率风险的角度来看，这一负债净额在其利率重置时，将使银行面临利率曲线上行的风险。此外，在之后的几个月重置时都

有正缺口。而这些正缺口使银行在利率曲线下行时面临风险。

在重置之后出现的负缺口和正缺口敞口部分抵消，降低了利率波动的影响。重置缺口分析丰富了重定价缺口提供的信息。它提供了关于资产和负债之间存在资产负债不匹配的信息，这些不匹配的浮动利率的资产负债业务挂钩于不同的利率水平（如3个月欧元利率、1个月美元利率等），在设定的时间区间内（如12个月），我们按月或两周（甚至每天）进行分组。

重置缺口方法的最简单形式不包括对银行在测算期内将要开展的新业务的预测。这个方法考虑这些资产负债业务都是正常运行且自然到期，不断减少。

与重定价缺口分析不同的是，重置缺口分析将缺口期内与资产和负债有关的所有重定价日期都纳入考虑。这是银行遏制错配风险和利率波动所带来的更大敏感缺口的重要信息。它是制定对冲策略和遏制对银行利息收入负面影响的基本工具。详见图2.5示意的银行重置缺口。

图2.5显示，2010年10月和2011年4月，由于存在10亿欧元的负债净额，形成了不匹配的负缺口。这一头寸与6个月期欧元银行业同业拆借利率挂钩。从资产方面来看，大量资产净头寸随着时间的推移（本案例中为12个月）逐渐到期，且其利率主要与6个月期和3个月期欧元银行业同业拆借利率挂钩。接近10月的重置日期时，如果6个月期欧元银行业同业拆借利率向上移动，该银行面临显著的风险敞口，并且这一风险主要集中在一个月内。

假设在2010年10月，一些重要的突发事件之后，市场利率上行。这家银行由于对负缺口进行重新融资而蒙受损失。随后，市场利率调整到10月前的水平。该银行在11月出现了正缺口，将再次造成损失。可以看出，不仅单个缺口的大小很重要，而且它在时间上的分布也很重要。对冲策略包括签订远期利率协议（FRA）。在这种情况下，银行购买了远期利率协议（FRA），将利率锁定在10月的负缺口融资的利率水平上。

百万欧元

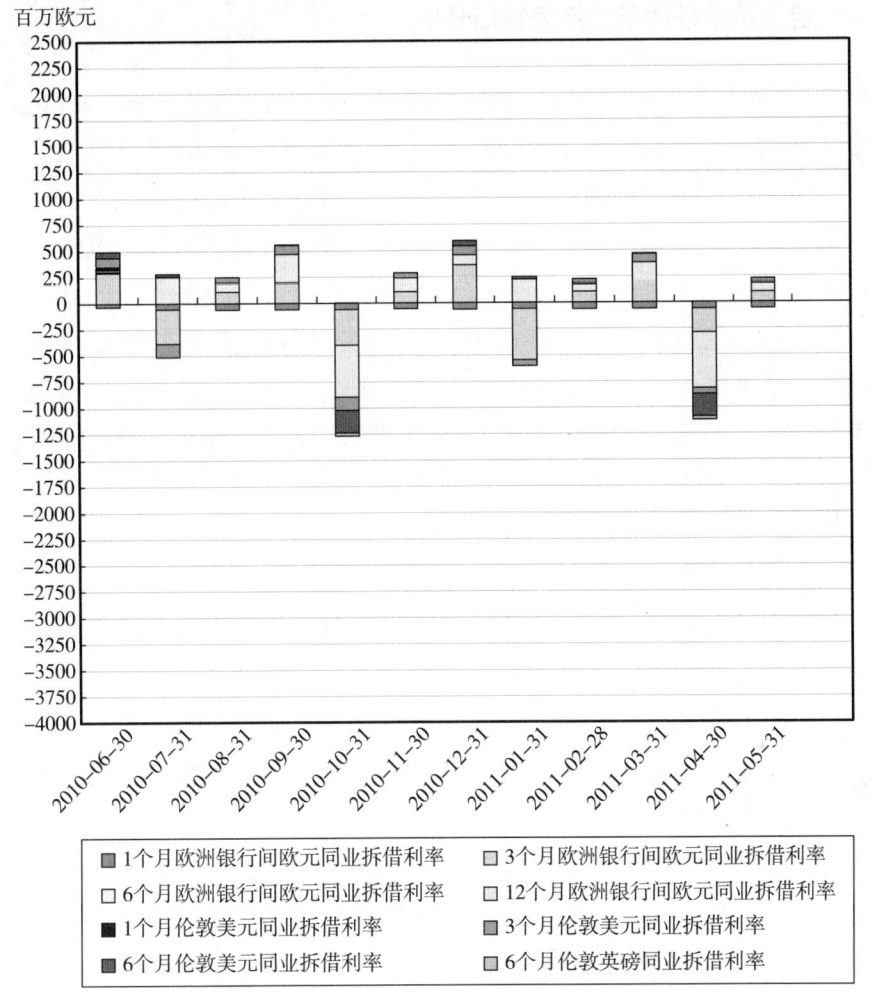

图2.5　重置缺口分析——短期收益率曲线

（资料来源：作者加工整理）

　　上述方法是静态的利率风险分析。也就是说，这种静态方法没有将资产负债表发生新业务而带来的变化，银行产品中的客户行为期权因素，或者未来利率走势的变化纳入考虑范围。但实际上，资产负债表的头寸处于不断到期的情况，对净利息收入的影响也是基于正向利率曲线的情景计算的。

经济价值视角下的期限缺口分析

经济价值（EVE）衡量不包含权益的资产负债表的净现值的理论变化，即风险敏感性资产的现值变化减去风险敏感性负债的现值变化。

因此，这种方法描述了利率冲击引起的经济价值的变化。在这种方法下，将其他压力情景下的经济价值与基本情景下的经济价值进行比较。基准利率情景是当前利率环境下资产的现值减去负债的现值。银行账簿中所有来自资产负债表和表外的利率敏感性项目的现金流量都要计算在内。经济价值的市值为资产现金流量的现值减去负债现金流量的现值，而不考虑权益的利率敏感性假设（不包括权益头寸）。然后在其他利率情景下对资产负债表进行重新估值，并计算基础情景下的经济价值与其他情景之间的差额。

资产负债表头寸估值的准确性在很大程度上取决于计算的现金流量和使用的贴现率。使用的贴现率应与现金流（需要折现的资产负债工具）的久期和风险相匹配。在巴塞尔银行监管委员会标准中，有一个假设，即在某个时间段的现金流量应以该时间段中间值的无风险利率（内部视角）折现；如果现金流包括信用利差（外部视角），则适用调整后的利率。

银行可以选择是否通过FTP方法从重定价的现金流中扣除商业利差和其他部分。因此，贴现因子必须与经济价值现金流量计算所选择的方法一致（见图2.6）。

在静态方法（无条件现金流量）下，还有一个额外的假设，即由于客户行为，现金流量的时间及其大小在不同的情景下没有差异。在现实中，利率情景与提前还款和存款增长的程度之间存在着特定的关系。例如，如果利率下降，提前偿还比例往往会上升，因为客户会寻找更便宜的借贷机会。然而，在负债方面，储户倾向于寻找新的投资机会，这种产品的波动性可能会增加。根据客户行为潜在变化调整的现金流量称为有条件现金流量，是经济价值计算的最佳做法。

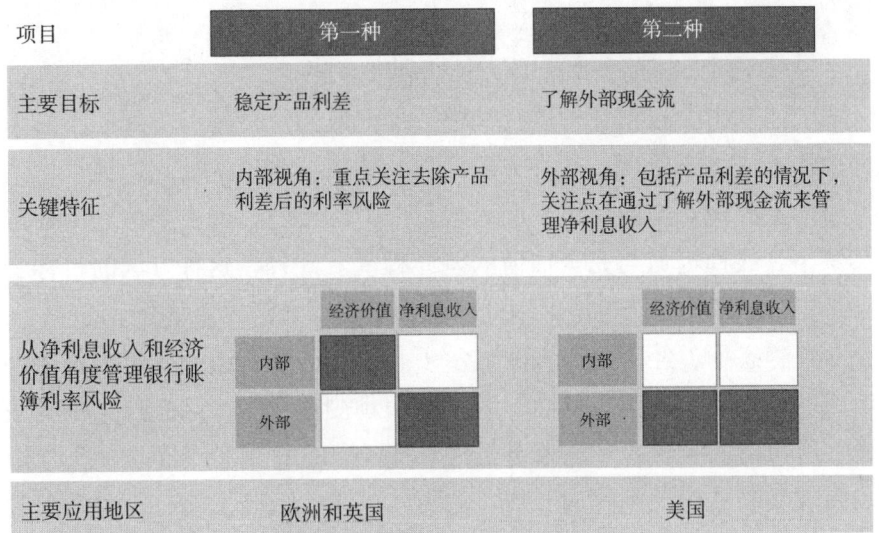

图2.6　经济价值管理的内外部视角
（资料来源：作者加工整理）

　　欧洲新的监管框架（2018年7月19日欧洲银行管理局发布的关于银行账簿利率风险的最后报告）是一次明确的尝试，旨在规范各国间金融机构的银行账簿利率风险的管理方法，要求在已经应用内部方法（如风险价值）的银行，同时应用由监管机构规定的标准化方法。

　　欧洲银行管理局的最后报告并不主张取代现有的方法。相反，银行必须进行额外的分析才能应用标准化方法。对于较小的机构来说，标准化框架可以作为一个平台，在这个平台上建立整个银行账簿利率风险管理框架。

　　按照标准化方法，为了计算对经济价值的影响，各机构预计采用监管规定的如下六种利率变动冲击：

　　– 平行上移（整条曲线上移）；

　　– 平行下移（整条曲线下移）；

　　– 短期利率向上移动；

　　– 短期利率向下移动；

- 变陡峭（短期利率下降，长期利率上升）；
- 变平缓（短期利率上升，长期利率下降）。

上述冲击会根据货种进行调整，即对欧元、英镑、美元等不同币种采用不同冲击幅度。这种方法简单易懂，但也有优缺点。经济价值模型的主要优点是能够识别嵌入银行账簿的凸性，即在某些利率冲击情景下，线性近似与完全估值的差异程度。此外，这种方法的目标变量是银行账簿的经济价值，因此风险大小是以经济价值来衡量的。

在静态下，经济价值方法显示了基于当前投资组合或资产负债表组成的风险面板数据；然而，基于增长预测或金融产品激烈竞争的假设，有可能需要模拟未来业务的潜在影响。这种模拟资产负债头寸影响是在较长的时间间隔内开展，如每年一次，反映了该特定时间点的情况，同时考虑了银行账簿新的资产负债结构组成情况。虽然考虑到了关于增长的假设，但它仍然是一种静态的方法。

动态方法是基于若干内外部因素以及某一时间点的利率模拟曲线来模拟银行账簿的头寸。

案例研究

金融机构在六种监管明确的利率冲击情景下，经济价值指标变化如表2.1所示：

表 2.1 经济价值分析——基于客户行为相关

情景	经济价值	期权	经济价值+期权
2010年历史情景	31.724	（6.692）	25.032
平行上移	39.615	（6.787）	32.828
平行下移	（42.065）	131.558	89.493
短期利率向上移动	24.539	（6.238）	18.301
短期利率向下移动	（25.349）	38.499	13.150
变平坦	13.571	（180）[①]	13.391
变陡峭	（6.866）	9.074	2.208
较差的情况	（42.065）	（6.787）	2.208

---

① 原文有误，应为"（0.180）"——译者注

我们希望从银行账簿利率风险的角度，分析银行经济价值和资产负债结构的变化。显然，在上述任何利率冲击情景下都没有损失。这是因为银行账面价值中的损失，从所有向下情景（平行下移、短期利率向下移动和变陡峭）自动期权的经济价值变化中得到了补偿。而在所有向上的情景（平行上移、短期利率向上移动和变平缓）下，嵌入银行账簿中的期权成为价外期权（在利率上升冲击下及在冲击情景和基本情景下，自动期权的经济价值差异为负值）。这一情况表明，示例中的金融机构是在用中长期负债（如受客户行为影响的负债）为短期重定价资产提供资金。这是因为在利率上行的情况下，银行采取净负债头寸，利率的上升导致其银行账簿经济价值增加。

总的来说，这家银行在曲线的中长期部分没有承担任何银行账簿利率风险。在这个特定的时间点，它也没有采取短借长贷的收益率曲线骑乘策略。巴塞尔银行监管委员会标准强调自动期权的重要性，这也反映在欧洲银行管理局的关于银行账簿利率风险管理标准的最终报告中。以下是2016年公布的巴塞尔银行监管委员会标准中与经济价值测量计算有关的摘录。

经济价值方法的计算过程

在情景 i 和币种 c 条件下，经济价值 $EVE_{i,c}$ 的损益计算如下：

1. 在每一种情景下，所有的名义重定价现金流都放置在相应时间区间 $k \in \{1,2,\cdots,K\}$。在给定的时间区间内，所有正负名义现金流形成一个单一的多或少的头寸，正负抵消部分在计算中删除。按照这一过程，在所有时间区间都会得到一组名义重定价现金流 $CF_i(k)$，$k \in \{1,2,\cdots,K\}$。

2. 每个时间区间 k 中的名义净重定价现金流按连续复合折现因子加权：$DF_{i,c}(tk) = \exp[-R_{i,c}(tk) \cdot tk]$，其中 i 表示利率冲击情景；c 表示币种；k 表示特定时间区间；tk 表示第 k 组时间区间的时间中点。这会得出一个加权净头寸，对于各个时间区间来讲，可能为正，也可能为负。折现因子代表的是无风险利率。

3. 对这些风险加权净头寸求和，以确定情景i（不包括银行可能拥有的自动利率期权头寸）下币种c的经济价值：

$$EVE_{i,c} = \sum_{k=1}^{K} CF_{i,c}(k) \times DF_{i,c}(t_k) \qquad (2.3)$$

基础情景下以币种c表示的经济价值计算为：

$$EVE_{0,c} = \sum_{k=1}^{K} CF_{0,c}(k) \times DF_{0,c}(t_k) \qquad (2.4)$$

最后，在计算与情景i相关，币种c的经济价值的所有变化时，用受冲击的利率期限结构经济价值$EVE_{i,c}$减去$EVE_{0,c}$再加上自动利率期权性风险$KAO_{i,c}$

$$\Delta EVE_{i,c} = \sum_{k=1}^{K} CF_{i,c}(k) \times DF_{i,c}(t_k) - \sum_{k=1}^{K} CF_{0,c}(k) \times DF_{0,c}(t_k) + KAO_{i,c}$$

$$(2.5)$$

在这种情况下，如果$EVE_{i,c} > 0$，那么银行账簿的经济价值就会增加，而在$EVE_{i,c} < 0$的情况下，银行账簿就会面临经济价值的下降。$KAO_{i,c}$是计算自动利率期权价值变化的附加项，无论期权是显性的还是嵌入式的。无风险利率曲线可以选用担保利率互换或隔夜指数互换（OIS）曲线，如2017年执行的巴塞尔银行监管委员会标准或欧洲央行银行账簿利率风险压力测试中规定的。

时间区间敏感性分析——PV01 在管理银行账簿利率风险时，使用银行账簿利率风险敏感性分析或者PV01是很有必要的。敏感性分析法是分析利率曲线发生1个基点移动时，引起的某种币种的资产负债项目现值变化的方法。交易的敏感性（$PV01$）是通过计算按当前市场利率确定的现值以及在曲线受到1个基点利率冲击下的现值（$PV*$）之间的差额：

$$PV01 = PV^* - PV \qquad (2.6)$$

传统方法包括将现金流量定位在预计流入流出的日期（根据其合同或模型到期日算出的时间区间），并使用时间区间中点（在简化方法的情况下）或交易的确切风险日期（在资产负债系统中可得）相对应的折扣系数来计算其现值。这种方法在对冲或监测银行账簿利率风险结构敞口暴露（通常与固定利率的项目有关）方面具有重要的意义，因为它可以识别对利率变动非常敏感的利率期限结构，并以对冲或自然对冲关闭敞口。总的时间敏感度等于每个时间区间敏感度之和。

图2.7显示了金融机构按时间区间分列的PV01敏感度。可以清楚地看到，由于负债状况，该家银行的敏感度主要分布在1~5年的时间区间内。在这些时间范围内，利率提高1个基点，将给该机构带来收益。总的来看，利率的提升将带来正向影响。

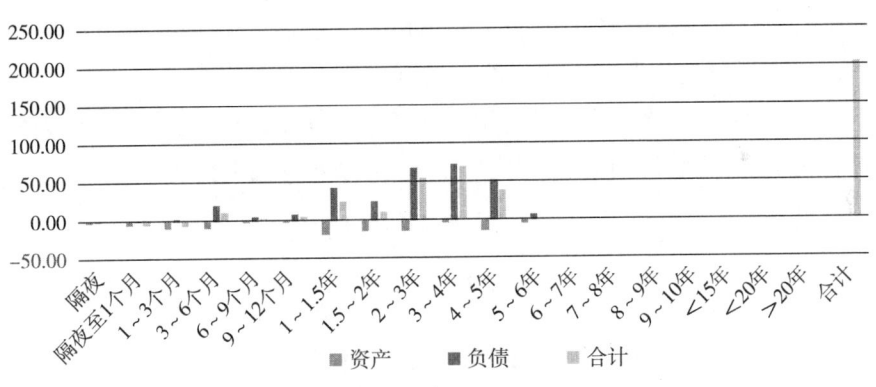

图2.7　银行账簿时间区间敏感性

（资料来源：作者加工整理）

久期缺口分析　久期是计算债券平均剩余期限的方法。它代表了债券的支付速度，也反映了相对于其他具有相同期限的证券的价格波动风险。

久期为从证券收到所有现金流量的加权平均时间，其中权重是每笔现金流量的现值相对于证券总现值的比重。

$$D = \sum_{t=1}^{n}(t \times PVCF_t) / \sum_{t=1}^{n} PVCF_t \qquad (2.7)$$

其中：D是债券的久期；t是到付款之日为止的时间长度（月数、年数等）；$PVCF_t$是t期支付CF的现值，等于$CF_t / (1+r)^t$；r是到期收益率。久期可以用两种形式来计量。

第一种为修正久期（MD），主要是衡量市场上的利率风险。久期代表了债券的价格波动性，也反映了利率风险。从严格的数学意义上讲，久期是一个近似值，在利率变动非常小时其近似值是可以接受的；在期限结构发生重大变化时，久期就会不精确。

如前所述，久期是指利率的变化引起证券价格百分比变化的线性关系，如下所示：

$$\frac{\Delta S}{S} = -MD \times \frac{\Delta r}{1+r} \approx -MD \times \Delta r \qquad (2.8)$$

其中：MD为债券的修正久期；S是债券的价格；r是债券的到期收益率；Δ则为较之前值的变化（所谓的利率冲击）。

第二种形式的久期以时间单位来衡量，如几个月或几年，称为麦考利久期。这两种形式是密切相关的，可以通过如下公式来转化：

$$MD = \frac{\text{麦考利久期}}{\left(1 + \dfrac{YTM}{n}\right)}$$

其中：YTM为到期收益率；n为每年息票支付的次数。

第一种形式通常用于反映单一交易的风险。在利率曲线波动的情况下，久期通常用于监测金融机构的资本价值。对特定程度风险敞口的假设是由银行高级管理层风险偏好决定的（风险偏好通常由资产负债管理委员会确定）。选择资本价值作为目标是因为资本价值是银行股东的主要关切。虽然个别头寸的利率敏感性或风险与其修正久期有关，但整体的资产负债利率风险与金融机构资产久期和负债久期之间的差异或者缺口有关。

久期缺口如下：

$$DGAP = D_A - w \times D_L \tag{2.9}$$

其中：D_A和D_L分别是资产和负债的平均久期；w是权重，具体计算方式为负债/资产（负债的市场价值除以资产的市场价值）。

　　假设金融机构银行账簿资产负债项目的修正久期为正值，银行呈现净资产头寸。当利率上升时，经济价值将会下降；如果利率下行，银行的经济价值将增加。银行的经济价值函数由修正久期、利率冲击程度和金融机构资产负债比例三个变量组成。在修正久期小于零时，情况将完全相反。该机构可以通过改变资产负债表的组成来改变利率敞口大小，以获得目标头寸下的符合预期的久期缺口。久期缺口越大，机构对特定目标头寸的风险敞口就越大；缺口越小，风险敞口也越小。规避此风险的措施包括实施风险免疫策略，将久期缺口调整为零。尽管金融机构的目标是收益的最大化，但需要考虑的是，在收益最大化的过程中必然带来一定程度的风险暴露。金融机构所期待的风险收益平衡是由其资产负债管理委员会决定的，风险收益水平对每个银行都不尽相同。商业银行的利率风险管理包括对利率走势的预判以及基于利率预判来决策敞口大小。银行可以选择以下两种利率风险管理策略：消极的策略（风险免疫策略）或者积极的风险管理策略。下面的例子展示了银行采用风险免疫策略的情况。需要指出的是，该银行在正确管理利率风险时，可以获得收入，但是采用风险免疫策略可能会使收入减少甚至丧失盈利。从另外一个角度来说，银行通过风险免疫策略也会在银行利率风险管理出现问题时，降低其遭受损失的可能性。假设初始资本为100欧元。资产（A）的平均久期为4.17年，负债（如存款P）的平均久期为1年，$P/A = 0.9$，这样就会得出久期缺口为$4.17 - 0.9 \times 1 = 3.27$年，不满足风险中性条件。商业银行可以通过如下措施将久期缺口降至零。

- 将资产的久期缩短至0.9年。
- 将存款的久期拉长至4.63年，使$0.9 \times 4.63 = 4.17$。

我们假设银行选择第二种方式来降低久期缺口（拉长存款久期）。银行可以通过减少久期较短的负债规模或者增加久期较长的负债规模来实现拉长负债久期的目标，满足风险免疫条件。假设利率上行200个基点，银行资产价值下降幅度与资产负债表调整之前相同（因为资产方没有调整）。负债的构成发生了变化，短期负债下降，长期负债增加。在风险中性策略下，资产价值的下降被负债价值的变化抵消，商业银行自身的经济价值得到了保护，没有受到利率变化的影响（考夫曼，1984）。

通过久期缺口法管理利率风险　我们假设，银行预计利率水平会下行，根据资产负债管理委员会的策略，采用了久期缺口为1年的风险水平，即

$$D_A - w \times D_L = 1 \tag{2.10}$$

假设上述银行资产（A）的平均久期是4.17年，负债（如存款P）的平均久期为1年，以及P/A= 0.9。银行总资产的市场价值为1000欧元。正如之前例子所示，银行可以通过将资产久期从4.17年缩短至0.9年或者将负债久期从0.9年拉长到4.63年来满足风险中性策略条件。如果银行司库部门负责人预测利率下行，银行将获得经济价值的提升；如果实际利率走势与银行判断的相反，利率不是下降而是上升了200个基点，银行的状况将会恶化。银行经济价值将下降20欧元（1000×2%）。银行的利率策略使其市场价值出现恶化。因此，需要牢记的是，如果要采取积极的利率风险管理策略，银行要有能力保证其对利率走势的预测是正确的（考夫曼，1984）。

久期缺口分析的局限性　久期缺口从理论上看很吸引人，但需要掌握整个资产负债表所有项目的数据信息（如每个头寸到期日和重定价频率等）。贷款的提前偿还或者交易中包含的其他期权性特征都没有考虑在内。从数学角度来看，久期缺口分析只是在利率变动很小的时候才有效。久期缺口分析认为利率在所有期限的变动保持同样的幅度（平行移动）。尽管有如此多的局限性，久期缺口分析在银行当前

的实务中仍被广泛使用（卢宾斯卡，2014）。

内部资本充足评估程序（ICAAP）——覆盖银行账簿利率风险的内部资本评估　在巴塞尔协议公布前，银行在使用内部资本来覆盖银行账簿利率风险时有很多自由裁量权。许多银行的内部资本评估程序都是基于某个时间点的风险价值指标预计最大损失，意味着需要准备相应的资本以防范风险。

2018年7月19日印发的《银行账簿利率风险管理指引（修订）》最终版本，优化了非交易账簿业务引致的利率风险管理的内部资本充足评估方法，并建立了一套新的规则。特别需要指出的是，该指引提出金融机构应该基于银行账簿利率风险对整体内部资本充足的贡献，将经济价值变动（ΔEVE）和净利息收入变动（ΔNII）的影响纳入考虑。经济价值的变动需要在特定时间内在几种利率情境下进行评估。整体来看，资本水平应与机构的实际风险水平和风险偏好相称，比如，要反映该机构在经济价值变化时可能面临的最大负面影响。此外，银行还需要根据净利息收入变化的影响建立缓冲，以弥补利率出现不利变动时的直接损失。监管机构应该清晰明确地规定相关需求。

金融机构必须考虑以下内容：

- 为覆盖利率不利变动带来的经济价值变化所需要的内部资本、由于利率变化对未来收益的影响而产生的内部资本需求以及对内部资本缓冲水平的影响；
- 银行账簿利率风险敞口内部限额的规模和期限，以及在计算资本时间内是否触发这些限额；
- 对冲旨在利用内部预期的利率水平走势获利的敞口头寸的有效性和实际成本；
- 银行账簿利率风险的内部计量值对关键或不完善的建模假设的敏感性；
- 冲击和压力情景对不同利率定价基准头寸（基准风险）的影响；

• 潜在风险的驱动因素。

此外，2018年欧洲央行关于利率风险管理的最终报告指出：

为校准银行账簿利率风险的内部资本要求金额，金融机构应当使用计量系统和一系列适用机构风险状况的利率冲击和压力情境，以量化不利条件下任何影响的潜在规模。在考虑是否应就银行账簿利率风险管理来分配内部资本时，该机构应考虑以下事项：

• 在压力条件下或由于市场环境的长期变化而可能发生的实际损失，比如，为稳定收益将打算长期投资的资产出售。

• 净利息收入的波动、收益的强度和稳定性，以及产生和维持正常经营所需的收入水平。银行账簿利率风险程度较高的机构，在合理的市场情景下，可能会出现损失、股息政策调整或业务运营的减少，应该确保有足够的资金来抵御这些情境的不利影响。

• 各机构应考虑内部资本缓冲调整，强调在压力情境下收益减少（从而降低了资本内生能力）的可能性。

• 在不同情境下可实现的净利息收入水平（利润率足以消化利率头寸波动性、负债成本变化的影响）。

作者认为此次修订是银行账簿利率风险管理方法标准化的尝试。通过引入针对一般风险管理的标准化方法，不同银行取得的结果很容易进行比较。

银行账簿流动性风险管理——计量和管理

本节介绍了商业银行的流动性计量和管理实践，重点关注压力测试和应用流动性管理框架预估流动性缓冲（LAB）数量的方法。本节还将介绍融资风险、融资概况和融资计划等相关内容。

此外，本节简要分析了根据业务预测、前瞻性评估资金关键来源和资金运用的过程。本节还将带领读者深入领略应急融资计划（流动性应急计划，CFP）的内容。应急融资计划是指在极端内外部条件下，用以克服相关流动性困难的指标、过程和程序等相关文件的总和。

流动性风险是指金融机构无法以合理成本获得资金，用以偿付到期债务、履行其他支付义务和满足正常业务开展的其他资金需求的风险。银行应该区分短期流动性风险和结构性流动性风险，两者分别与流动性风险和融资风险定义相对应。

- 短期流动性风险是指金融机构在短期内没有足够的资金且无法以合理成本获得资金来履行到期偿付义务。
- 结构性流动性风险是指银行由于资产负债表结构不合理，如过度依赖特定资金来源，导致其无法达成业务战略或增长目标，而产生实际的或者潜在损失。

当银行无法履行其偿付义务时就会出现流动性风险，具体可以分为以下两种：

- 融资流动性风险：无法以市价获得融资，只能以更高成本借款以履行偿付义务的风险。
- 市场流动性风险：由于资产投资收缩，而导致资产出售困难或资本损失的风险。

流动性风险具有以下组成部分：

- 融资风险：资金成本发生潜在变化的风险（信用状况的恶化或者市场流动性整体收紧）会影响商业银行盈利能力。融资风险是一种特殊的风险，它通常由金融机构内部事件引发，并会引起交易对手的快速反应，使商业银行难以获得维持日常交易的融资或者只有付出高昂成本才可以获得融资。
- 市场流动性风险：由于市场流动性的收紧，商业银行不能及时变现资产，或者只有在承受一定损失的情况下才能变现资产的风险。
- 流动性错配风险：在特定时间段内，资金流入流出到期日和金额不匹配的风险（在流动性计量技术一节讨论）。因此，中期融资计划应根据银行对期限转换的风险偏好程度制订，确保与资产期限相匹配。

- 流动性应急风险：未来的意外事件导致实际需要的流动性金额大于银行预测金额。这种风险可能会由贷款违约、新增资产需要新增融资或者在流动性危机期间难以出售资产和获得新的融资等事件引发。
- 操作性流动性风险：由于不完善或有问题的内部程序、员工和信息科技系统，即使商业银行有能力偿还，但仍无法按时履行当前偿付义务的风险。
- 追加保证金流动性风险：由于金融工具价格波动，根据合同规定，银行要通过现金或者抵押品的形式追加保证金所带来的风险。

稳健的流动性风险管理框架（RMF）为所有风险的整体管理和控制提供了架构。它阐述了银行的风险原则和标准，并定义了风险容忍度声明。流动性风险框架明确说明了银行在执行其战略时愿意承担的最大风险水平。

为便于讨论稳健的流动性风险管理框架，上述的每一种风险形式都需要设置一种风险偏好和风险容忍度。风险偏好是指在考虑当前和预测的市场状况下，银行认为最优回报的风险水平。风险偏好不能超出风险容忍度水平。风险容忍度是由银行定义的边界值，它决定了银行在执行战略和根据自身风险原则，愿意承担的最大风险水平。

稳健的流动性风险管理框架有如下目标：

- 确保银行在正常业务条件和危机情况下的偿付能力。
- 根据当前和未来的市场条件及银行的业务表现，确保银行在任何时间具备足够的流动性水平以履行合同偿付义务。
- 管理流动性风险头寸，以符合当地监管机构的监管要求，同时符合银行自身具体运营特征。
- 定义流动性风险计量及监控的政策和指标，以确保在正常条件

（持续经营）和压力情景下实现设定的目标。

上述目标通过流动性政策文件来实现，其中必须包含以下内容：

• 司库/资产负债管理职能与流动性风险监控部门的职能分离。

• 董事会根据生存期和流动性投资组合规模的充足性，确定流动性风险容忍度和风险偏好。

• 流动性风险敞口的计量。

在详细介绍流动性计量方法之前，我们先分析银行的流动性风险容忍度声明。

本行将在极端但合理的流动性压力情况下履行支付和抵押义务，而不求助于央行的特别支持。

为了细化该声明，需要明确声明的时间范围和压力情景的具体定义。例如，在特定机构和全市场的流动性压力下完成至少60天的支付和抵押义务，而不求助于央行的特别支持。这是描述流动性风险的两个基本维度：特定时间段的确定和压力测试情景的选择。在流动性管理实践中常见的压力测试包括市场压力情境测试、特定机构压力情景测试和组合压力情景测试。在市场压力情景测试下，假设外部市场因素出现不利变化；在特定机构压力情景测试下，假设金融机构内部因素将出现不利变化；组合压力情景测试涵盖了内外部因素变化。

需要强调的是，稳健的流动性管理框架也适用于长期流动性管理。框架引入了期限转化的概念，即短期负债支撑长期资产，换句话说资产基准和负债基准两者拥有不同的到期日。

计量流动性风险敞口的常用方法是基于流动性风险错配模型，包括对流动性风险监测和测量的指标差异，既包括短期差异（运营现金流差异），也包括中长期差异（结构流动性风险）。

短期流动性是指1年内的流动性管理，包括以下几个特点：

• 流动性错配的计算，考虑流动性组合中的流动性资产，主要包括合格有价证券和其他附加现金资产。

- 对资产负债表的不同项目应用"自然到期"假设,设定不同时段内到期资产和负债的现金流净流量的累积百分比的限额。这些限额反映了稳健的现金流管理和银行通过货币市场、资本市场和存款等渠道进行融资的能力。

中长期流动性是指1年以上的流动性(也称为结构性流动性),具有以下特点:

- 资产和负债之间缺口比率表示流动性不匹配,通常按照1年、3年和5年以上的不同时段分组。
- 对没有确定到期日和嵌入式期权项目使用统计/定量行为模型。
- 与特定业务模式、战略方向、运营复杂性以及当前和未来的融资能力相关的流动性风险因素的定义。
- 流动性投资组合的识别和定义。
- 基于内源性和外源性冲击情景,按月开展压力情境测试,模拟生成流动性风险暴露的结果,就此验证银行的生存能力和潜在流动性缓冲的新增需求。
- 明确应急融资计划(CFP),确认内源和外源预警性指标,以及用以保护银行偿付能力的行动计划。

短期流动性管理原则

短期流动性管理旨在确保在1年的时间内满足预期或预期之外的现金支付义务,因此它通常代表短期流动性时间框架,最长可为1年。维持现金进出可持续的不平衡(不匹配)是银行正常活动的基本条件。短期流动性风险监测指标可分为以下类别:

1. 流动性限额。在非常短(如45天)的时间区间上设置流动性限额,即现金流入加上流动性组合(流动性储备能力)与现金流出的比值。

2. 预警指标。通常的做法包括在更长的期限上,如3个月、6个月，设置预警指标。

设置流动性管理限额和预警指标，监控限额使用情况。根据不同金融机构的不同商业模式，对各家银行设置不同的指标和限额。

累积短期流动性限额 如前所述，流动性风险计量体系是基于到期日错配方法建立的。缺口比率就是流动性风险限额的一个例子。在每个时间区间设置最大的可允许错配金额。流动性限额是从累积的概念上，通过现金流流入（包括流动性资产缓冲）和现金流流出的角度定义和计量。缺口比率的通常定义如下：

$$\frac{现金流入 + 流动性储备能力}{现金流出} \geq a\% \tag{2.11}$$

其中：现金流流入是指在某个短期时间区间内（如45天），本银行与系统外交易对手发生的实际交易所带来的现金流流入之和；现金流流出是指在某个短期时间区间内（如45天），本银行与系统外交易对手发生的实际交易所带来的现金流流出之和；流动性储备能力（CBC）是银行在压力状况下，为了满足流动性需求而持有的优质流动性资产；缺口比率（a）是短期流动性比例的限额。对于短期期限来说，这个比例通常设置在100%及以上。

除了缺口比率以外，银行需要在更长的期限上，设置预警指标来控制它的短期流动性缺口。

表2.2显示了对单个期限区间所设置的限额和预警指标的细分：

表 2.2 短期流动性限额示意

时间区间	限额（缺口比率）
45天	110%
预警指标	
3个月	80%
6个月	60%

资料来源：作者加工整理。

短期流动性敞口管理需要覆盖所有的重要货币。缺口比例低于区间触发值意味着相关限额已经被突破。一旦突破限额，银行将按照流动性政策文件和/或应急融资计划要求，启动相应授权和沟通程序。

此外，在整个流动性管理框架中，现金流入与流出的定义必须保持一致。特别是以下情况：

- 现金流出是指由到期负债、使用不可撤销的信贷承诺和负向收入部分产生的支出。

- 现金流入是指由资产到期、使用不可撤销信用承诺（负债）、销售行为和正向收入部分产生的流入。

- 预计现金流是指与定期或偶尔发生的随机事件相关的现金流量，如股息、税收和收益偿还、债券的提前偿还等非常规交易。

- 确定现金流（实际现金流）是指有明确合同期限的现金流。对于随时可偿还（可随时支取）的资产（负债）来讲，应使用最审慎的标准；对于可随时偿还的资产来讲，选择最晚的到期日；对于可随时支取的负债，选择最早的到期日。

- 没有合同期限的现金流是指到期日不能根据合同确定的资产和负债项目。对于这些项目，银行需要使用统计和量化模型来确定合适的预测值。模型必须首先由资产负债管理委员会和风险委员会认定并由内部独立的审计部门修订完善后使用。

中长期流动性——结构性流动性管理原则

银行的结构性流动性管理旨在保证剩余期限超过1年的资产和负债之间的结构性平衡和稳健。

维持中长期资产和负债之间适当的动态平衡关系，旨在避免银行对短期资金来源过度依赖的压力。这个观点至关重要，因为过去银行通过"滥用"期限转换来提升收入，比如，融入短期负债来支撑长期资产增长，为了约束这种全球范围内的经营实践，监管设计了一套强制性的指标用以管理结构性流动性风险，即净稳定资金比例

（NSFR）。

为避免银行过度期限转换的典型操作包括以下几种：

- 延长负债的到期期限，减少不稳定的资金来源，优化成本结构（综合性的战略和战术方法）。
- 确定适当的久期目标，通过战略性融资活动来控制融资增速。
- 协调中长期批发融资需求与成本最低化、来源、货币和工具多样化的必要性。
- 按年确定和评估压力测试情景的影响，以制订稳健、符合目标的融资计划。

作者认为，在不久的将来，如何应用优化技术来实现期限转换与银行稳健的融资状况之间的权衡，将会变得越来越重要。这不仅是因为它有助于降低整体融资成本，而且还因为它能确保商业银行符合流动性指标的法规要求和目标。

结构性流动性风险的计量和管理　为了监控结构性流动性风险，将资产和负债分配到相应的时段生成期限阶梯。不同时段的现金流预测取决于到期日；但对于没有合同到期日的项目，需要对其现金流状况进行建模，并通过定期验证的定量/行为模型来验证（根据工作模式与内部控制结构而定）。结构性流动性分析应包括所有资产负债表项目（见表2.3），并在截止日，依据商定的内部假设（如假设资产负债表自然到期，或者稳定增长、锁定等）。结构性流动性监测日期区间可以划分为1年、2年、3年、4年、5年、7年、10年、15年、20年、30年和无确定到期日、无到期日。

从实际角度看，结构性限额可以用如下公式来定义。

结构性限额　12个月以上的现金流入和现金流出的缺口率必须大于董事会设定的阈值（通常为100%）。

$$\frac{\text{大于一年的现金总流出} + \text{收益}}{\text{大于一年的现金总流入}} \geq b\% \qquad (2.12)$$

其中：$b\%$是由董事会确定的结构比率的阈值。考虑到《巴塞尔协议

Ⅲ》中关于稳健的资产负债中稳定融资和中长期资产平衡的要求，这个阈值应该在100%以上。

结构性风险预警指标1 3年以上的现金流入和现金流出的缺口比率必须高于阈值水平（通常低于100%）。

$$\frac{大于3年的现金总流出 + 权益}{大于3年的现金总流入} \geq c\% \qquad （2.13）$$

其中：$c\%$是3年以上时段的预警值。建议采用谨慎的方法，将其保持在70%或以上。

结构性风险预警指标2 一些银行为5年以上的时段设置了额外的预警指标。对于商业银行来说，它通常会在60%或以上。

$$\frac{大于5年的现金总流出 + 权益}{大于5年的现金总流入} \geq d\% \qquad （2.14）$$

其中：$d\%$是超过5年区间的预警值。建议采用谨慎方法，将其保持在60%或以上。上述缺口指标旨在保持中长期资产融资和同样期限的负债战略之间的一致性。如果缺口率低于阈值，由短期负债支撑的中长期资产的金额就会超过银行政策要求的金额。

期限阶梯的框架与表内外项目相关的未来现金流假设相关。这些假设需要与内部流程验证一致：

- 银行需要重新议价或者重新开展的到期负债的金额（展期假设）。
- 没有确定到期日的行为性资产（如现金和储蓄账户余额的波动）。
- 某些产品提前偿还的可能性（如附加提前还款期权的贷款）。
- 资产的可交易性（投资组合）和由于销售资产带来的流动性成本（折价）。
- 表外的潜在现金流，包括对客户的未提取贷款承诺。

这些具体的假设基于内部的计量经济学和统计模型。特别是，对于活期账户和储蓄账户的建模，通常需要建立行为模型来估计这些项目的到期状况。

表2.3显示了结构限额项目的细化，明确了每个资产负债项目的映射规则。

表 2.3　与结构性流动性相关的限额假设的项目映射示例

		类别		模型假设
资产负债表项目	有或者无合同期限项目	资产	现金	流动性强纳入流动性储备资产
		资产	流动性投资组合	流动性强纳入流动性储备资产
		资产/负债	• 银行间往来 • 共同基金 • 中央银行储备	流动性强纳入流动性储备资产
		资产/负债	定期存款客户业务往来	结果基于数理模型，相关数据基于客户行为假设
		资产	权益投资、实物资产、无形资产和可供出售权益类债券	无到期日
		资产	递延所得税资产	无确定到期日
		资产	其他资产	无确定到期日
		负债	应付税款	无确定到期日
		负债	其他负债	依据剩余期限
资产负债表项目	有或者无合同期限项目		类别	模型假设
		负债	权益	无到期日
		资产	合格流动性工具的折价	无到期日
		资产/负债	衍生品（无期权的对冲或者交易）	依据剩余期限
		资产	银行应收款项：存放其他银行存款和其他资产	依据剩余期限
		负债	银行负债：存款和其他负债	依据剩余期限
		资产	应收客户账款（即期资产除外）	依据剩余期限
		负债	应付客户资金：存款和其他负债	依据剩余期限
		资产	不良贷款	依据偿还时间安排。如果无法预测，可将其纳入无到期日
		负债	发行债券	依据剩余期限
表外		授信额度承诺、信用证、未提取贷款承诺等		可以应用《巴塞尔协议Ⅲ》自然到期方法

资料来源：作者加工整理。

保持中长期资产负债的可持续比率，可以避免当前和未来时期的短期资金压力。这意味着结构性的流动性管理与以下内容密切相关：

- 融资计划过程，旨在确定中长期的结构性融资需求，并纳入银行的规划过程综合考虑。
- 现金流管理过程，长期战略观点和短期观点同时强调融资计划过程和现金管理之间的相互作用，并对流动性风险敞口进行全面监督管理。

资金转移定价在银行中的角色

资金转移定价过程（FTP）是银行在日常经营中，为消耗流动性或者贡献流动性的产品收取或者支付一定价格的政策和方法的总和（见图2.8）。

通过内部资金转移定价来实施积极的资产负债表管理应该是所有想要优化资本和资金等资源的银行优先考虑的关键事项。积极的、有意识的资产负债表结构管理的重要性日益增加。这是因为，资源短缺和新的监管要求设定资金结构和流动性缓冲的最低水平。FTP框架被用作激励行为的工具，帮助银行实现目标以及对利率和流动性成本的公平定价。

银行必须具有真实和公允的价值，因此在FTP框架中设置激励或补贴安排，需要与其战略目标保持一致。FTP框架的建立是整个优化过程的组成部分。

本节介绍FTP过程的主要概念，并解释如何在优化过程中使用FTP。本节也会带领读者一起学习资产负债表构建优化的几种主要方法。内部资金转移价格背后的基本概念是，对资产中心收取融资成本，并记入银行的融资部门。这也是期限匹配资金转移定价（MMFTP）的理论基础。

在此过程中，资产负债管理部门（司库）扮演着"银行内部的银行"的角色,这意味着它向资产中心提供资金,并向其收取费用,即内部资金转移价格。同时,它从负债中心"购买"资金,支付费用,即内部资金转移价格。通过内部资金转移价格中介,资产负债管理部将所有业务的利率风险和流动性风险都剥离出来纳入司库进行统一集中管理,资产负债管理部门的主要任务就是管理这些错配。资产负债管理部门收取资产中心的内部资金转移价格与支付负债中心的内部资金转移价格之间的差异,就是它的收入。此外,资产负债管理部门还管理流动资产缓冲(LAB)规模,它可以通过制定适当的投资策略来提高银行的盈利能力。

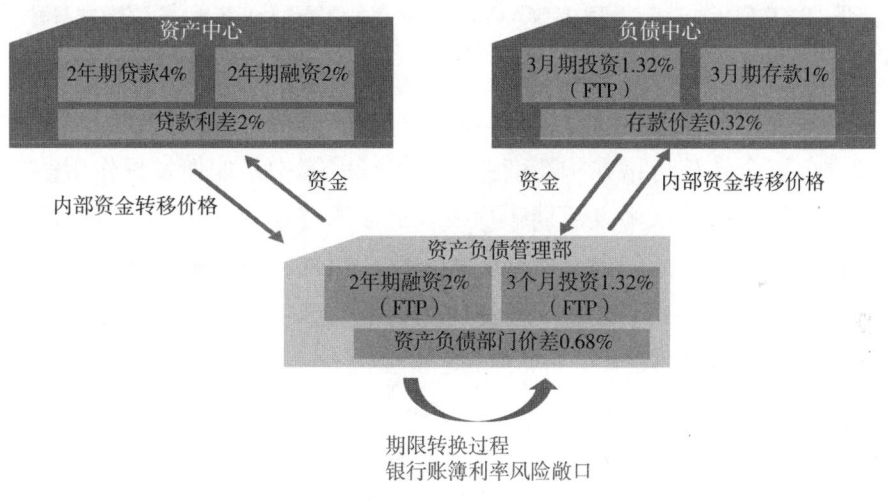

图2.8　期限匹配的内部资金转移定价

（资料来源：作者加工整理）

一些银行的资产负债管理部门拥有损益账户,作为业务部门经营运作,拥有明确的预算目标。实现这些目标是司库主管（或ALM部门主管）的关键绩效指标。资产负债管理部门账户可以分为内部收益账簿、流动性账簿和流动性资产组合账簿。区分这些账户是为了监督战略是否有效执行落实。图2.9将通过案例来解释说明。

			1月14日	2月14日	3月14日	4月14日	5月14日	6月14日	7月14日	8月14日
规模	资产	流动性自然到期	100	100	100	100	100	100	100	100
		重定价自然到期	100	100	100	100	100	100	100	100
	负债	流动性自然到期	−100	−100	−100	−100	−100	−100	0	0
		重定价自然到期	−100	−100	−100	0	0	0	0	0
			利率风险敞口			←	流动性风险敞口			
利率风险		各个时间段的利率风险敞口	0	0	0	−100	−100	−100	−100	−100	−100
		当月利率风险敞口	0	0	0	−8.2	−8.4	−8.2	−8.4	−8.4	−8.2
流动性风险		各个时间段的流动性风险敞口	0	0	0	0	0	0	−100	−100	−100
		当月流动性风险敞口	0	0	0	0	0	0	−8.4	−8.4	−8.4
敏感性		无风险利率参数变动0.2%	0	0	0	0.016	0.017	0.016	0.017	0.017	0.017
		流动性风险利差变动0.6%	0	0	0	0	0	0	0.017	0.017	0.017

图2.9　敞口头寸带来的净利息收入敏感性和资产负债管理账户影响情况的分解案例
（资料来源：作者加工处理）

　　只要牢记资产负债管理部门是"银行内部的银行"，就很容易理解内部资金转移价格在构造商业银行银行账簿中是如何发挥作用的。例如，如果需要从个人活期账户吸收更多的资金，资产负债管理部门可以提升这个产品的内部资金转移价格。额外的内部资金转移价格的提升将提高产品盈利能力，对相应业务部门产生激励作用，进而提升其在融资结构中的占比。

　　相反，对于某个类别的资产收取更高的成本将抑制该资产所在的业务部门的业务，降低该产品在所有资产中的比重。这一简单机制就形成了商业银行的战略工具，帮助处理不盈利的产品，只保留盈利的产品。然而，如果该框架缺乏透明度将对整个机构产生非常坏的影响，因此，对FTP的调整机制建立目标操作模型是非常必要的。

　　任何激励措施和补贴都必须非常透明，对银行的流动性成本考虑都应体现真实和公允的态度。强调FTP作为资产负债表结构构造战略工具的重要性，有必要对FTP的其他目标进行介绍。

　　事实上，内部资金转移定价可以将银行的整体净利息收入分割为发起部门收入和后台部门收入，从而使银行的管理层能够执行有效的规划、监控和控制工作（威多维茨等, 2014）。FTP利率由几个部分组成，它们基本上反映了利率风险和流动性风险从业务部门剥离转移至司库/资产负债管理部门的过程，可进行集中管理，使业务部门免受金融风险的影响。

风险剥离转移过程如图2.8（资产负债管理部门将面临银行账簿利率风险和流动性错配风险）所示。因此，FTP将客户业务产生的净利息收入区分为客户业务收益、基准利率和流动性期限转换。FTP广泛应用于任何部门或利润中心的损益计算，是非常强大的工具（见图2.10）。

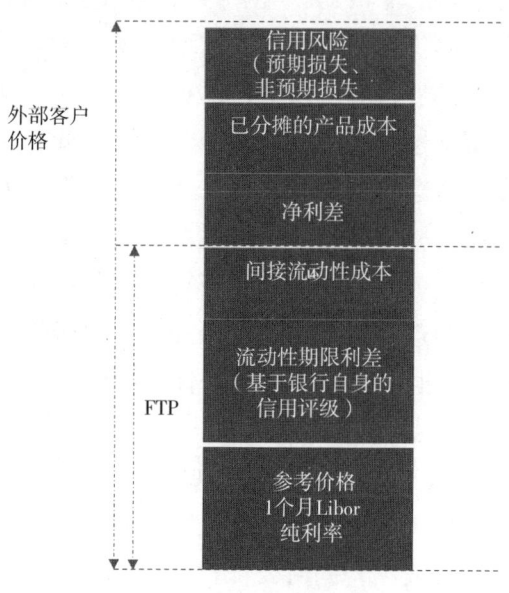

图2.10　内部资金转移价格组成部分

（资料来源：作者加工整理）

FTP框架应涵盖以下方面：

• 内部资金转移定价取值、内部转移定价曲线的选取和取值选取方法等的自由裁量权。

• 合同期限情况和无明确到期日产品/项目的利率风险分析：

（1）固定利率产品；

（2）浮动利率产品；

（3）有承诺的固定或浮动利率贷款；

（4）核心或者非核心存款价格敏感度；

（5）指数关联的资产对冲业务；

（6）有提前偿还期权性质的产品；

（7）权益性投资。

• 所有产品的流动性状况。

• 监管的流动性成本（COL）的分摊，如LCR和NSFR。

在内部资金转移价格框架中至少需要包含四个方面的要素。第一个要素是对代表流动性来源的所有产品框架的定义，基于确定性现金流（称为各期限流动性）和由随机现金流产生的或有流动性。从流动性和利率风险角度考虑，它应包括资产负债表所有表内和表外相关头寸。内部资金转移价格应该基于各产品的财务特性分别制定，比如对于浮动或固定利率贷款来说，其内部资金转移价格应该包含相应的流动性溢价，溢价要与这些资金占用期限相关。对于吸收的负债来讲，相应的FTP价格也会根据其提供的流动性期限给予相应的流动性价值补偿。

第二个要素，也是作者认为最重要的一个，就是FTP曲线的建立。FTP曲线建立的基本原则是，商业银行要对资产单元开展的资产业务收取一定的资金成本，同时要支付给融资单元一定的融资收益，这两者计算的基础就是内部资金转移定价曲线。FTP方法中的边际成本方法，反映了为市场上一个单位的新资产提供资金的机会成本。在银行的资产负债表呈现出不同融资特征情况下，应调整方法适应。如果存在市场充足、交易活跃的银行间同业市场利率曲线（商业银行可以此价格来融资），选择其作为内部转移价格曲线就毋庸置疑了。默认的方法是使用银行确定的基准水平。内部转移价格应同时应用于资产和负债两方，对于匹配的资产负债来说，内部转移价格之间没有利差，这种内部资金转移价格的构建方法是基于匹配的内部资金转移定价法（MMFTP）。当日常业务中没有满足上述要求的银行间市场收益率曲线时，构建收益率曲线就应重点考虑效用性。在大多数情况下，这就意味着要基于政府债券或者大额存单收益率，使用插值法来构建曲线。

表2.4展示了不同情景下的曲线构建方法。

商业银行中长端FTP曲线的形状可以参考银行发行的不同期限的高级债价格水平来确定。然而，在一些情况下，为了引导资产负债表的增长，会对FTP曲线进行人为抑制，比如对曲线中长期价格给予一定幅度的折扣，这样银行在批发市场融资的成本只有部分计入了资产业务。

例如，可以将银行的中期FTP曲线价格设置一定的限制，如不应低于12个月的FTP价格水平，即中期FTP曲线的价格水平不应低于12个月的FTP水平和该期限的发债价格水平的孰低者。中长期的FTP基准曲线价格中所包含的高级债发行成本的比例，由资产负债管理委员会设定的相关要素决定。

表 2.4　内部资金转移定价曲线构建方法

	曲线情景	曲线选择示例
1	存在充足的市场容量和流动性水平的银行间市场收益率曲线	使用该曲线
2	存在银行间市场收益率曲线，但不是在所有的时间点上都符合流动性水平充足的条件	使用该曲线，但应用插值法规避流动性不足的曲线点
3	唯一可得的是政府债券的收益率曲线	使用政府债券收益率曲线，应用插值法覆盖所有期限点
4	无有效曲线	在这种极端的情况下，外部参考利率都不可得。资产负债管理委员会或许可以采用一种简单的方法，比如使用客户贷款和存款利率的加权平均值作为FTP价格

资料来源：作者加工整理。

在某些情况下，银行的高级管理层可能会决定对特定资产或负债的内部资金转移价格给予优惠（IP），或对特定资产或负债加征成本，以精确实现短期资产负债表目标。

在引入优惠价格计划时，银行需要遵守非常严格的规则。特别是优惠价格计划应该被视为正常业务经营之外的特别安排，只是作为调控的一个临时性工具，不应用做对监管要求的流动性价值的补偿，也不应该取代收益率曲线代表融资的边际成本。这是因为优惠价格计划是为了实现特殊的短期资产负债表目标，比如补偿特殊产品以保护银行自身的流动性安全，或者为了管理某个监管指标等。优惠价格必须与银行的内部资金转移定价政策的久期策略保持一致，与融资成本的透明性保持一致，并需要有严格的监控程序。

在构建内部资金转移价格动态曲线时，有很多不同的方法，在作者看来，没有最佳实践可以参考。设置正确的曲线是一项因银行而异、因人而异的任务。但是，需要强调构建FTP框架的重要性，曲线的构建需要与银行的战略目标（由商业银行的高级管理层制定）保持一致，并支持商业银行的经营模式。实现这个目标的第一条原则就是在构建曲线时的透明度和对资产负债表的深刻理解（目标融资基准和银行运营的期限转换程度）。总的来说，定义FTP方法是一个非常宏大的话题（见图2.11）。

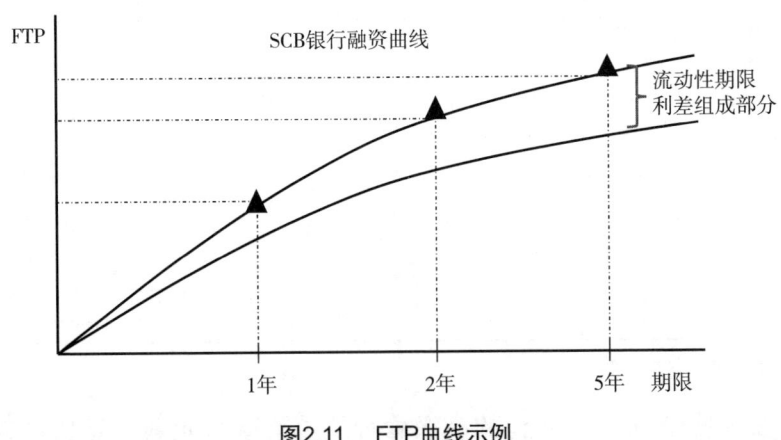

图2.11 FTP曲线示例

（资料来源：作者加工整理）

银行账簿中不同产品的定价

FTP框架的核心原则之一是将流动性风险从业务部门转移至资产负债管理部门进行管理。此外，FTP应涵盖所有重要的业务活动，考虑所有相关的流动性成本、收益和风险，并允许管理层提供适当的激励以管理流动性风险。因此，对产品的FTP定价应该遵守以下规则：

1. FTP应将流动性和融资成本或收益赋予业务条线和产品条线，据此执行合适的业务决策，使资产负债管理部门可以用高效、一致的方式来管理银行的流动性和融资风险。

2. 流动性转移定价需要考虑正常经营下的成本和压力情景下的成本，对于内部资金转移定价目标下的流动性状况应该考虑正常经营下的现金流和压力情景下的现金流。

3. 持有流动性储备（流动性缓冲）的成本应该算作流动性风险管控的成本。流动性储备或者流动性资产需求由内部或者监管要求的参数来定，如流动性覆盖率指标或者内部的压力测试（如生存期要求）等。

4. 定期开展审核，确保流动性转移价格合理。

在内部资金转移定价框架下要识别受客户行为影响的流动性期限与利率期限之间的差异。

《巴塞尔协议Ⅲ》中关于流动性的管理要求对银行提出了挑战，如何在符合《巴塞尔协议Ⅲ》要求的前提下，将流动性成本整合至内部资金转移定价的框架，当前仍然没有定论。

实施新的监管要求所产生的额外成本需要在修订的FTP流程中确认并重新计入业务部门。此外，为了将利率风险和流动性成本管控有效地集中转移至中央处理部门（资产负债管理部门），商业银行需要强化FTP框架的建设。低效的FTP将导致银行利差收窄并在竞争中出现损失。本书提出的FTP框架构建作为解决这两个问题的方案之一。对于如何在FTP的计算中体现利率风险和全部的流动性成本，可参考本书所介绍的方法。此外，本书还展示了流动性框架的构建，包括产品所带来的或有成本及流动性价值等。这一点对于没有确定现金流的产品，如活期存款账户来说，格外重要。在这种情况下，内部资金转移价格水平应该从利率风险角度和流动性风险角度充分反映系列产品的行为特征。

例如，有两种计算循环信贷便利内部资金转移价格的方法。简单的方法是参照提取的资金金额和时间，只对提取部分定价。对于没有提取的部分，只收取或有流动性成本。该方法虽然简单，但是却有一定的局限性，比如由于提取次数较多、金额期限不一，对于一笔贷款要对应很多笔FTP价格。进一步讲，司库/资产负债管理部门忽视了一个事实，即很多短期的提款在不断地循环，一直到整个循环借贷便利最终到期日。

为了解决简单方法所带来的局限性，另外一种方法利用对循环贷款组合的行为分析，识别产品中的核心部分和波动部分。核心部分可以认为提取后一直使用至最终到期日；波动部分被视为短期使用部分的实际期限。波动部分的不确定性，被视为产品有流动性成本，对其收取或有流动性成本非常合理。行为性分析也适用于其他产品，比如活期和储蓄账户，区分核心部分和波动部分，并加收流动性成本。

FTP框架中的主要原则是透明度。为实现此目标，在银行的司库/资产负债管理部门中，需要将利率风险和流动性风险分开进行管理。银行账簿相应可以划分为如下组成部分：

- 利率风险头寸和利率期限转换；
- 流动性期限转换；
- 投资账簿管理（信用利差风险管理）。

FTP框架中的透明度和简单性无疑是目标操作模型定义中的驱动因素。因为只有FTP流程中每个参与者共享明确的方法规则，才能实现银行的战略目标以及正确地构建银行资产负债表。FTP治理和框架中的另一个重要方面是对优惠价格计划和管理意图的监督。

英国审慎监管局一份针对英国主要银行的FTP实务的评论分析揭

示了银行内部资金转移定价政策和框架的重要问题。英国审慎局的分析报告中强调了一个非常重要的问题：大部分银行没有从融资曲线中分离出管理意图的影响。

一些银行正在对新开展的存贷款业务应用不同的融资成本曲线，以同时激励贷款发放和存款吸收。英国审慎管理局的观点是，这是银行FTP框架的漏洞所在，抑制做法扭曲了商业激励，使个别产品的业绩表现在管理意图实施前后变得不再清晰。

重要的一点是，作出战略决策需要建立在对商业产品真实表现评价的基础之上，而不是建立在由于不恰当的内部定价方法对其表现产生扭曲的基础上（卡达马纳尼等，2015）。FTP方法在银行内部的利润分配中发挥着关键作用，并影响业务部门的业务活动，因此必须建立稳健的FTP制度。如果融资成本被低估，业务部门会向客户提供更便宜的融资，并错误地认为自己可以盈利，而继续增加融资量；如果融资成本被高估，业务部门为谋取收益可能会错误地要求更高的客户利率。如前所述，FTP工具功能强大，需要对其开展良好的管理、记录，并保持透明的管理原则。

这就是为什么说产品定价（生息资产和存款客户利率）不是随机行为。产品定价要基于与金融机构战略目标一致的原则、透明的规则和方法。产品的外部定价要始终基于FTP曲线，FTP价格就是产品定价的基准。

内部资金转移定价中的客户行为影响

《巴塞尔协议Ⅲ》引入流动性指标，即流动性覆盖率（LCR）和净稳定融资比率（NSFR），无疑为FTP框架带来了复杂性，如何在FTP框架中嵌入这些成本，对许多银行来说仍没有定论。一方面，没有监管指引和市场最佳实践，因此需要银行自己摸索探究，不断完善修改内部资金转移定价方法；另一方面，这一挑战也给银行创造了机会，在监管压力越来越大的外部环境下，为构建正确的资产负债表，可以在强化FTP框架的过程中融入监管成本。

银行总体目标是构建一个更好定义、易于理解的FTP框架，使银行净息差(NIM)的内部驱动因素更加透明和稳定，并适当地考虑监管流动性成本。在作者看来，将LCR和NSFR需求纳入FTP框架的主要挑战在于，银行已经有了流动性的压力测试指标和场景，在许多情况下，成本已经包含在FTP中了。因此，首先有必要将这些指标与LCR进行梳理。为了使现有FTP模型与《巴塞尔协议Ⅲ》保持一致，需要对现有FTP框架的以下三个方面进行改进：

1. 引入精确的、集合监管和内部管理要求的压力情景，如LCR和短期流动性管理指标等。

2. 将NSFR成本纳入FTP框架。

3. 建立一个涵盖流动性风险和利率风险转移以及流动性监管成本的内部价格。

通过这些改进，新的FTP框架将非常透明，可以展示内部利率的应用，银行可以看到其全面的融资成本，并对自身净息差的形成有了更清晰的认识。实现这一点的解决方案之一是流动性分析法，该方法旨在捕捉各种产品和客户的流动性压力假设和流动性行为假设数据。

流动性压力假设（包括内部流动性风险压力管理视角或者监管视角）反映了在压力情景下的客户行为或产品特性。压力情景下的现金流净流出决定了银行需要持有多少流动性资产（或者说优质流动性资产，HQLA）。因为持有流动性资产的成本可能很高（如在融资成本和持有流动性资产机会成本之间存在巨大的利差的情况下）。这一成本体现在银行的资产负债管理部门，因此原则上，FTP价格应该将该成本分摊至业务部门以反映业务经营真实的、全部的流动性成本。

压力状况下的流动性成本将主要分布在短期压力期限上，例如隔夜、1个月或2个月、30天LCR压力期间（或特定机构30天压力生存期）和60天市场范围压力情景等。在较短的期限内分析压力部分将反映负债（净）流出的较低流动性估值。

　　流动性压力假设可以采用内部流动性风险压力管理视角或者监管视角。内部流动性风险压力管理视角基于银行内部生存期压力测试，在建模时整合了某一期限的（特定机构和市场范围）压力场景，如2个月。监管视角主要是指《巴塞尔协议Ⅲ》中关于流动性覆盖率的假设或者对30天生存期的监管要求。这种方法的原则就是在内部流动性风险压力管理视角和监管视角之间使用更具约束力的指标。该方法适用于国家层面、产品层面或客户/部门层面，并取决于是否能够获得对应颗粒度的数据。

　　此外，稳定的流动性假设（不是在压力情景下）反映了中期时间范围内客户行为或产品特征。当前相关假设关注流动性行为化方面，这可能与银行的结构性流动性风险偏好、稳定的融资状况、中期资产组合、期限转换和资金资源的分配有关。相关的处理方法包括内部方法和监管方法。内部方法来自内部的资产负债建模，例如未到期产品的核心模型、贷款（如抵押贷款）的精算研究或银行的不良资产收回情况假设等。监管方法主要是指净稳定资金比例的假设——负债的可用稳定因素（ASF）和所需的稳定资产因素（RSF）。

公司活期账户	压力部分	剩余部分	稳定部分
份额	25%	5%	70%
期限	1个月	3个月	3年

　　监管方法下，稳定的流动性部分被划分为等于或大于1年的中期期限的部分。对于负债，1年期被认为最能代表对结构性流动性风险措施进行平衡建模的时间节点。在这种方法中，到期日超过1年未到期负债可以被视为需要优惠计划而开展的业务。

示例

• 无确定到期日负债

负债等于FTP曲线上2年期的流动性价值（考虑产品行为特性的

期限），该价值还包括产品的监管成本，即在压力情景（见压力部分）下为覆盖现金流出而储备的流动性缓冲产生的监管成本。鉴于净稳定资金比例提供了与1年以上稳定性因素相关的指导分类，3年期可被资产负债管理部门视为具有额外流动性价值的优质资金来源（见表2.5）。

本产品的总流动性价值通过如下混合率计算得到：

25%×1M 内部资金转移价格 + 5%×3M 内部资金转移价格 + 70%×3Y 内部资金转移价格

表 2.5　负债的 FTP 流动性分析示例

流动性覆盖率流出假设=25%
净稳定资金比例、可用稳定资金因素=50%
内部核心模型（%）= 70%

资料来源：作者加工整理。

表2.6展示了资产（抵押贷款）FTP流动性分析。

表 2.6　资产的 FTP 流动性分析

LCR 流入假设	=		0%（假设剩余期限大于1个月）
NSFR 所需稳定资金因素	=		65%
行为性到期（包括提前还款）	=		3年
抵押贷款	压力部分	剩余部分	稳定部分
份额	0%	35%	65%
期限	—	1年	3年（平均期限）

资料来源：作者加工整理。

• 资产：住房抵押贷款

住房抵押贷款收取对应FTP曲线2年期的流动性成本（35%×1年价格+65%×3年的价格）。假设该产品在未来的30天内不会到期，相关产品的行为特征可以区分为3年期的非流动性部分（所需的稳定资金比例因素）和流动性期限等于1年的剩余部分。

如上所述，流动性概况反映了流动性成本（资产）或者流动性价值（负债）。而FTP价格需要从利率风险管理的角度来反映产品的财务特征。例如，产品的重定价与3个月期欧元利率相关，那么在利率风险管理框架中，该产品就需要被纳入受3个月期欧元利率影响的类别；对于到期还本付息的固定利率产品，其对应的利率风险管理中的期限就是产品期限。

当涉及有行为特征的产品时，FTP分析就会更加复杂，比如活期和储蓄账户（CASA）。FTP分析需要包括利率部分和产品流动性价值的调整部分。活期和储蓄账户的利率形成通常包括两个部分，即余额中的波动部分和稳定部分。余额中的波动部分，它不会长时间留在银行内，因此在建模时，往往作为基于隔夜价格重定价的部分（这也与巴塞尔银行监管委员会的第368号要求一致）。而固定部分则会被视为风险敏感性项目，与市场利率重定价保持一致，或者核心存款，对于利率变动不敏感，可以被视为零成本的长期融资。这种拆分需要反映在FTP整体框架上。当利率分析与流动性分析重叠时，复杂性就会出现，因为，总的FTP价格包括了内部风险压力管理视角和监管视角（或有流动性成本）、产品的期限流动性价值（从流动性角度来看该产品的稳定性）以及内部收益率行为模型（产品的利率敏感性和余额稳定性）。

FTP行为化是一种试图获取产品的全部（和行为）利率风险和流动性成本/价值的方法。正确地将利率风险和流动性风险从资产负债管理部门转移至业务部门，在银行内部利润分配中尤为重要，因为这直接影响了业务部门的经营。如果资金成本被低估，业务线就会为客户提供更便宜的贷款，并错误地认为自己有利可图而增加融资规模；如果融资成本被高估，业务部门可能会错误地要求更高的客户费率以寻求盈利（卢宾斯卡，2017）。

此外，流动性分析还应包括或有流动性成本，比如那些由于不确定性和压力情景驱动的成本。在压力情景下，客户行为会急剧变化，因此银行应该持有一定规模的流动性储备以防预料之外的现金流出。然而，正如之前所说，持有流动性缓冲通常成本很高，因为融资所需成本通常高于其持有收益。这种或有流动性成本必须分配至相应的业务条线上。

在《巴塞尔协议 III》流动性要求之前，间接的流动性成本都是通过独立的方式，比如按月通过特别的程序分配至相应的业务部门。FTP的整体框架使这个成本可以纳入FTP价格，并在业务办理的同时直接向业务部门收取。

总的来看，记住资产负债管理部门/司库部门所面临的挑战很重要，因为这些因实施新监管要求而产生的额外成本，对于更复杂的FTP框架来说是必不可少的。对于许多银行来说，如何将这些成本量化纳入FTP，并与LCR和NSFR要求保持一致，仍是一个悬而未决的问题。FTP的流动性行为化代表了一种解决这个问题的可行方法。

第二章的目的是概述与计量和管理银行账簿中的主要风险，即利率风险和流动性风险管理相关的市场上常见的实践操作。本章介绍了商业银行仍然广泛应用的方法，以了解银行对市场利率、融资成本和市场流动性等因素变化的敞口大小。对这些指标的详细分析旨在告知读者在构建优化模型中使用的约束函数时所采用的方法。

关于FTP的章节重点强调了内部资金转移定价这一过程在银行中的重要性，以及其在现代银行业中的演化过程。FTP技术的使用对商业银行资产负债表的优化也有帮助，比如FTP曲线的人为调整，优惠价格计划的实施，管理意图的叠加，这些管理动作都在逐步被监管和市场从业者们所认可。

第三章

客户行为及其对利率和流动性风险的影响

行为问题在银行账簿中的意义和影响

为了进行行为分析，银行通常将统计信息与一些假设结合在一起。行为假设的一个有趣特征是，它并不总是遵循市场条件。在某些情况下，客户或交易对手的行为与自己的利益背道而驰，但与他们的心理需求相吻合。在另一些情况下，行为是由谣言或对金融机构失去信心所驱动。可以从利率和流动性风险敞口两个方面观察行为问题的影响。

资产负债管理的最大挑战之一是如何管理与具有不确定利率承诺的客户产品相关的利率风险。即使是监管者，也需要采用成文的和经过验证的方法来确定银行是如何衍生和管理利率承诺的（恩托夫和哈斯，2016）。在期限不确定的产品中，未完全转移至资产负债管理/司库的利率风险会导致企业内部留有大量的剩余风险，从而导致收益和权益波动，这必须由资产负债管理委员会进行监控和管理。

资产负债表项目需要行为假设才能正确管理利率风险，鉴于银行根据市场利率相应提高客户利率的能力有限，提高利率可能会降低净息差，尤其是当市场利率升至非常高的水平时。如果在银行的对冲策略中没有考虑资产的提前赎回，由于掉期支付者支付的数量高于固定利率资产的实际数量将会导致过度对冲。因此，银行必须调整套期保值头寸，同时，就PV01指标而言，对时间段敏感性和负面影响持开放态度。预付款模式将根据利率变动而变化。在低利率环境下，即客户承诺支付的利率与外部市场利率之间的差异很大，由于客户希望为贷款再融资以支付较低的利率，因此预付款事件往往会增加。提前偿还抵押（预付款）和提取存款对重定价缺口分析和重置缺口分析（refixing gap analysis）都具有重要影响。

对于由行为假设驱动的利率风险而言，其另一个重要来源是管线风险（pipeline risk）。这是由抵押贷款产品利率协议和余额提取之间存在的时间差，以及随之而来的利率变动过程中的重定价风险所驱动的，这挤压了产品的利润率。为了减少这种风险的影响，通常会根据预期的数量对冲管线。利用管理层判断叠加因素的观察经验（如产品相对于市场的定价）对预期交易量进行建模。这存在模型风险，即由于不正确的假设，预期数量会有所不同；还存在期权风险，即由于利率的变化，客户行为会发生变化，如果利率上升，则占有率较高；如果利率下降，则占有率较低。

与流动性直接相关的行为主要有以下几种类型：

（1）取款

这与银行账簿中没有确定到期日的项目有关，如活期账户和储蓄账户。行为方面包括授予客户的合同可能性，该客户有可能在短时间内或在没有提前通知的情况下提取其账户的全部余额。在正常的风险条件下，基于统计分析来定义"现金流入"和"现金流出"的行为。通过此分析确定的数字被认为是客户的预期行为，并应用于银行的流动性模型中。众所周知，在压力大的情况下，交易对手往往会比平时提取更多的款项。因此，必须增加额外的情景来模拟客户的意外行为（布莱尔和阿齐兹迪斯，2011）。

（2）提前还款

这种现象代表了交易对手在合同到期日之前提前偿还剩余债务的权利。就流动性而言，这种行为将抵消提前还款选择权行使后的所有预期现金流。金融机构利用以往行为的历史数据，分别对正常和压力条件下的提前还款行为进行建模，即当交易对手遭受流动性短缺时，他们倾向于减少提前还款行为并尽可能推迟付款。行为现象的另一个例子是存在这样一种选择，即借款人根据流动性需求逐步提取贷款。总的支出额是确定的，但未确定确切的付款日期。在正常情况下，机构会根据项目计划和统计观察来估算支出。然而，在提款情况下，利息支付并不总是预先确定的。因此，"现金支出"的预期模式取决于未来的市场状况。在压力条件下，建设项目可能会放缓甚至推迟，预期的提款可能会延迟。因此，这对银行未来的流动性有明显的影响（Blair 和 Akkizidis，2011）。

　　资产负债表项目的行为假设是银行账簿利率风险状况的关键驱动因素，因此最终会推动管理行动。行为假设可以基于历史观察、专家判断和行业标准。资产负债管理部门必须在因行为化过程（包括在没有合同到期日的情况下分配产品的平均寿命并分析其稳定性）过于简单而失效的风险度量与因过度设计而失效的风险度量之间取得良好的平衡。

客户存款建模——负债方

　　全球许多银行的资金都来自未到期存款，而该产品的建模方式对利率风险、流动性风险和资金转移定价的风险敞口具有重大影响。在客户行为变化的推动下，银行经营风险的全貌可能会发生变化。因此，了解主要的基本因素至关重要。在通常情况下，余额波动是多种因素的函数，包括宏观经济环境以及产品定价结构。据推测，通过提高支付给储户的利率，存款的流入会随之增加。对客户与金融机构关系的分析表明，客户存款与金融机构利率之间存在一定的正相关关系，在特定的利率区间内，这种正相关关系可能表现为线性关系，甚至是指数关系。因此，银行存款定价委员会的主要目标是了解利率—

余额弹性方程（苏雷利斯，2014）。本章的目的是介绍国际银行用来确定没有确定到期日的负债（活期账户和储蓄账户）结构的两种不同方法。第一种方法是基于预测事件发生可能性的回归模型的应用。回归模型产生了一组参数变量（及其相关估计），这些参数变量将表征与因变量的关系。

无论采用何种方法，经常账户建模的第一步是应用正确的细分方案。产品细分的主要目标是为完整存款建模保留产品/产品细分的基本余额和利率特征，同时确保重要性和简单性的最低阈值。细分过程力求在以下三个方面之间达到平衡：

- 同质性：各分部内的余额在余额波动性、平均寿命和利率管理方面的表现应相似。
- 简单性：在捕捉行为差异的同时，分段的数量应该尽可能少。
- 重要性：每一部分都应该是投资组合的重要组成部分。

应该注意的是，在所有其他条件相同的情况下，第一个标准要求更多的分段，而第二个和第三个标准要求更少的分段。"最佳点"是将投资组合按最少数量的类别划分，同时捕捉行为上的主要差异。

在大多数情况下，投资组合可以按三个主要维度进行最佳划分：

- 地理位置：不同地理位置的产品不应一起检查，因为各国的经济和监管条件往往不同。
- 产品类型：只有同一类型的产品才能一起检查，即储蓄产品不能与支票账户一起检查。
- 币种：以不同货币计价的产品不应一起检查。

细分过程需要产品特征、合同规定、历史信息、是否为新产品或是否为不合格产品等信息，连同这些信息，还应考虑余额和付息数据的历史演变。一旦定义和建立了直观和适当的分割方案，建模过程就可以开始了。总体目标是预测负债的未来轨迹，以便估计余额的波动性。估计余额波动率的一种简单方法是将其作为时间的函数单独建模。余额波动性分析将余额分为核心余额和非核心余额，核心余额在几乎所有经济条件下都会留在银行，非核心余额往往会因银行的特殊性或宏观经济因素的变动而离开银行。

余额波动率模型决定了在给定的置信度下，银行的长期余额水平。作为一种输出，余额波动率模型将余额分为两部分：在几乎所有市场条件下仍留在银行的核心余额，以及由于市场和特殊原因而随时间波动的非核心余额，通常以短期为特征。对没有确定到期日的存款有多种建模方法，每家银行都遵循自己的方法。一些银行强调了模型简单性的重要性；另一些银行则更喜欢使用随机利率和信用利差的复杂方法。方法论的复杂性往往与金融机构的规模及其商业模式匹配。

本节介绍了欧洲样本银行遵循的两种简单方法。

执行核心与非核心余额分析的一种方法是应用基于增长的回归模型。在这种方法中，模型拟合产品余额，以找到趋势线（指数、线性或对数）和趋势线周围实际余额的变化。然后，将趋势线设定在某个置信水平。置信水平应由管理层根据银行的风险偏好设定。

以下部分描述了指数模型。在该模型下，对产品余额进行建模以使余额适合以下形式的指数曲线：

$$余额 = B_0 e^{rt} \qquad (3.1)$$

其中：B_0 表示初始余额；r 表示固定增长率。显然，这种简化方法忽略了以下事实：在实践中，余额的增长率在一段时间内不是恒定的，而是取决于内部和外部因素（如利率和产品定价）。

可以通过 log 函数将指数模型转换为线性关系：

$$\ln(余额) = \ln(B_0) + rt \qquad (3.2)$$

利用回归模型来计算余额自然对数的增长率以及估计的标准误差 σ_{Fit}。

为确保实际存款低于核心存款的概率最小，该拟合方程式需要向下移动数个标准差（见图3.1）。在统计学的正态分布中，大约99.9%的数据分布在余额 ± 3.1个标准差之内。为将总存款下跌至低于核心存款水平的可能性降至0.1%，即大约每83年会有一个月的时间出现上述

情况，拟合方程式中核心存款的增速需下降$n \times \sigma$，即3.1乘以标准差。由此得出的核心余额方程为

$$余额_{核心} = B_0 e^{rt - n\sigma}{Fit} \qquad (3.3)$$

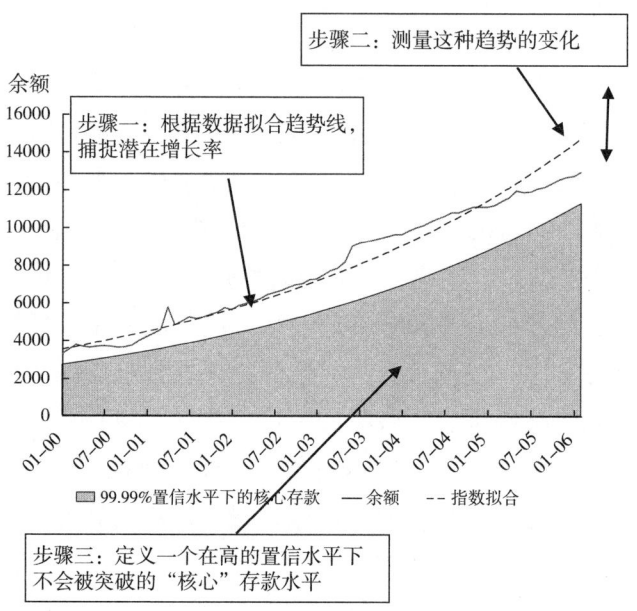

图3.1 指数拟合方法
（资料来源：基于欧洲和美国多家银行采用的方法制作）

如果指数拟合函数的R^2非常小，这意味着拟合很差或过去12个月的拟合很差，则应考虑使用不同的模型。

给定拟合方程的核心余额占比计算为过去12个月的平均值：

$$余额_{核心} / 余额_{拟合} 比率$$

通过指数拟合计算的月度核心余额占比是固定的。通过考虑过去12个月的余额情况，将核心余额占比转换为核心金额。核心金额按下式计算：

$$核心金额 = 核心余额占比 \times min (余额_{上月}, 余额_{过去12个月的平均值}) \qquad (3.4)$$

式（3.4）引入了核心余额的保守性水平。如果余额下降，则核心余额百分比乘以上月余额；如果余额增加，则核心余额百分比乘以最近12个月余额的平均值。未确定为核心的余额被定义为非核心余额，通过敏感性分析将其进一步区分为易变的和敏感的：

$$余额_{非核心} = 余额_{实际} - 余额_{核心} \tag{3.5}$$

另一种方法是计算每个工作日的月度相对回报：

$$M_i = [(X_i - X_{i-30}) / X_{i-30}] \times 100\% \tag{3.6}$$

其中：M是计算的月份之间的相对变化（以百分比表示）；X是给定报告日期的产品余额（以绝对值表示）。

随后，计算每月波动率（MV）。这是通过将所有月度回报按百分比余额最高增幅到最高降幅排序实现的。余额的第95个百分位最差降幅表示银行认为在95%的置信水平下，1个月内流出组合的数量。显然，置信水平是由管理团队决定的，代表了银行的风险偏好。

非核心部分通过每月波动率的年化来计算。这是通过将MV乘以时间的平方根来实现的（MV如是年化的，则使用12个月的时间间隔）。核心余额占比是100%和非核心余额占比之间的差额。

$$非核心余额占比 = 月度回报的95\%分位数 \times \sqrt{12} \tag{3.7}$$

$$核心余额占比 = 100\% - 非核心余额占比 \tag{3.8}$$

核心余额等于核心余额占比乘以月度回报历史数据序列中最近1个月平均余额或最近3个月平均余额（绝对值）的较低值。

$$核心金额 = 核心余额占比 \times min（序列中1个月的平均余额，\\ 序列中3个月的平均余额）$$

$$\tag{3.9}$$

利率敏感性分析捕捉产品的重定价行为，它解释了产品利率随市场利率变化而变化。存款产品管理利率的特征确定了市场利率变化对银行支付利率的重要性。通过对存款利率相对于市场利率的行为进行建模，可以更好地了解利率行为和利息支出对市场利率的敏感性，即支付给客户的利息如何随市场条件变化而变化。这决定了存款的有效久期和价值。利率敏感性建模是FTP的一个关键方面，用于确定银行可以以最小风险匹配哪些资产。

支付给到期日不确定产品的储户的利率通常是一个或多个市场利率和一个特殊的"固定"成分的组合。市场驱动部分的重定价频率只是与该利率相关的期限。假设固定成分的重定价频率等于久期，即与观察到的核心或不稳定部分一致。例如，如果余额的核心部分的久期为5年，则假定在5年后重定价；而不稳定部分假设在1天之后流失，即在隔夜重定价。

利息支出与关键市场利率进行回归，以确定余额的重定价敏感性（通过率）。利率敏感性分析要求将管制利率的变化与各种市场利率的变化进行回归。管制利率也可能是由滞后的市场利率驱动的，例如，2019年6月的3个月利率的变化可能会影响2019年8月管制利率的变化（滞后2个月）。为了确定哪种市场利率能够解释银行支付利率的变化，采用多元回归。回归分析形成一个包含多个解释变量的方程，共同解释管制利率的变化。此外，它迫使所有的自变量对这个解释力的贡献超过了某个阈值。该阈值由置信水平确定，该置信水平可在计算中设置为95%。回归方程的机理如图3.2所示。

很可能会形成一个以上的显著回归方程来解释管制利率随市场利率变化的变化。对于大多数产品来说，最重要的等式是捕捉重定价行为的等式。

这个回归方程的系数告诉我们组合中随着相关的市场利率重新定价的比重。

例如，给定以下回归方程，

$$\Delta 产品利率 =14\% \times \Delta EURIBOR\ 3M + 25\% \times \Delta EURIBOR\ 1M \quad (3.10)$$

重定价行为告诉我们，14%的投资组合以3个月利率重新定价，25%的投资组合以1个月利率重新定价，其余61%的投资组合对利率不敏感。

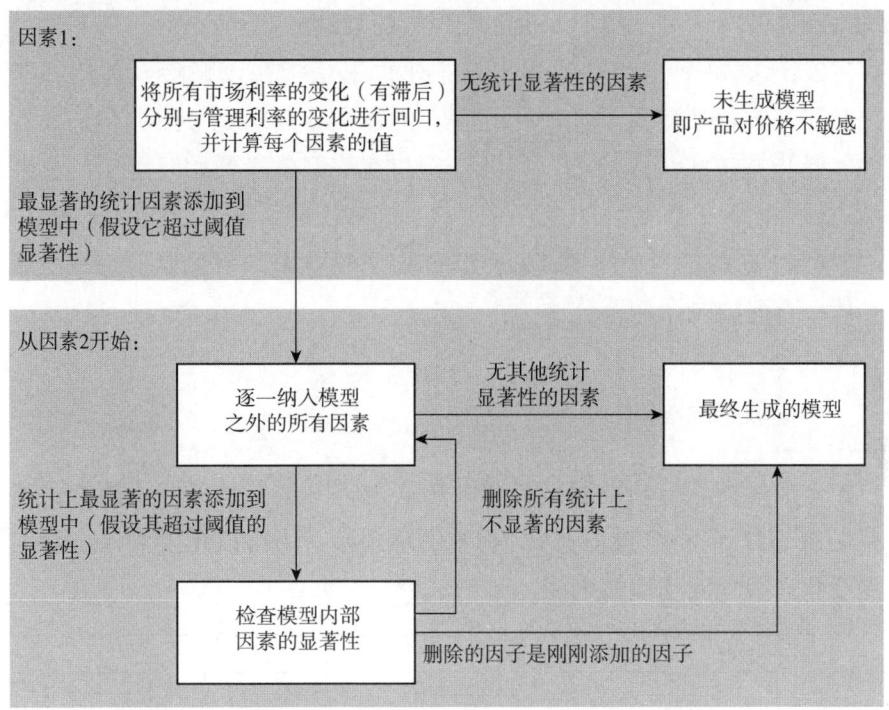

图3.2 对存款特征模型中使用的回归分析结果的评估
（资料来源：作者基于回归技术的主要概念制作）

为了估计未到期存款（NMD）产品的经济寿命，银行对特定时间范围内投资组合的衰减曲线进行分析（为了使统计显著性达到最小，需要2年的数据）。平均寿命模型通过跟踪客户账户的销户行为为产品分配寿命。这可以通过跟踪账户数量的减少或余额的减少来实现。当数据可用时，最好跟踪余额的衰减，而通过跟踪衰减账户数计算出来的数据通常用于健全性检查。

衰变曲线的分析可通过以下方法进行：

1. 收集账户级别数据并形成"三角形"："三角形"是表示账户级别数据的一种形式，以便持续存在。

可以通过不同的账龄段跟踪 1 个月内持续存在的账户数量（市场余额总和）。它给出了给定开始月份给定账龄区间的剩余账户数（平均余额之和），呈三角形（表明账户数的衰减）。

2. 计算每个账龄段的死亡率：死亡率是指在该账龄段关闭的账户数量与在该账龄段开始时仍然存在的账户数量之比（或者在余额方面，是指在该账龄段流出银行的金额与在该账龄段开始时可用的总余额之比）。每个账龄段的死亡率加在一起就说明了账户关闭的速率。

3. 计算账户的平均寿命：一旦确定了死亡率，就可以追踪每个账龄段所有账户剩余的百分比。

余额敏感度建模

余额敏感性分析的目的是将非核心的部分进一步分解为两类：利率敏感部分和不稳定的部分。利率敏感余额是指可以用宏观经济因素的变化来解释波动性的余额。

余额	定义
核心	只要定价行为保持不变，在所有市场条件下都是稳定的余额
利率敏感	利率或宏观经济状况变化时会波动的余额
不稳定的	不受时间或利率影响而随机波动的余额

该过程的第一步是在产品余额和可能相关的宏观经济变量之间进行单因素回归分析。这是通过比较余额（非核心）剩余部分的变化与利息变量的变化来实现的。同样，该步骤还分析了来自市场利率的利差变化。研究的市场变量包括：

- 股票市场指数；
- 股市波动指数；
- 通货膨胀——消费者物价指数（CPI）；
- 一个月同业拆借利率；
- 一年期同业拆借利率；
- 10年期互换利率；
- 10年期和3个月期之间的利差；

• 国内生产总值（GDP）。

同样，产品利率与市场利率之间的利差包括：

• 产品利率相对于1个月期市场利率的利差；

• 产品利率相对于1年期市场利率的利差；

• 产品利率相对于10年期市场利率的利差。

此外，应考虑宏观经济因素变化（以及相对于市场利率的利差变化）与非核心余额变化之间的时滞。

余额敏感性分析试图在非核心部分和宏观经济变量之间寻找一种强有力的结构性关系，因此设定一个较高的R^2作为阈值。一个较高的R^2阈值也可以防止虚假的相关性来影响结果。为此，将R^2的阈值设置为50%。

利率敏感性分析捕捉产品的重定价行为，它解释了产品利率随市场利率变化的幅度。平均寿命分析是利用账户层面的数据和产品的死亡率特征来确定产品的平均寿命。余额敏感性检验非核心部分是否可以用宏观经济因素的变化来解释。除分析之外，基准也被纳入决策过程。存款特征对匹配资金转移定价、利率风险度量和管理、新存款产品定价、资金管理、现金流和流动性需求、存款估值、对冲、资产负债管理风险和经济资本至关重要。

具有提前还款选择权的贷款建模——资产方

提前还款现象对资产负债管理有着重大影响。它可以改变暴露于利率风险和流动性风险的银行账簿结构。这种影响不容小觑，资产方面的提前还款率建模是资产负债管理部门的主要工作之一。

提前还款表示客户有可能在贷款合同有效期内全额或部分偿还未偿信用。因此，提前还款会减少未偿本金，从而使银行预期在未来收到的利息和现金流会减少。提前还款包括以下两种类型：

• 财务性提前还款。该类提前还款具有潜在的周期性，有合理的原因，如利率水平或其他宏观经济状况改变。这一现象表现出对贷款年限的显著依赖性，因为通常在贷款期限的早期阶段，客户提前还款的意愿不强。提前还款的可能性随着贷款时长的增长而增加（大约为贷款发放之日起30个月），然后趋于稳定，即可以认为是恒定的。财务性提前还款建模的一项重要任务是充分了解驱动模型和客户行为的潜在因素。

• 结构性提前还款。从经济角度来看，这些提前还款部分是非理性的。因为从统计意义上讲，总是有一个最低的提前还款率。结构性提前还款的动因主要与抵押贷款客户发生的特定个人事件有关。财务性提前还款的说法并不能解释这种提前还款。

需要将统计性提前还款添加到财务性提前还款中，以得出总提前还款率。

统计性提前还款

如前所述，统计性提前还款是由社会学原因驱动的，与市场利率水平无关。例如，离婚、继承、加薪（客户财务状况的变化）或地域流动性会影响客户的财务状况，从而影响其提前偿还抵押贷款的意愿。鉴于结构性提前还款的潜在驱动因素，可以通过在相当简化的数据库中分析历史数据来建模。

以下介绍了一种可能的方法，即根据过去几年对客户行为的观察，建立一个简化的数据库，以获得结构性提前还款率。

这样的一个数据库包含观察期内（如4年）每月向客户提供的每月未偿抵押贷款。这些贷款应根据发放的年份进行分组，例如，发放给2016年、2017年、2018年和2019年客户的贷款，包括总损失金额、观察日剩余未偿金额和观察日前的提前还款总额（必须排除客户违约和贷款重组），可以计算假设的未偿金额，即未偿金额由贷款合约的时间表决定。根据特定的标准划分贷款是很重要的，如币种、合同类型

（抵押贷款、个人贷款）和批贷的月份。

该数据库足以得出提前还款周转率，即在观察期的某个月和另一个月之间发生的提前还款金额（实际上它代表了观察日剩余金额之间的差异，如2017年1月和2017年2月之间的剩余金额差异）。

根据观察到的统计性提前还款与假设（计划）未偿金额的比率乘以12（以获得年度提前还款率），计算每个贷款年限区间的提前还款率。平均提前还款率的计算方法：所有时间段的提前还款金额之和与假设未付金额之和的比率乘以12。

在贷款期初，提前还款率较低。这很可能是由于客户不愿意提前偿还（和转按揭）已经通过申请的抵押贷款。在其生命周期的某个时刻，受不同社会因素的影响，提前还款事件变得更有可能发生。最后，随着时间的推移，提前还款率似再次减速。第五章"银行2"提供了一个实际案例研究。

财务性提前还款

财务性提前还款严格与市场利率水平挂钩。它是可以由影响抵押人决策的外部因素充分解释的理性行为。市场利率水平和客户利率之间的关系解释了这些预付款的大部分。这是因为利率大幅下降会鼓励客户以较低的利率申请新贷款并提前偿还现有贷款或重新谈判现有贷款。相反，利率的提高会抑制提前还款的意愿，因为这对客户不利。因此，可以预计，在加息环境下，提前还款率将比基准提前还款率有所下降。在降息环境下，情况正好相反。

提前还款对银行来说非常重要，同时正确理解推动客户行为的根本因素也至关重要。否则，所采取的对冲策略将是无效的或无法确定的。宏观经济变量对财务预付款的影响如下：

- 失业水平，反映了经济的总体"健康"状况。
- 国内生产总值的增长，表明了经济状况。

• 房价上涨，导致提前还款频率提高。

在提前还款率的建模中有三个最重要的变量：息差、剩余期限和倦怠。

利差是贷款初始利率和再次贷款利率之间的差值。利差越大，客户提前还款的兴趣就越高。相反，当利差为负时，客户则倾向于保持初始贷款。利差可以是绝对利差，也可以是相对利差（亚当，2007）。

倦怠现象衡量的是客户对利率下降作出反应的可能性。结果表明，不同的客户对提前还款期权的反应程度不同。倦怠变量试图反映客户提前偿还抵押贷款的意愿差异。

客户之间似乎存在着很强的异质性，因为他们的反应各不相同。例如，一名理性的客户在提前还款对其有利时就提前还款，而其他客户则可能会等待。客户对利率下降作出反应的可能性被称为"倦怠现象"。如果利率下降后再上升，然后又下降，则产生的预付款将少于两次利率下降后利率上升。这是因为客户需要时间来评估提前还款决定，在第一种情况下，有更多的时间来考虑决定是否值得。

从理论上讲，剩余期限能够解释财务性提前还款和统计性提前还款。统计性提前还款由以下两种基本情况驱动：

1. 在贷款期开始时，客户没有实际理由提前还款。

2. 在贷款期限后期，客户的财富已经增加了，他有更多机会成为现金充裕的人，因此从统计数据来看，他会提前偿还更多的贷款（亚当，2007）。

结果表明，传统的参数模型对提前还款的建模往往具有很弱的样本外预测能力，一个可能的解释是提前还款函数的高度非线性。非参数技术在检测非线性和多变量相互作用方面有很大的优势。

第四章
制定优化流程并明确阐述决策模型

最优化方法在工程、物理、医学等领域有着广泛的应用，近年来在银行业也得到了广泛的应用。

现在在此详细介绍相关内容。

简单地说，银行账簿是由具有不同重定价特征和不同期限（短期和中长期资产）的资产组合而成的。流动性资产组合也是资产的一部分，根据《巴塞尔协议Ⅲ》的要求，流动性资产组合必须在流动性意外流出时起到缓冲作用。其最低金额通过流动性压力测试分析进行评估。

资产的盈利能力始终是银行愿意承担一定风险的结果，受到资本占用和该资产组合预期损失等的约束。因此，这里的优化工作将包括建立最大化资产盈利能力的目标函数以及适当的约束函数。约束函数通过将流动性比率控制在阈值水平以下，从净利息收入波动性和期限转换的角度限制利率风险的暴露。

从负债方面看，优化工作的目的包括确定使银行成本最低的融资结构。在这种情况下，我们将寻找使目标函数处于最低水平的变量值。同样，必须确定某些限制条件，这些限制条件与期限不确定的项目的流失系数（run-off factor）有关，或者与部分通过定期存款提供资金的展期系数有关。纳入资金集中度约束很重要，因为这将有助于避免依赖某一特定的资金来源（如避免过度依赖往来账户）。

考虑到银行资产负债管理风险（利率风险和流动性风险）的敞口，此类结构优化问题的输出结果将呈现银行账面资产和负债构成的目标概况。

优化方法在银行账簿中的应用

优化方法论的应用范围非常广泛，应用最合适的方法解决我们的问题是很重要的。方法选择的主要驱动因素是了解我们的目标函数和约束函数的性质，以及该计算过程是否需要动态化（以预定义的时间间隔重复优化计算）或采用其他方式。

如果目标函数和约束函数都是线性的，我们可以采用通常的方法（也是应用中最简单的方法），称为线性规划问题（LPP）。

线性规划问题的应用要求目标函数和约束函数是线性的，并且要满足一个非负变量的条件。单纯形算法（Algorithm simplex）是求解线性规划问题的一种常用算法。在几何解释中，该方法按顺序检验可行集的相邻顶点，使目标函数在每一个新的顶点上改进或保持不变。单纯形法在实际应用中是非常有效的，利用MATLAB或Excel中的规划求解可以很容易地解决问题。

当目标函数和约束函数更复杂（非线性）时，应使用其他技术。经济学家们运用了拉格朗日乘数法。简单地说，该方法由求解拉格朗日函数及其乘数组成。随后，需要根据变量和等于零的部分来区分函数（详见下文）。这样一个构造好的方程序列（目标函数和约束条件）必须对未知量进行求解，而乘数给出了可能解决问题的所有（x, y）数对。

如前所述，银行账簿的优化工作总是涉及不等式约束。例如，与净利息收入波动性相关的限值表示为一个不等式，代表净利息收入波动性可接受水平的范围，这同样适用于短期和中长期的流动性比率。在这种情况下，约束表示为不等式，优化问题可以通过应用库恩—塔克（Kuhn–Tucker）定理来解决。使用库恩—塔克定理解决不等式约束优化问题的程序与使用拉格朗日定理解决等式约束问题的步骤基本相同。但是，在计算细节上存在一些重要的差异（如解决最小值和最大值问题之间的差异）。

还应提及可用于解决优化问题的动态规划方法和Bellman方程，该方法的主要特点是目标函数在时间上的分离。因此，它将多周期规划问题分解为不同时间点的简单步骤，目标函数是前一周期（前一周期的决策和状态）的贡献之和。金融机构从优化工作中获得的利益主要是经济的（就降低融资成本和增加资产盈利能力而言），但也有一点与高级管理层（司库或首席财务官）对为达到资产负债表的目标而必须采取的方向的整体意识有关。优化输出将支持银行的战略决策，如融资计划或新产品政策。此外，它可以在一个理想的时间范围内构建，并根据要求频繁地重复。监管和内部政策要求内置于约束函数中，因此，可以确保随着时间的推移，这些限制得到遵守。最后，一旦确定了合适的方法，就可以在MATLAB中编写优化代码。

本章从数学形式（函数）的角度介绍了最优化的概念，并解释了函数存在最小点或最大点并被找到所需满足的必要条件。此外，本章还强调了分析优化与数值优化的主要区别，分析优化通过搜索函数导数为零的点来找到函数的最大值和最小值，当优化函数不适用于分析技术或函数没有明确定义时使用数值优化。最后，本章详细描述了决策模型中目标函数和约束函数的构造过程。

优化概念介绍

优化问题必须以数学函数的形式描述，并且可以通过应用优化技术来获得解决方案。这些功能是针对需要优化的目标变量（如资产收益率和资金成本）以及在优化过程中需要考虑的约束条件（如面临的利率风险和流动风险）。

优化建模始终在一定的时间范围内执行，其一般结构如下：

$$\max f(x) \; subject \; to \; x \in D \; or \qquad\qquad (4.1a)$$

$$\min f(x) \; subject \; to \; x \in D \qquad\qquad (4.1b)$$

其中：f 称为目标函数；D 称为约束集。

第一类问题称为最大化问题，第二类问题称为最小化问题。从数学角度来看，优化是找到函数的最小值和最大值的过程。鉴于微积分可以估计函数的斜率以及该斜率是正的，负的还是零，因此可用于查找函数的"最佳"点。一阶导数标识这些点，而二阶导数则查看其性质。局部最大值和/或最小值都是一阶导数等于零的所有点，即 $dy/dx=0$，它们都称为固定点。如果固定点的二阶导数为负，则 $dy/dx=0$ 且 dy/dx 是下降的。因此，从左到右移动先是正斜率，然后是零斜率，然后是负斜率。该特征指向局部最大值。类似的论点表明，如果存在一个二阶导数为正的点，当从左向右移动时，斜率从负变为零，然后变为正，则该点表示局部最小值。对于一个以上变量的函数，函数的固定点是所有偏导数均为零的点。为了发现固定点的类型，应检查二阶导数的Hessian矩阵。用一个变量反映情况，如果二阶导数的Hessian矩阵在稳定点是正定的，则存在一个局部极小值。如果它是负定的，那么就有一个局部极大值。如果两者都不是，那么就有必要检查斜率的变化。

在金融领域，要优化的功能通常会受到某些约束。例如，所需的预期回报或资金成本。在受限优化中，使用拉格朗日乘数。

让我们为函数 $f(x, y)$ 构造拉格朗日乘数。

拉格朗日乘数构造如下：

$$L(x, y, \lambda) = f(x,y) - \lambda g(x,y) \qquad\qquad (4.2)$$

其中：$L(x, y, \lambda)$ 是三个变量的拉格朗日函数；$f(x, y)$ 是两个变量的目标函数；λ 是拉格朗日乘数；$g(x, y)$ 是约束函数。

在这种情况下，拉格朗日函数是三个变量的函数：x，y 和 λ，其中 λ 是常数。拉格朗日偏导数的计算结果如下：

$$\frac{\partial L}{\partial x} = \frac{\partial f}{\partial x} - \lambda \frac{\partial g}{\partial x} \qquad\qquad (4.3a)$$

$$\frac{\partial L}{\partial y} = \frac{\partial f}{\partial y} - \lambda \frac{\partial g}{\partial y} \qquad (4.3b)$$

$$\frac{\partial L}{\partial \lambda} = g \qquad (4.3c)$$

将前两个偏导数设置为零（4.3a和4.3b），给出斜率方向相同的条件，即

$$\frac{\partial f}{\partial y} \Big/ \frac{\partial f}{\partial x} = \frac{\partial g}{\partial y} \Big/ \frac{\partial g}{\partial x} \qquad (4.4)$$

将三阶偏导数（4.3c）设置为零可得出约束 g（x，y）=0。因此，要解决约束优化问题，必须寻找拉格朗日的稳定点，即所有偏导数等于零的点。λ 的值称为松弛约束（relaxing of the constraint）的边际值。因此，如果约束量变化不大，为 h 时，最大约束将被改变为 λh。通过找到拉格朗日的稳定点来给出约束最优化问题的解决方案，并且要求所有偏导数都等于零。通过将所有导数（对于变量和 λ）设置为零，可以获得联立线性方程的序列。通过提取系数矩阵，变量向量（vector of variables）和右侧向量（vector of right-hand sides），可以将这些方程式写成矩阵形式。可以使用逆矩阵来求解该系统（Parramore and Watsham，2015）。

为了解决不平等约束的优化问题，必须采用不同的方法。对于此类问题，可应用Kuhn-Tucker定理。使用Kuhn–Tucker定理求解不等式的程序约束优化问题与使用拉格朗日定理求解等式约束问题的步骤基本相同。但是，在解决最大化和最小化问题方面存在差异。

但是，请务必记住，在给定的优化问题中，解决方案可能不存在（也就是说，该问题可能根本没有解决方案），即使确实存在解决方案，也不一定是唯一的（也就是说，可以存在多个解决方案）。因此，确定 f 和 D 上的一组条件非常重要，在这种条件下可以保证存在优化问题的解。

总结与解析优化问题解决方案有关的部分，拉格朗日乘数法包括找出拉格朗日函数和乘数。随后，需要针对变量对函数进行微分，并

且偏导数必须等于零。对于未知数和乘数，这种构造的方程序列（包括约束）必须解决，并给出所有可能解决问题的对数（x，y）。

银行账簿的优化工作总是涉及不等式约束。例如，与净利息收入波动率相关的限制表示为不等式，代表净利息收入波动率可接受水平的范围，短期和中长期流动性比率也都适用。在这种情况下，约束表示为不等式，可以使用Kuhn-Tucker定理解决优化问题。

当涉及数值优化问题时，问题变得更加复杂，尤其是在金融领域。在这种情况下，当解决数值取决于多个输入的优化问题时，需要用数值方法来优化。与分析优化（通过查找函数导数为零的点来找到函数的最大值和最小值）相反，当明确定义优化函数不适合分析技术，或者函数没有明确定义时，要使用数值优化方法（帕拉莫尔和沃特沙姆，2015）。本节介绍了内点法（interior-point method），即从可行区域的内部严格逼近最佳解。该方法在MATLAB优化工具箱中使用，以查找约束非线性多变量函数的最小值。内点法（或屏障）法已被证明对于非线性优化是成功的，并且被认为是目前大规模非线性编程中最强大的算法。非线性优化的障碍方法于20世纪60年代开发，但近20年来一直不受欢迎。线性规划内点法的成功激发了人们对非线性情况的兴趣，20世纪90年代后期，出现了新一代的非线性规划方法和软件。"内点法"又称"屏障法"可以互换使用（劳斯特和莱特，2006）。此处考虑的问题如下：

$$\min_{x \in R^n} f(x)$$

subject to: $c_i(x) = 0, i \in \varepsilon$ （4.5）

$c_i(x) \geqslant 0, i \in I$

其中：$c(x)$是第i个分量为$c_i(x)$的非线性约束函数的m维向量，$i=1$，$\cdots$，m，ε和I是不相交的索引集。假定f和c是两次连续可微分的。满足约束的任意点x称为可行点，所有这些点的集合就是可行区域。为了解决优化问题，目标函数$f(x)$的斜率由$\nabla f(x)$或$g(x)$决定，必须与$\nabla^2 f(x)$的二阶导数的Hessian矩阵一起确定。约束函数$c_i(x)$

的斜率和Hessian矩阵用$\nabla c_i(x)$和$\nabla^2 c_i(x)$表示（福斯格伦，吉尔和莱特，2002）。

与等式（4.5）相关的对数势垒函数（The logarithmic barrier function）定义如下：

$$B(x, \mu) = f(x) - \mu \sum_{i=1}^{m} \log c_i(x) \qquad （4.6）$$

其中：μ是一个小的正量，通常称为屏障因子（barrier parameter）。当μ收敛至零时，$B(x, \mu)$的最小值应收敛至等式（4.6）的解。

障碍函数的斜率为

$$g_b = g - \mu \sum_{i=1}^{m} \frac{1}{c_i(x)} \nabla c_i(x) \qquad （4.7）$$

其中：g是目标函数$f(x)$的斜率；∇c_i是c_i的斜率。

除了最初的"原始"变量x外，拉格朗日乘数引入对偶变量λ：

$$\lambda \in R^m \text{ and } c_i(x)\lambda_i = \mu, \forall i = 1, \cdots, m \qquad （4.8）$$

为了找到优化问题的解决方案，必须满足Karush-Kuhn-Tucker（KKT）最优性条件。 KKT是非线性规划中最优解的一阶必要条件，只要满足某些规则性条件即可。在允许不等式约束的情况下，非线性规划的KKT方法拓展了只允许等式约束的拉格朗日乘数法。与KKT条件相对应的方程组和不等式组通常不直接求解，除非在少数特殊情况下可以解析得出封闭形式的解。一般来说，许多优化算法可以解释为数值求解KKT方程组和不等式组的方法。

在本书中，优化问题是通过应用建立在拉格朗日乘数法基础上的内点法解决的，该方法在MATLAB求解器中名为fmincon。

本书中的优化问题是通过构建两个独立的优化函数来定义的，即资产收益的最大化和受约束的银行融资成本的最小化。分析需要在一定的时间范围内进行，并对银行账面项目的预定到期情况进行分析。例如，在特定的资产负债表情景下，到期资产和负债的续期、对具有相同财务特征的项目重定价（假设）。资产的目标函数是一个多变量的等式函数，它用代表不同资产类别在总资产结构中占比的变量来描述资产基础实现的总收入。负债的目标函数是一个多变量的等式函数，它用代表不同资金来源在总负债结构中占比的变量来描述资金的总成本。该模型在一定的约束条件下，寻找目标函数的资产价值最大化和负债价值最小化。

初始银行账簿结构的定义

优化过程的第一步是确定银行账簿的初始结构，该结构将作为计算 t_0 时点的"起点"。它根据分析日给出的资产和负债结构来定义头寸。此外，以与资产负债表项目流动性状况有关的某些假设，如定期存款的展期，经常账户和储蓄账户（CASA）的波动性以及利率敏感性、摊销状况，资产的提前还款率作为分析的初始条件，构建了模型。

值得强调的是，对不同地区银行初始结构的分析表明，银行采用的资产基础和融资结构存在明显差异。这就是为什么优化模型对不同的银行会有不同的作用，即提供不同程度的效益。

例如，意大利的商业银行似乎对浮动利率资产有偏好。个人和商业贷款产品通常与银行间市场基准（如欧洲银行同业拆借利率）挂钩。重定价频率在1个月、3个月和6个月之间有所不同。从融资角度来看，主要依赖零售和商业客户的往来账户，银行的资金则主要来自交易性的往来账户。

商业银行还通过发行优先债和短期批发融资为其重要资产提供资金来源。然而，总部设在英国的银行倾向于管制利率产品（抵押贷款），这些产品与英格兰银行基准利率（超过80%）具有高度相关性。浮动利率产品主要与3个月的英镑LIBOR挂钩。零售银行的资金来源是零售活期账户和零售定期存款，其融资结构的剩余部分包括优先债发行。短期融资主要用于流动性储备和押品融资。一些银行以6个月期限的融资作为流动性缓冲。在欧洲有一种明显的趋势，即大部分资金投资于浮动利率资产和优质流动资产。美国市场偏好固定利率资产。在资产负债管理风险领域，有一个特别有效的观点：全球趋势推动标准化。例如，2018年欧洲银行业管理局关于银行账簿利率风险的最终报告要求所有欧洲银行在银行账簿利率风险的计量和管理中应用相同的技术。此外，利率冲击也是标准化的。更新后的欧洲银行业管理局要求引入了适用于所有欧洲银行的风险管理框架、风险偏好和治理模式的新准则。

在一系列流动性指标中引入流动性覆盖率（LCR）和净稳定融资比率（NSFR）之后，在流动性管理中可以看到类似的趋同。所有欧洲银行都必须在短期（LCR）和中长期（NSFR）下计算这些监管指标。

如前所述，位于不同国家的欧洲银行之间总是存在一些差异，特别是在银行账簿的初始结构方面。然而，还有许多相似之处。一个典型的例子是对没有确定到期日（如CASA）的项目建模的常用方法。这不仅是由严格监管的银行经营环境所推动，而且是由对金融机构处理未到期存款的规定所推动。未到期存款具有与产品相同的金融特征，因为银行使用相同（或类似）的方法来模拟其行为。

优化模型应用于存款特征化模型的输出，该模型基于对过去若干年余额稳定性的分析以及多元回归估计的利率敏感性。除了未到期存款的行为方法外，巴塞尔银行监管委员会在标准（BCBS，2016）中需要通过计算基准提前还款率并定义许多不同利率冲击情景下提前还款率的参数，对固定利率资产进行行为建模。该标准同样要求计算定期存款的提前赎回比率，该比率因利率冲击情景而异。第三章概述了没有确定到期日项目的建模技术。

该模型假设固定利率资产有一定的基准提前还款率，并检验了固定的提前偿付率（CPR）变化对模型结果的影响。

此外，金融机构通常对负债适用若干展期假设，这些假设通常是根据客户过去的行为和专家的判断来确定的。每个金融机构都定义了其短期流动性风险的内部指标，因此，金融机构在压力情景下的风险偏好是基于其自身的观察和历史。然而，银行业内部有一个明显的趋势，即将内部指标与监管指标看齐，在这种情况下，是指LCR和NSFR指标。

该模型的另一个假设是银行采用的定价策略。特别是，资产和资金目标概况的确定，首先受到银行竞争力的强烈影响，例如，资产方面商业利差的大小和在市场上收集最便宜资金来源的能力（通过或多或少积极的营销、商业报价等吸引储户）；其次，根据市场对银行自身信誉的认识，即其定期流动性溢价，为在市场上筹集资金，银行必须支付该溢价。

对某类金融风险的风险偏好代表了金融机构的个体特征，该风险偏好建立一系列优化分析中的假设。本书为读者提供了在不同情景（包括内部和外部）下的银行账簿目标结构分析，本章旨在评估模型对一些预定义的外部因素和内部因素的敏感性。

在这里，银行的资本被认为是银行的自有资金。一家银行的自有资金包括普通股资本和留存收益等项目。换句话说，不是必须偿还的款项。综合起来看，这些自有资金相当于总资产和负债价值之间的差额。

在优化过程中建立目标函数和约束函数

优化过程的第二步是在优化模型中定义目标函数和约束函数。约束函数的构造方式可以反映不同辖区银行在流动性、利率风险、资产类别和资本吸收方面的风险偏好。此外，在负债方面，还对资金集中施加了限制，以避免过度依赖某一特定资金来源。

流动性风险是指企业虽然有偿付能力，但在债务到期时没有足够的财务资源来履行债务的风险。这种风险是通过流动性指标来衡量的。短期流动性风险和被称为融资风险的中长期流动性风险是有区别的。短期流动性风险是指银行在短期内（30~90天）没有足够的金融来源来履行到期债务，或者只能以过高的成本获取这些金融资源。

流动性指标是针对压力情景下的短期（30天和60天）流动性风险敞口和中长期流动性敞口而建立的，通常称为正常情景下的结构性流动性敞口。压力情景下短期流动性比率的流入/流出假设通常是根据金融机构进行的内部分析确定的。如前所述，不同地区银行的差异很大。然而，总的趋势是，银行总是设定比监管机构规定的更严格的假设。

短期流动性风险分析的目的是评估银行是否有足够的流动性缓冲，同时评估银行的平衡能力。流动性缓冲量必须至少等于压力假设下计算的净流出量。流动性压力分析的最坏结果（HQLA的最高要求）决定了银行持有的流动性缓冲量。必须强调的是，本书说明了优化模型应用的简化案例，而且重要的是，关于哪些指标可以纳入模型是银行本身的决定。在第五章的示例中，仅将内部短期流动性指标设置为约束函数。短期流动性"纯"监管指标LCR尚未纳入模型（不过，它可以很容易地以另一种约束的形式加入模型）。这是由以下事实驱动的：除了优化工作之外，本书的目的是展示银行应用的各种内部流动性指标及其相应的流失因素。LCR度量标准对所有欧洲国家的流动性方法进行了规范。

为了评估中长期资金和中长期资产之间的平衡，从而评估银行正在进行的期限转换程度，在模型中建立了流动性结构比率作为另一个约束函数。流动性结构比率是一个重要的指标，根据正常业务情景计算，可以在合同基础上（不包括资产负债表项目的行为化[①]）和在行为基础上（包括资产负债表项目的行为化）进行评估。将到期转换的程度设置为内部限制，以确保有足够的稳定资金，并限制资金展期的频率。

[①] 行为化的量化包括根据统计分析和专定判断识别项目（如未到期存款）的行为特征。

建议通过以下指标确定银行对流动性和融资风险的偏好：

- 累积短期流动性比率（通常称为存活期），涵盖30天、60天或90天的时间范围，决定银行流动性缓冲的充分性。
- 结构性流动比率，衡量银行到期转换的程度。

短期流动性风险通过生存期指标进行量化，该指标定义了在极端但合理的流动性压力期间，银行在采取管理措施之前能够生存多久。该指标的目标是确保金融机构有足够的时间在压力下作出反应和决策，从而调动进一步的流动性，创造行动来抵消重大的压力。生存期分析通过定义资产负债表项目流入和流出的不同假设，评估在持续30天、60天甚至90天的压力条件下的流动性状况。流动性缓冲量必须至少等于压力情景下计算的净流出量。压力情景的最坏结果（HQLA的最高要求）是银行持有的流动性缓冲规模的驱动因素。流入和流出是通过应用流失因子来确定的，这些流失因子代表了银行客户群的特殊性，即储户对市场或者特殊压力的敏感程度，以及流入资金受到市场压力导致的违约率上升的影响程度。

以下是适用于2个月生存期内到期项目流入和流出系数示例。

流入

- 贸易融资贷款：

1. 向非银行金融机构（NBFI）发放的期限为6个月的贸易融资贷款：第一个月为65%，第二个月为35%。

2. 向NBFI提供的期限≥6个月的贸易融资贷款：第一个月为50%，第二个月为30%。

3. 银行的贸易融资贷款：第一个月为100%，第二个月为60%（不考虑到期日）。

- 浮动利率按揭：第一个月为50%，第二个月为50%。
- 公司贷款：第一个月为50%，第二个月为50%。

流出

• 零售往来账户（CASA）：

1. 稳定：5%。

2. 不稳定：15%。

• TB经常账户（TB CASA）：

1. 经营性往来账户：

（1）公司：第一个月为25%，第二个月为零。

（2）非银行金融机构（NBFI）：第一个月为25%，第二个月为零。

2. 非经营性往来账户：

（1）公司：第一个月为40%，第二个月为20%。

（2）金融机构：第一个月为100%，第二个月为零。

• 优先债发行：第一个月流出为100%，第二个月流出为100%。

• 公司定期存款：第一个月为40%，第二个月为20%。

• 结构性存款：第一个月为100%，第二个月为100%。

• 商业票据和存款证：第一个月为100%，第二个月为100%。

存活率（*SH*）计算如下：

$$SH = \frac{LAB}{TO - TI} \tag{4.9}$$

其中：*LAB*为流动性资产缓冲；*TO*为在预定时间段内的总净流出；*TI*为在预定时间段内的总净流入。

$$SH \geqslant 100\% \tag{4.10}$$

这种流动性分析是通过受客户行为影响的到期日梯形曲线（maturity ladder）进行的，包括根据行为到期日（behavioural maturity）预期流入和流出分配到相应的时间段。

银行根据对客户群过去行为的定性分析（统计方法）或由专家判断驱动的纯定性方法确定流入/流出因素。最近，银行已开始将其内部指标与监管指标相协调。例如，用于内部流动性分析的流出因素是基于LCR报告原则的。

因此，流动性压力测试通过对非定期存款的保守行为模式以及其他各种保守流出假设进行建模，来衡量和监控期限错配的风险，并相应地校准流动性缓冲量。

虽然*SH*指标表示压力情景下的短期流动性风险敞口，但一些银行将累积短期流动性比率用于策略性流动性管理。策略性流动性管理与流动性预测有关，司库需要对其进行规划，以便将新的支出和资金量纳入中短期范围。

累积短期比率的计算基于期限错配法，该方法按时间段评估流动性缺口的大小。与压力测试指标不同的是，压力测试指标着眼于在最大90天压力情景下的流动性预测，策略性流动性管理的目标是在略长的期限内（12个月）衡量流动性需求。

流动性缺口比率定义如下：

$$（TI + LAB）/ TO \geqslant m\% ，0\sim1个月的时间段 \qquad （4.11）$$

其中：*LAB*为流动性资产缓冲（通常称为银行的平衡能力）；*TI*为预定时间段内的总净流入；*TO*为预定时间段内的总净流入；*m*是由金融机构设置的阈值，必须符合监管机构的流动性要求，因此，必须设置为100%或更高。

$$（TI + LAB）/ TO \geqslant 80\% ，0\sim3个月的时间段 \qquad （4.12）$$

$$（TI + LAB）/ TO \geqslant 60\% ，3\sim6个月的时间段 \qquad （4.13）$$

（4.5）式中的100%风险容忍度阈值是由银行董事会确定的，而80%和60%是警告阈值（可能更高）。

根据一般定义，现金流入是指在预定的时间范围内与银行以外的各方达成的流入现金流。资产到期、使用不可撤销的信用额度（负债）、出售活动和盈利产生资金流入。

现金流出代表在预定时间范围内与银行以外的各方达成的流出现金流。资金流出源于到期负债、使用不可撤销的信用额度以及亏损部分。

平衡能力（流动性资产缓冲）表示银行在压力情景下为满足其流动性需求而使用的项目总和。流动性资产缓冲的特征取决于《巴塞尔协议Ⅲ》确立的高质量1级和2级资产标准。

融资风险是指企业在中长期内没有稳定的资金来源以履行其财务义务的风险，如到期应付的款项或抵押品赎回。对融资风险的风险偏好决定了银行的融资策略，这种策略是建立在明确的原则之上的。国际活跃银行融资策略原则：

- 在国家/货币层面对资金状况进行管理，以确保国家保持自给自足。
- 主要使用客户负债/存款为客户资产提供资金，以尽量减少对压力情景中可能无法获得的其他资金来源的依赖（如批发资金）。
- 按产品类型、期限、地区和行业细分维护客户融资基础。

结构性流动性风险的定义是，由于资产负债表构成不理想，银行无法实现预期的业务战略或增长目标，从而可能造成实际损失或机会损失。结构性限制显示了银行的期限转换程度。要求保持与资产负债表组成相关的稳定融资状况，从而在较长时间内降低融资风险。这一指标的主要目标是确保银行以足够稳定的资金来源为其活动提供资金，以减轻未来资金压力的风险。根据行为分析的结果，没有确定到期日的项目被分配到各自的时间段。最佳市场实践将这一比率设定为100%或更高。

结构性流动性通过不同的指标来衡量。以下是欧洲银行采用的最常见指标。

结构性限制：

$$(\Sigma TO_{T>1Y} + 一级资本 / (\Sigma TI_{T>1Y}) \geqslant n\% \qquad （4.14）$$

其中：$TI_{T>1Y}$代表一年以上发生的所有现金流入；$TO_{T>1Y}$代表一年以上发生的所有现金流出；一级资本被认为是稳定资金的来源，其中一部分用于为风险敏感资产提供资金；n代表由金融机构设置的限制期限转换程度的门槛。

该比率旨在确保在超过1年的时间范围内资产与负债之间的结构平衡。通过期限阶梯分配不同时间段的现金预测。对于没有合同期限的项目，期望通过定量/行为模型对它们相应的现金流量曲线进行建模。

$$\frac{A}{D} \leqslant l\% \qquad (4.15)$$

其中：A代表未偿还的客户贷款和垫款总额；D代表未偿还的客户负债总额；l代表金融机构设定的门槛，最佳市场做法是将其设置为低于80%。

A/D比率确保了该行主要由客户提供资金，不会过度依赖批发资金。这是一个简单的指标，很容易理解，并为资产负债表的结构完整性提供了一个有意义的检查指标。然而，这一指标既不区分存款的质量或期限，也不区分正在进行的改进举措的效果，因此经常需要重新评估。

大于100%的比率反映了客户资产由客户存款以外的其他来源提供资金的程度，如债务发行、银行间资金和资本。因此，它将公司和零售贷款描述为公司和零售存款的百分比。合同融资比率如下：

$$\frac{CMTF}{CMTA} > a\% \qquad (4.16)$$

其中：CMTF代表超过1年的合同到期融资金额；CMTA代表超过1年的合同到期资产的金额；a为金融机构设定的门槛，反映对基于合同的期限转换的偏好。

上述比率称为融资比率（FR），反映了合同中期资产由合同中期负债提供资金的程度。银行必须确保资产基础在其整个生命周期内都能在银行的资产负债表上得到支持，这包括确保充足的资金和/或确定资产展期的途径。

合同融资比率旨在强调银行根据合同义务将短期负债展期，为中期资产提供资金的能力。

中期资产是指剩余或合同期限大于或等于1年的资产。中期负债的定义类似。选择1年作为门槛，以便在资金结构失衡成为银行流动性状况的主要风险之前，有时间纠正资金结构失衡。鉴于流入/流出现金流的到期日根据合同期限确定，该比率的阈值始终小于100%。此外，在这种情况下，资本包括在合同融资比率计算中，因为它确实提供了一个长期的资金来源。

除了NSFR之外，一些银行还建立了自己的行为中长期比率。行为融资比率与结构性流动性比率类似，行为融资比率旨在强调银行的业务/产品组合和资产负债表结构在持续经营（BAU）环境中是否随着时间的推移而可持续。行为融资比率计算如下：

$$\frac{BTF}{BTA} > g\% \qquad\qquad (4.17)$$

其中：BTF代表剩余行为到期日低于1年的稳定资金数量；BTA代表剩余行为到期日低于1年的资产稳定金额；g为金融机构设定的阈值，反映在行为基础上对期限转换的偏好。

上述流动性指标基于作者在欧洲（主要是英国和意大利）各银行观察到的最佳实践。尽管如此，世界各国都建立了流动性指标来衡量流动性和融资风险。因此，这些指标是可以通用的，即使当地监管机构对其设置和阈值有一定的自由裁量权。

如前所述，NSFR是一个监管指标，用于在行为基础上监控整个资产负债表中的到期错配。它作为一项监管要求于2018年1月1日生效，许多银行认为，在当前的一系列指标中增加这一指标，是加强和简化自身流动性管理框架的一个机会。

表4.1显示了在6个月的时间范围内在流动性分析中应用的受客户行为影响的到期日梯形曲线。不同时间段的现金预测是到期日的函数；对于没有合同到期日的项目，预计将通过定量/行为模型评估其相应的现金流状况。

表 4.1 受客户行为影响的到期日梯形曲线

单位：百万欧元

日期	期限	现金流入	现金流出
2013–12–02	15个月	46.73	−41.22
2014–02–28	18个月	48.04	−39.51
2014–06–02		47.95	−42.59
2014–09–01	24个月	45.67	−7.30
2014–12–01	27个月	39.41	−9.95
2015–03–02	30个月	37.86	−19.21
2015–06–01	33个月	36.27	−6.16
2015–08–31	36个月	35.45	−6.09
2016–08–31	4年	110.55	−23.37
2017–08–31	5年	52.15	−14.62
2052–09–02	>5年	197.26	−62.91
汇总		697	−273

资料来源：作者加工整理。

银行账簿中的利率风险是决策模型约束套件中包含的另一个风险类别。

根据欧洲银行管理局（EBA）的规定，非交易账簿活动产生的利率风险是信贷机构的一项重要金融风险，在SREP支柱2下予以考虑，因此是内部资本充足性评估程序（ICAAP）的一部分。银行账簿利率风险由两个互补的指标来衡量：第一个指标是收益视角指标，侧重于短期内的利率风险，而第二个指标则涵盖整个银行账簿的期限。基于收益的衡量指标着眼于短期内净利息收入的预期增加或减少，这是由渐进或一次性大规模利率冲击造成的。净利息收入的变化是基本情景和另一种更具压力的情景之间预期净利息收入的差异。因此，这一指标通常用于评估银行中期产生稳定收益的能力，这将可以支付稳定水平的股息，并降低其自身股价的贝塔系数。为了能够计算不同利率冲击和压力情景下预期收益的变化，一家机构需要对三种不同状态下的收益进行建模：

（1）流失的（Run-off）资产负债表：现有资产和负债在到期时不

会续作，除非是为剩余资产负债表提供资金所必需的。

（2）不变的资产负债表：假定资产和负债在到期时续作，资产负债表的总规模和形态保持不变。

（3）动态的资产负债表：结合未来业务预期，以一致的方式针对相关情景进行调整。

在经济价值法下，银行账簿利率风险的衡量标准是整个银行账面净内含市值的理论变化。将企业价值的概念应用于银行的整个资产负债表更具挑战性：银行账簿包含按持有至到期估值入账的资产和负债，可能没有可观察的市场价格（如贷款和应收账款没有那么容易销售，其市场价值无法直接确定）。此外，在按市值计价的基础上，账面可能存在低估和高估，代表未来报告的收益中将出现的收入或成本。另外，贷款的利润率可能非常不均匀，因此确定适当的贴现率很成问题，而被估值的现金流也会根据客户对利率变化的反应（而客户的行为可能不像理性预期的那样）有所变化。最后，可能存在结构性头寸（如为稳定未到期存款和/或股本回报而持有的资产），这将导致价值的重大变化。利率风险在经济价值计量下存在于银行账簿中，从收益波动性的角度来看，计量的风险是风险降低的直接结果。因此，为了避免计算企业价值总额的复杂性，银行通常侧重于根据现有或调整后的现金流（根据利率冲击和压力情景重新估值）来衡量相关资产负债表项目净现值的变化水平。估值变化是对银行账簿利率风险水平的衡量，可与权益现值进行比较，以确定权益经济价值的变化（BCBS，2016）。

本书的案例研究，仅对收益敏感性进行了分析，并将其纳入约束函数的模型中。这是由于优化工作是在6个月的时间内进行的，因此利率风险的主要驱动因素是重定价风险（定义见第二章）。超过6个月的资产和负债的重定价频率不同，在利率曲线波动的情况下影响银行的净利息收入。在案例研究中，利率风险分析是在利率曲线静态和+/-200个基点的瞬时平行冲击下进行的。到期日不确定的项目（经常账户）已根据其利率敏感性和余额波动性假设（客户存款建模——负债侧）分配到相应的时间段。为了评估–200个基点的曲线下降，对于某些产品，设置零的下限，以防止利率曲线进入负利率区域。

这是因为在资产方面，特别是商业贷款方面，在贷款合同中嵌入自动利率选择权（曲线向下移动时的下限）是非常常见的，这可以保护银行免受负利率的影响。出于同样的原因，在零售存款方面，银行可以决定将客户存款利率保持为零，以避免向储户收取负利率。这一决定主要是出于商业考虑（否则储户会选择另一家能够提供更好条件的银行）。在利率曲线的短端，银行的利率风险敞口通过预先定义的利率变动情景下的净利息收入敏感性（称为对收益的影响）来衡量，在本例中为+/-200个基点的平行变动。采用+/-200个基点的决定是由监管机构，即欧洲央行（ECB）在欧元区采取的方法推动的。欧洲央行在最新的指导方针中规定，按货币对平行利率冲击的幅度进行校准。对于欧元来说，它正好是+/-200个基点。收益敏感性指标是在与固定资产负债表相关的假设下计算的，即假设到期头寸被具有相同财务特征的项目所取代（称为同类假设）。这意味着新的业务预测不包括在模型中。NII敏感性使用到期日缺口法计算，其中，利率变动对息差的影响通过第二章的公式（2.1）计算，等于利率敏感性资产（RSA）与利率敏感性负债（RSL）的差乘以利率的变化。在决策模型中，银行对收益敏感性的容忍度按以下指标设置：

$$\frac{\Delta NII}{NII} > -c\% \qquad (4.18)$$

其中：ΔNII表示在6个月内，利率同时变动+200个基准点和-200个基准点对预期净利息收入的影响；NII表示银行从t_0到t_6的预期净利息收入；c为由金融机构设立的阈值。

如前所述，到期缺口仅考虑分析日银行账簿中存在的交易。此外，需要指出的是，一般而言，这种技术忽略了在同一时间段内到期或重置利率的交易的不同到期日（属于同一时间段的所有交易具有相同的风险状况），并且它仅能估计交易的平行转移对净利息收入造成的影响。有关收益敏感性方法的更多详细信息，请参见第二章银行账簿——计量和管理中的利率风险部分。

图4.1显示了商业银行在12个月间隔期内的期限缺口分析。

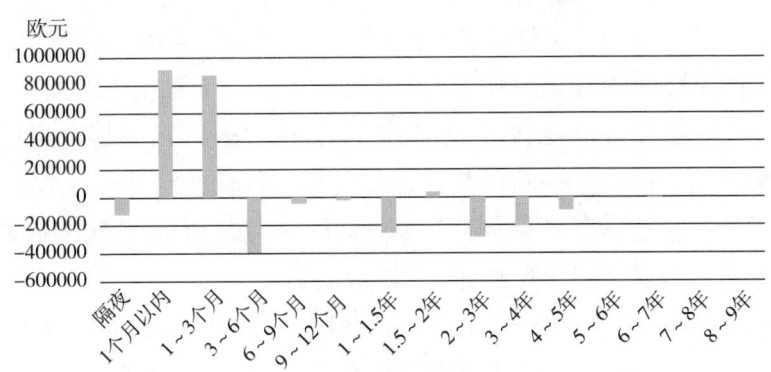

图4.1　商业银行的期限缺口分析
（资料来源：作者的阐述）

融资基础多样化是金融机构保持盈利和降低融资风险的另一个必要条件。因此，建议将集中度指标纳入约束函数集合。集中度指标旨在限制对单个融资来源的过度依赖，从而鼓励融资组合的多样化。它被表示为一个简单的不等式，它设置了单一资金来源占总资金来源份额的最大阈值。在某些情况下，金融机构为了追求其业务战略，决定确保某一产品成为融资基础的一部分，即使该产品不会产生正的净利差。这往往是由于这些产品是作为一种跨产品的举措提供给客户的。例如，与经常账户挂钩的抵押贷款或结构性定期存款。

优化资产方面需要考虑的另一个重要指标是每种资产类别的信用风险，因此，要在资产类别之前分配（吸收）风险资本。

CAR是银行资本与其风险加权资产的比率。国家监管机构对银行的资本充足率进行跟踪，以确保其能吸收合理数额的损失，并符合法定资本要求。CAR是衡量银行资本充足率的一个指标，用银行风险加权信用敞口的百分比表示。

资本充足率衡量银行核心资本的金额，表示为其风险加权资产的百分比，定义如下：

$$\frac{\text{一级资本} + \text{二级资本}}{\text{风险加权资产}\ (RWA)} > b\% \qquad (4.19)$$

其中：一级资本为（实收资本+法定准备金+披露的自由准备金）-（对子公司的股权投资+无形资产+流动损失）；二级资本为未披露准备金+一般亏损准备金+混合债务资本工具和次级债务；风险加权资产（RWA）是以资金为基础的资产，如现金、贷款、投资和其他资产，国家监管机构按资产类别确定信贷风险大小（以权重百分比表示）。b 为金融机构为遵守监管要求而设置的最低限额。

由于不同类型的资产具有不同的风险状况，CAR主要针对风险较低的资产进行调整，允许银行对风险较低的资产进行折现。各国CAR计算的具体情况虽各不相同，但适用巴塞尔协议的国家的一般方法往往很相似。在最基本的应用中，政府债务允许风险权重为零，也就是说，为了计算资本充足率，总资产中不包括政府债务。根据标准化方法，地方法规规定，现金和政府债券的风险权重为零，住房抵押贷款的风险权重为50%。所有其他类型的资产（客户贷款）风险权重为100%。银行在未制定本地监管机构批准的内部评级方法的情况下，采用标准化方法计算风险加权资产（RWA）。

银行必须计算其面临的所有风险敞口的价值，然后根据资产类型应用风险权重。简单地说，巴塞尔协议框架要求银行必须将一定数量的监管资本（至少在名义上）分配给该银行的每一笔贷款或承诺。因此，这种分配限制了银行可能进入的业务量，或迫使银行筹集新资本。因此，所有贷款的资本充足率要求都会给银行带来隐性成本。一笔贷款的资本充足率成本取决于它必须得到支持的资本数额。这一数额通常被称为资本支出。

值得一提的是，金融机构资本充足率监管框架的演变。自1992年

（《巴塞尔协议Ⅰ》首次实施时）以来，银行的监管资本总额（1级、2级和3级）应至少等于其风险加权总资产的8%。8%是最低数字，银行的监管机构可能要求采用更高的百分比。

然而，最初的巴塞尔协议在将资本分配给风险的方式上还比较初级。《巴塞尔协议Ⅱ》采用了一种不同的方法，试图使一家机构所需持有的资本额与其面临的风险更为接近。在这一指导思想下，《巴塞尔协议Ⅱ》引入的主要变化如下：

- 机构根据交易对手的类型（如主权国家而非公司）、交易对手的信用评级和风险缓释类型（如抵押品或担保）提出风险加权贷款更为复杂的方法。
- 处理项目融资和商品融资等领域的特殊制度。
- 其他计算方法（基于内部评级的模型）允许成熟的金融机构在监管框架内使用自己的模型来评估风险敞口。
- 强调监督审查（《巴塞尔协议Ⅱ》中的支柱2）和披露（支柱3）。

《巴塞尔协议Ⅱ》中设定的资本要求是最低水平，可以通过与监管机构对话和披露来进行微调。引入《巴塞尔协议Ⅱ》的一个后果是，任何贷款的资本占用在其使用期内可能会有所不同。借款人信用等级的波动或合格抵押品的贷款与价值之比会影响银行保持融资便利的成本，因为法律变化会影响抵押品的可执行性。同样，监管制度的变化也可能影响贷款的风险权重，因此也会影响其资本占用。

资本与风险加权资产的最低比率为8%仍符合《巴塞尔协议Ⅲ》的规定。然而，尽管《巴塞尔协议Ⅱ》下的一级资本可以由普通股和其他资本工具构成，但普通股在整个危机期间，在吸收损失方面表现得最好。巴塞尔委员会已将重点放在普通股上，并指出巴塞尔委员会目前一级资本的最低要求是银行发行相当于风险加权资产2%的普通股。《巴塞尔协议Ⅲ》提议将这一要求提高到风险加权资产的4.5%。

《巴塞尔协议Ⅲ》还引入了更严格的监管扣减（如针对少数股东

权益）来计算一级资本，并对构成一级资本的非普通股资本工具提出了更严格的要求。

此外，巴塞尔委员会承认一级资本在过去几年中引入了某些创新功能（如提高保证金），以降低一级资本的融资成本，但已声明将逐步取消这些功能。除了加强一级资本外还增加了两个资本缓冲，一个是资本留存缓冲，等于RWA的2.5%；另一个是逆周期资本缓冲，最高等于RWA的2.5%。这两种缓冲必须通过普通股筹集。这一提议的广泛基础来自这样一种观察，即一些在危机中损失惨重、资本枯竭的机构仍然向股东进行分配。巴塞尔委员会认为，这种情况不应该发生，遭受损失的银行应该通过保留收益和筹集新资本来重建资本。指导原则是尽可能将风险从存款人转移到银行的股东和员工身上。因此，缓冲不是额外的最低资本要求。相反，如果一家机构没有所需的资本缓冲，《巴塞尔协议Ⅲ》将限制该机构分配收益的能力。在这两种类型的缓冲中，资本节约缓冲的规模要足够大，使银行能够在整个行业严重衰退期间将资本水平维持在最低要求之上。反周期缓冲是国家监管机构在其经济出现过度信贷增长时实施的一项附加要求，旨在抑制此类信贷增长（恩托夫和哈斯，2016）。

CAR促进了全球金融体系和银行的稳定和效率。银行的资本与风险加权资产比率通常用百分比表示。根据《巴塞尔协议Ⅲ》，目前风险加权资产的资本总额最低为10.5%。如前所述，有些资产的风险高于其他资产。根据每项资产的风险程度为其分配风险权重，从而产生风险加权资产。这允许银行、投资者和监管机构考虑风险加权资本比率，即银行资本占其风险加权资产的份额。或者根据每种资产的风险类别，考虑不同的资本要求。

资产方面的目标功能旨在最大化银行账簿中资产的利息收入。这样的优化工作包括目标函数在本文所述约束条件下的最大化。它采用多变量等式函数的形式，描述资产基础的总收入，变量表示不同资产类别在总资产结构中的比例。模型寻找受某些约束的函数的最大值：

$$f(w_{asset1}, w_{asset2}, w_{asset3}, \cdots, w_{assetj}) = w_{asset1} \times A \times \sum_{i=1}^{6} r_{asset1i} / 12 + w_{asset2} \times A \times$$

$$\sum_{i=1}^{6} r_{asset2i} / 12 + w_{asset3} \times A \times$$

$$\sum_{i=1}^{6} r_{asset3i} / 12 + \cdots + w_{assetj} \times A \times$$

$$\sum_{i=1}^{6} r_{assetji} / 12$$

（4.20）

其中：w_{asset1}，w_{asset2}，$\cdots$，w_{assetj} 为某类资产在总资产中的占比；$r_{asset1i}$，$r_{asset2i}$，$\cdots$，$r_{assetji}$ 为观察期第 i 个月对应资产类别 j 的年化收益率；A 为资产总额。

负债方的目标函数旨在使银行的总融资成本最小化。它是一个多变量的等式函数，用代表不同资金来源在总负债中所占比例的变量来描述资金的总成本。该模型在一定的约束条件下寻找函数的最小值。

最小化函数可写为

$$f(w_A, w_B, w_C, \cdots, w_j) = w_A \times L \times \sum_{i=1}^{6} c_{A_i} / 12 + w_B \times L \times \sum_{i=1}^{6} c_{B_i} / 12$$

$$+ w_C \times L \times \sum_{i=1}^{6} c_{C_i} / 12 + \cdots + w_j \times L \times \sum_{i=1}^{6} c_{j_i} / 12$$

（4.21）

其中：w_A，w_B，$\cdots$，w_j 为融资机会在总融资中的比重；c_{Ai}，c_{Bi}，$\cdots$，c_{ji} 为融资机会 j 在观察期的第 i 个月的年化融资成本。

在本书的案例研究中，优化工作应遵循以下假设：

- 分析是在精确的时间范围内执行的（如从 t_0 到 t_6 的6个月）。

- 资产的到期情况根据固定资产负债表情景确定，即假设摊销或到期的资产和负债进行相同的更新（按具有相同财务特征的资产和负债），但是任何不同的假设都可以很容易地纳入模型中。

- 资产的外部利率包括利率成分，代表银行在市场中的风险感知的流动性溢价成分（FTP利率），以及反映资产类别信用度的商业利差。

- 或有流动性成本不包括在资产定价中。这种选择是由于银行经常通过单独的流程向业务部门收取间接的流动性成本。找到满足目标函数的比例可以解决以下问题：考虑到银行账簿的初始结构，上述假设以及未来6个月内不变的定价，银行的目标概况应该是什么。所分析的时间越短，模型结果就越精确，因为外部市场条件的不确定性越小。

必须保持非负条件（该模型不允许将比例设置为零）。这是因为，优化模型并不意味着通过排除某些资产或负债类别来更改金融机构的业务模型。相反，它旨在更改总资产/资金基础中现有项目的相对比例，目标是最大化（对于资产）/最小化（对于负债）目标函数。

资产的非负条件如下：

$$w_{asset1} + w_{asset2} + \cdots + w_{assetj} = 1 \tag{4.22}$$

$$w_{asset} > 0 \tag{4.23}$$

负债的非负条件如下：

$$w_A + w_B + w_C + \cdots + w_j = 1 \tag{4.24}$$

$$w_{funding} > 0 \tag{4.25}$$

基于内点法的优化模型已在两个不同的金融机构和不同的约束函数集上运行。如前所述，这反映了欧洲各银行使用的各种风险度量指标。

约束函数包括所有资金来源的集中度限制，前提是假定某些资金来源的比例不能超过80%。这是一个限制对某一特定资金来源的过度依赖的重要约束条件。

$$0 \leqslant w_A \leqslant 0.8 \tag{4.26}$$

在决策模型中，对于资产方和融资方，金融机构对银行账簿利率风险的风险偏好通过以下等式建立：

$$\frac{\Delta NII}{NII} > -4\% \quad \text{在6个月的时间范围内} \tag{4.27}$$

其中：-4%表示如果利率立即移动200个基点，则可能对预期净利息收入产生负面影响。此限制是说明性的，但是它反映了银行账簿利率风险管理在近期监管领域的发展（EBA，2018）。

流动性和融资风险敞口通过以下约束功能受到限制：

$$(TI + LAB) / TO \geqslant 100\% \quad \text{在接下来的30天内} \tag{4.28}$$

$$(\Sigma TO_{T>1Y} + \text{一级资本} / (\Sigma TI_{T>1Y}) \geqslant 100\% \tag{4.29}$$

$$\frac{A}{D} \leqslant 80\% \tag{4.30}$$

$$\frac{CMTF}{CMTA} > 35\% \tag{4.31}$$

$$\frac{BMTF}{BMTA} > 100\% \tag{4.32}$$

对于资产方面，还有与资本吸收有关的额外约束：

$$\frac{\text{一级资本} + \text{二级资本}}{\text{风险加权资产}} > 12\% \tag{4.33}$$

如上所示，决策模型基于模型输入的一组假设和风险度量运作。此外，所有欧洲银行的监管要求均通过欧洲法规（CRD IV / CRR II）进行了统一。因此，预计将看到银行相似且设置在相同级别的约束。银行业有一个明显的趋势，那就是将风险管理方法标准化。优化过程通过围绕流动性、融资和利率风险指标构建框架，并改善金融机构的经济成果，来帮助实现这一标准化。本章说明了优化可以作为所有商业和零售银行的通用方法，因为所有银行都需要遵守监管和内部指标。内部限制需要完全包含法规要求，并且在大多数情况下，它们比法规要求更加严格。此外，所有银行都效力于将融资成本降至最低并提高资产利润率，以保持竞争力。这是由于以下事实：严格的监管要求、竞争激烈的市场以及低利率或负利率压缩了NII，使其更难以达到股东的期望。此外，为了寻求更高的回报，银行开始从事风险更高的业务，以应对利润率的压缩。这无疑会对整个银行业的健康产生一些负面影响。这就是为什么找到安全的解决方案以获取更多利润并降低资金成本如此重要的原因。在作者看来，好的一面是，优化模型的应用不会对金融机构的业务模式带来根本性的改变，金融机构的业务由董事会决定。它试图通过重新平衡现有资产和资金基础比例，并利用应用于整个银行账簿的数值优化技术来提高金融机构的盈利能力。

模型灵敏度分析的重要性

在分析基本模型和许多其他方案的优化模型的输出之前，先简要介绍一下模型风险的概念。这一点非常重要，因为优化工作会带来模型风险，模型风险越高，就越有可能受到监管机构的质疑，甚至会因模型风险而被收取额外的资本。模型越简单，效果越好。但是，这并不意味着提倡建立基本模型，不必要的模型复杂性会增加模型风险，并在模型管理、校准和验证中增加复杂性。

近年来，金融机构倾向于在决策中更多地使用模型，这在一定程度上是受到了监管的推动，并在风险管理的所有领域有所体现。在这方面，许多高级管理层的决策都是通过模型（无论是统计算法还是一组规则）实现自动化的。在某种程度上，巴塞尔协议鼓励使用模型。例如，信用风险的资本分配是通过高级模型进行的，这些模型估计客户违约的概率或统计拖欠客户的资料，以便采用不同的恢复策略。在市场和资产负债管理领域，产品和金融工具的估值模型已在金融机构中广泛使用。其他例子包括在不同情景下预测银行流动性状况的量化模型、资产负债表和利润表预测以及压力测试模型的使用。近期BCBS关于银行账簿利率风险的标准（2016年4月发布）要求为ΔEVE、ΔNII、自动期权和行为期权以及银行账簿（CSRBB）中的信用利差风险开发定量模型。

"模型"一词是指应用统计、经济、金融或数学理论、技术和假设，将输入数据处理为定量估计的定量算法、系统或方法（OCC、

FED，2011—2012）。作者认为，该模型至少包含三个组成部分：

- 输入，将假设引入模型。
- 一种将输入转换为估算的方法。该方法通常依靠计算来产生定量估计。
- 将估算值转换为有用的业务信息的报告组件。

模型风险的来源可以分为三类：

- 在可用性和质量方面的数据缺陷，包括数据错误、历史深度不足、变量输入错误及样本量不足。
- 以简化、近似和有缺陷的假设或不正确的模型设计形式出现的估计不确定性或模型误差。
- 模型滥用，包括将模型用于设计目的之外的目的，并且长时间不进行重新校准。

使用模型无疑会带来以下好处：

- 自动化决策，进而通过减少分析和与人工决策相关的成本来提高效率。
- 客观的决策，确保在同等情况下估计结果相同，内部和外部信息得到重用，从而利用历史经验。
- 综合复杂问题（如银行总风险）的能力。

模型风险被定义为因不正确或误用模型输出结果和报告而可能产生的不利后果，被认为是重要的风险，这种风险直到最近才引起了监管机构和金融机构的关注，其方法范围从通过模型验证缓释到建立主动模型风险管理的综合框架。截至目前，关于模型风险的监管活动很少。

第一个指南在2011年和2012年的《模型风险管理监管指南》中发布，该指南定义了模型风险，并提供了一套指南，确定实体需要制定董事会批准的框架来识别和管理该风险（但不一定量化）。这些指导方针涵盖了模型生命周期的所有阶段：开发和部署、使用、验证、治理策略以及模型验证中最重要因素的记录。本监管文件的主要要求强调了处理模型风险的必要性，其重要性与任何其他风险相同。因此，只有通过批判性分析和有效的验证才能减轻（而不是消除）这一风险。此外，应通过专家建模和稳健的模型验证（模型缓释的必要因素）不断改进模型。有必要在模型所有权、控制权和合规性之间建立明确的区分，而建立的具体框架仍然是机构的一项重要任务。模型风险管理（MRM）框架最终由董事会批准。监管机构最后强调，模型风险管理的基本原则是"有效挑战"，即由在模型的业务领域有经验的客观合格人员进行批判性分析，他们能够识别模型的局限性和假设，并提出适当的修改建议。模型风险可能会产生非常重大的定量影响，这可能导致管理层作出错误的决策，并低估银行账面上的风险。因此，建立一个模型风险管理框架，以及在适当的情况下，开发有效的模型风险估计技术，以实现适当的缓释技术是非常重要和必要的。模型验证是模型缓释的一个关键要素，其目的是对模型开发过程中所做决策的有效和独立的挑战。所有可能涉及风险的模型都应经过模型验证，所有机构和模型都没有单一的标准化验证方法。每个机构需要制定自己的标准，这些标准应与模型风险相称。模型验证职能必须由内部审计部门审查，内部审计部门需要分析其工作和所实施的控制，并对该单位的实际独立程度发表意见。

根据经验，模型验证通常分为以下部分：

1. 评估模型结果，认为模型提供的解决方案符合我们的预期。

2. 对模型中使用的假设进行评估，以确保这些假设得到适当应用并与模型的目标保持一致。

3. 评估模型中应用的方法。

4. 评估与模型输入和数据收集过程相关的潜在风险。

优化模型灵敏度参数的定义

在引入了模型风险的概念并强调了其在模型构建中的重要性后，

本节尝试设置一些外部参数和内部参数，这些参数可能会影响应用优化技术的结果。

该分析的目的包括将预定情景应用于计算融资结构，并确定这些情景对优化模型结果的影响。分析结果有助于了解哪些因素最为重要，可以决定银行账簿结构的驱动因素。

分析是在以下场景中进行的：

- 基本情景：基于现行利率和银行账簿的初始（预先优化）结构。
- 利率变动场景：对目标结构的影响。
- 存款特征模型输出的变化：余额波动率和余额敏感率的变化（存款人行为的变化）。
- 包括贷款的提前还款率：将提前还款率纳入固定利率资产基础（在分析的案例中，在基础情景下，仅考虑了贷款的合同特征）。
- 初始资产基础的变化：浮动和固定利率资产初始结构的变化。

"利率发生重大变化"的情景

在利率发生重大变化的情景下，资产和融资基础的目标结构是根据所有组合中一系列极端但合理的利率变动来计算的，该情景旨在强调利率水平，期望根据各种利率情景观察银行账簿目标结构的变化。这组情景，确定了许多已根据先前的财务冲击进行了校准的事件驱动情景。这涉及定义压力情景，该情景将复制选定历史事件的利率的相对变化。下面列出了利率变化可能的依据：

- 1973年10月：第一次OPEC石油危机；
- 1979年：伊朗革命和第二次欧佩克石油危机；
- 1982年8月：墨西哥债务危机；
- 1985年9月：广场协议削弱了美元汇率；

- 1987年10月：美国股市黑色星期一；
- 1992年9月：对欧洲ERM的投机性攻击；
- 1994年2月：严重的美联储收紧政策；
- 1997年7月：亚洲货币危机；
- 1998年8月：俄罗斯违约——新兴市场债务危机；
- 1998年9月：长期资本管理公司的失败；
- 2000—2001年：互联网泡沫；
- 2002年1月：阿根廷比索贬值；
- 2008年3月：贝尔斯登救援；
- 2008年9月：雷曼、美国国际集团、联邦国民抵押协会（FNMA）和联邦家庭贷款抵押有限公司（FHLMC）破产；
- 2010年4月：希腊主权评级下调——欧元危机；
- 2014年2月：乌克兰、克里米亚危机。

为了评估优化模型的敏感性，检验以下情景。

石油供应危机 1973年，OPEC实施石油禁运，导致石油供应大幅减少，世界油价大幅上涨，全球经济受到石油危机的冲击。石油供应危机模拟了另一场石油供应危机的冲击，以测试其对市场的影响。以下数字仅代表欧元曲线和美元曲线，因为最后一节中的案例分析了以欧元和美元计价的银行账簿项目。

该情景是根据曲线的向上移动（以基点为单位）来定义的（见表4.2）。

HY/LBO/违约风险 高收益/杠杆收购/违约风险是指不太稳定的实体构成的风险及其违约可能对市场利率产生的影响。

该场景是根据曲线的向下移动（以基点为单位）来定义的（见表4.3）。

通货膨胀预期 通胀预期在利率及其感知的实际价值中发挥着重要作用。通胀会侵蚀利率，因此，高通胀的环境会导致名义利率回报率降低。较高的预期通货膨胀将导致较低的预期收益。

该情景是根据曲线的向上移动（以基点为单位）来定义的（见表 4.4）。

表 4.2 石油供应危机情景下的利率冲击

单位：百万欧元

石油供应危机	0.25	0.5	0.75	1	2	3	4	5	6	7	8	9	10	15	20	30
欧元情景	16	9	23	35	47	53	53	53	53	53	47	40	34	37	37	37
美元情景	24	14	35	53	71	80	80	80	80	80	71	60	51	55	55	55

资料来源：作者加工整理。

表 4.3 HY/LBO/违约风险情景下的利率冲击

单位：百万欧元

HY/LBO/违约风险	0.25	0.5	0.75	1	2	3	4	5	6	7	8	9	10	15	20	30
欧元情景	−8	−16	−18	−18	−21	−21	−21	−23	−22	−21	−18	−16	−53	−14	−14	−14
美元情景	−13	−24	−26	−28	−32	−32	−32	−34	−34	−32	−28	−24	−80	−21	−21	−21

资料来源：作者加工整理。

表 4.4 通货膨胀预期情景下的利率冲击

单位：百万欧元

通货膨胀预期	0.25	0.5	0.75	1	2	3	4	5	6	7	8	9	10	15	20	30
欧元情景	37	37	37	37	37	41	47	50	52	53	53	53	53	47	47	47
美元情景	55	55	55	55	55	62	70	75	78	80	80	80	80	70	70	70

资料来源：作者加工整理。

上述选定的情景研究了利率曲线变动导致的资产盈利能力和融资成本的变化如何影响资产和融资基础的目标结构。

冲击是瞬时的，并从 t_0 开始应用于整个分析期间。远期汇率根据即期汇率计算。假设利率变动对经常账户的波动性和核心部分的百分比或提前还款率没有影响。

资产基础初始比例的变化

该分析的目的是检查资产初始结构对银行目标结构的影响。

在这种情况下，假设银行的策略发生了变化，即来自摊销浮息资产的资金不再以贷款的形式提供给客户，而是投资于优质流动性资产组合。如果银行司库的意图是增强银行的平衡能力，则可能会发生这种情况。

存款特征化模型输出的变化——余额波动率、余额敏感度和产品平均寿命

此情景假定CASA客户的行为发生了变化，导致产品稳定部分的比例增加。这种变化将增加收益波动性，因为该产品的较大部分分配给了中长期期限（请参阅第二章"银行账簿利率风险——计量和管理"中的时间段敏感性分析）。设定该情景的目的是查看收益敏感性提高对资产和融资基础的影响。

将CPR引入模型

该情景不包括提前赎回客户贷款的影响。众所周知，客户会在特定的市场环境下决定提前偿还部分或全部贷款，并通过另一家银行进行再融资。这可能是由外部市场条件（财务预付款）或客户自身的需要（结构性预付款）驱动的。

在"预付款情景"下，固定预付款率为7%，这里仅指固定利率资产。考虑到需要再投资的额外流动资金，在模型中引入CPR会对银行账簿的IRR结构（就增量*NII*而言）和流动性指标都会产生重大影响。

第五章

基础情景和压力情景下经济影响的优化过程和量化实例

本章为读者提供了一家欧洲小型银行（银行1）和一家英国国际银行（银行2）优化过程的说明性分析。为此，在应用优化模型之前和之后分别计算了银行1和银行2的融资成本。资金来源结构的重新平衡推动了总体资金成本的降低。事实上，所有的计算过程都是在单一融资来源和整体的融资基础上进行的，以便清晰了解各个组成部分对总融资成本的贡献。同样的算法也适用于资产方面。第一个分析的情景与正常经营的情况有关，即基本模型假设（利息期限结构、流动性分析和行为假设）没有变化。因此，这是一个基准情景。

为了评估模型对众多外部和内部假设（此处为各种因子）的敏感性，银行1和银行2在不同情景（此处为敏感性情景）下多次进行优化。分析的目的包括评估模型对这些因素的敏感性，以及了解哪些因素对模型结果有影响及其影响程度。

该案例研究针对欧洲的金融机构进行。分析的目标机构是典型的商业银行，它们拥有多样化的融资结构，包括债务发行和大量客户融资，如经常账户和定期存款。资产方面包括流动性缓冲和商业贷款，主要是浮动利率。选择机构的过程包括仔细分析风险敏感资产（RSA）和风险敏感负债（RSL）的规模，其目的是考察规模明显不同的银行。银行1代表一家小型机构，银行2代表一家在不同国家开展业务的国际银行。

本章的主要部分量化了应用优化模型和敏感性因素分析的盈利能力。在对风险指标进行深入分析之后，得出后续观察结果。

案例分析：基准情景和敏感性情景下 最优化模型对银行1的经济影响

假设银行1拥有34亿欧元的风险敏感性资产，其中大部分是以浮动利率向企业客户发放的贷款，其余部分为流动性缓冲和固定利率企业贷款。公司贷款与1个月的欧洲银行同业拆借利率挂钩，而负债主要与3个月和6个月的欧洲银行同业拆借利率挂钩。此外，在优化过程中，假设欧洲银行同业拆借利率将遵循市场对欧洲银行同业拆借利率向上变动的预期（特别是1个月、3个月和6个月的欧洲银行同业拆借利率的远期利率）。

银行1的流动性缓冲包括流动性资产，这些资产可以很便利地以很少或没有价值损失的价格出售。根据新的监管规定（《巴塞尔协议Ⅲ》），银行必须保留适当数量的这些资产（优质流动资产，HQLA），以应对意外的现金流出。银行1的流动性缓冲包括固定利率的政府债券，根据巴塞尔协议的定义，这些债券为一级资产。银行1的资金主要来自总部设在美国的母公司提供的循环信用额度（RCA）。这些循环贷款是5年期贷款，浮动利率与1个月、3个月和6个月的欧洲银行同业拆借利率挂钩。此外，其中的一部分由与项目融资贷款相关的公司经常账户表示。一小部分资金来自短期定期存款。该行还通过发行一小部分无担保优先债务融资（见图5.1）。风险敏感负债总额达27亿欧元。与资产方一样，融资利率代表支付给客户的外部利率。根据第三章所述的存款特征化模型，在稳定部分和非稳定部分之间对经常账户进行行为化。没有确定到期日的项目（如活期和储蓄账户）的行为化对银行采用的所有模型都至关重要。行为流动性度量和利率风险度量是基于对这类非到期存款的分析。决策模型也不例外，似乎模型对行为假设非常敏感。就银行1而言，由于只有35%的产品是稳定的，因此经常账户的余额波动性很高。剩余的65%是不稳定的，对外部和特殊因素的变化非常敏感。因此，从流动性角度和利率角度来看，假设经常账户都已分配到短期时间段中，对利率风险而言是隔夜期限，对流动性风险而言是1个月的期限。

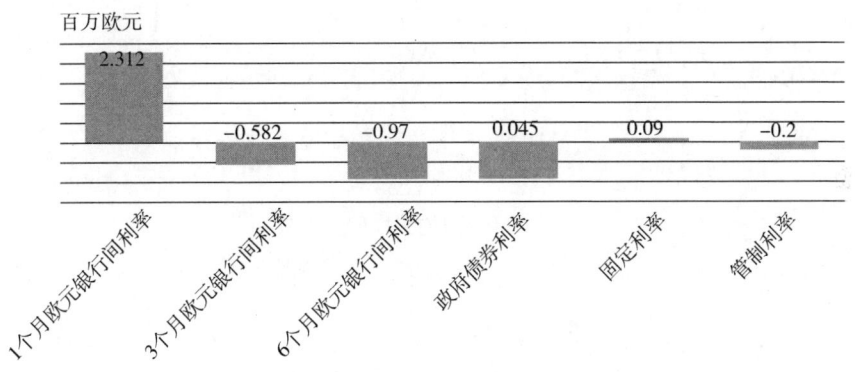

图5.1　按银行1的风险因素对银行账簿项目的细分

（资料来源：根据银行1的银行账簿制作）

主要的模型假设是，在整个优化过程（6个月）中，财务特征（如到期日、定价和风险因素）保持不变（见图5.2和图5.3）。此外，必须记住，优化会改变银行账簿中资产负债组成部分的相关比例，并且假设不会引入任何新产品。

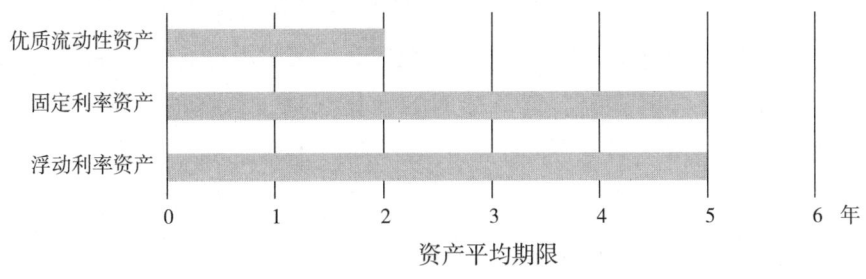

图5.2　银行1资产的平均到期日

（资料来源：根据银行1的银行账簿编号制作）

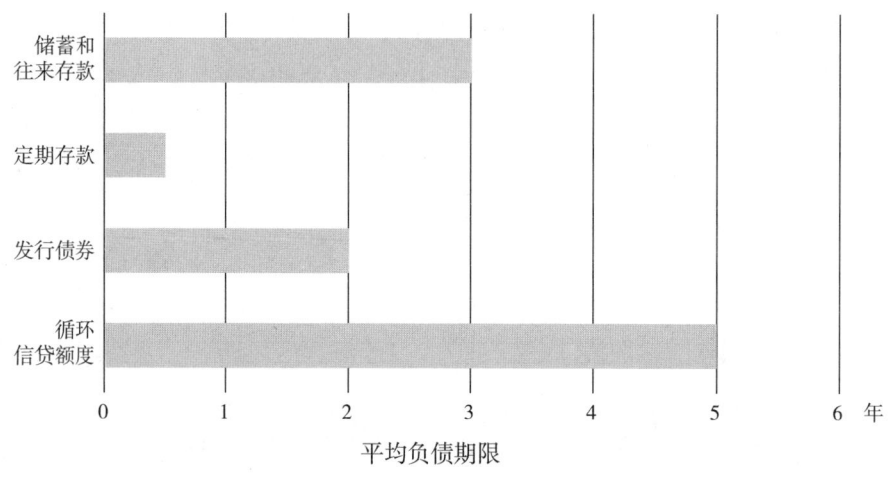

图5.3　银行1的平均债务期限

（资料来源：根据银行1的银行账簿编号制作）

表5.1显示了资产的优化结果，即总资产基数除以单一组合基数产生的加权平均收入。表5.1列示了在实施基于等式（4.21）的优化模型之前的加权平均收入。随后，我们重新计算每个场景（基准和敏感性场景）的优化结果。每种情况下资产收入的变化（增量）等于优化后实现的总收入与优化前资产方的总收入之间的差额。在本例中，假设分析日期为2016年3月31日（日期），表5.1列示了自分析日起6个月的收入。如前所述，该表还列出了按资产组合划分的情况，以显示总体和组合层面的优化影响。利用MATLAB中的数值优化工具箱进行计算。可以看出，银行1在所有情景下的加权平均收入都有所改善，优化前后结果之间的差值从382万欧元到763万欧元不等，具体取决于所采用的情景。可以看出，资产结构的变化实现了最高的增量（763万欧元）。表5.1所示结果证实了我们的预期，也就是说，在银行账簿中引入数值优化技术对银行加权平均收入的盈利能力有积极影响（请牢记，收入是在优化工作中一个非常重要的标准）。

表 5.1　银行 1 采用优化模型前后的平均资产收入结果

单位：百万欧元

应用决策模型之前以及在投资组合级别层面上，总资产结构产生的加权平均收入							
项目	基准情景	通胀预期	高收益杠杆收购违约风险	石油供应危机	存款特征模型假设的变化	资产结构的变化	银行降级一档
总的资产组合	68.15	74.89	65.18	71.23	68.15	64.48	76.65
固定利率资产	15.89	17.64	15.08	17.75	15.89	15.64	17.64
浮动利率资产	52.19	57.18	50.03	53.41	52.19	48.47	58.94
高质量流动性资产	0.07	0.07	0.07	0.07	0.07	0.37	0.07
应用决策模型并在投资组合层面上，总资产结构产生的加权平均收入							
项目	基准情景	通胀预期	高收益杠杆收购违约风险	石油供应危机	存款特征模型假设的变化	资产结构的变化	银行降级一档
总的资产组合	72.11	79.79	68.65	78.68	73.36	72.10	80.46
固定利率资产	20.48	22.29	19.64	20.82	19.46	20.64	23.02
浮动利率资产	51.46	57.33	48.84	57.69	53.80	51.29	57.27
高质量流动性资产	0.17	0.17	0.17	0.17	0.10	0.17	0.17
应用决策模型导致的资产收益变化							
项目	基准情景	通胀预期	高收益杠杆收购违约风险	石油供应危机	存款特征模型假设的变化	资产结构的变化	银行降级一档
总的资产组合	3.97	4.91	3.48	7.45	5.21	7.63	3.82
固定利率资产	4.59	4.65	4.56	3.07	3.57	5.00	5.38
浮动利率资产	−0.73	0.15	−1.19	4.28	1.61	2.82	−1.67
高质量流动性资产	0.11	0.11	0.11	0.11	0.03	−0.19	0.11

资料来源：作者加工整理。

银行 1 已将基准情景下的加权总收入从 6815 万欧元提高到 7211 万欧元，改变了资产构成。如前所述，在该情景下（从 6448 万欧元到 7200 万欧元）实现了最好的效果（改善）。这些数字可以用以下方式解释。与基准情景相比（初始资产比例没有变化），假设资产结构发生变化（HQLA 增加，浮动利率资产部分减少）对收入有直接影响。这似乎是一个符合逻辑的结果，因为 HQLA 通常收入较少（就欧洲银行而言），并可能为银行获得负净息差（NIM）。然而，当我们优化

HQLA水平（将其数量减少到约束函数施加的水平）并将重点放在为银行带来更高收入的资产类别上时，这一结果看起来更明显。同样，在石油供应危机的情景下，优化前的经济结果为7123万欧元。该模型通过重新平衡资产比例优化了资产结构，从而使总收入增加745万欧元（从7123万欧元增加至7868万欧元）。

该模型计算不同的资产构成，以提高整体投资组合的盈利能力，同时遵守内部限制和监管限制。需要重点强调的是，优化工作表明，所分析投资组合的潜在目标结构受到一些特定假设的约束。为了达到理想的结构而重塑投资组合的过程是优化过程的另一个方面，因为塑造资产负债表需要时间，不可能一蹴而就。

对融资结构进行分析得出的结果与资产方面的情况相似，即优化模型的应用对金融机构大有裨益，并降低了融资成本。

我们观察到在大多数情况下成本都会降低，只有一种情况例外，那就是通胀预期。在通胀预期的情况下，总融资成本略有增加（从3437万欧元增加至3488万欧元）。这是因为在实施优化模型之前，银行1不符合短期累积流动性比率为100%的要求（见表5.2）。受约束的优化过程在负债方面强化了符合流动性要求（和短期累积流动性比率）的结构。考虑到在这种情况下的利率显著提高，与不符合流动性要求的结构相比，遵循短期累积流动性比率导致总体融资成本增加。因此，与银行遵守短期累积流动性比率的情况相比，该特定银行（在分析开始时不符合流动性要求）的优化模型所带来的收益要低一些。

在基准情景下，融资基础的再平衡将导致融资成本从3079万欧元降至3049万欧元。在优化后，融资成本实现最大降幅。这是因为在基准情景下，银行的商业战略发生了变化，摊销浮动资产的预期现金流不再以贷款的形式借给客户，而是投资于HQLA组合。如果司库（以及董事会其他成员）的意图是加强银行的平衡能力，并取消对某一资产类别的投资，这种情况就有可能发生。预计资产的盈利能力会下降，融资成本也会降低。因此，在这种情况下，应用决策模型的影响预计会更大。

表 5.2　银行 1 应用优化模型前后平均融资成本的结果

单位：百万欧元

投资组合层面在决策实施前，总融资结构产生的加权平均融资成本							
项目	基准情景	通胀预期	高收益杠杆收购违约风险	石油供应危机	存款特征模型假设的变化	资产结构的变化	银行降级一档
总资金成本	30.79	34.37	29.17	31.78	30.79	30.79	36.97
公司往来账户	0.01	0.01	0.01	0.01	0.01	0.01	0.01
公司定期存款	0.18	0.26	0.15	0.21	0.18	0.18	0.18
发行债券	7.97	7.97	7.97	7.97	7.97	7.97	9.39
循环信贷额度	22.63	26.14	21.04	23.60	22.63	22.63	27.38
投资组合层面在决策实施后，总融资结构产生的加权平均融资成本							
项目	基准情景	通胀预期	高收益杠杆收购违约风险	石油供应危机	存款特征模型假设的变化	资产结构的变化	银行降级一档
总资金成本	30.49	34.88	28.50	31.73	29.85	26.06	36.57
公司经常账户	0.00	0.00	0.00	0.00	0.01	0.02	0.00
公司定期存款	0.94	1.33	0.76	1.08	1.01	1.18	0.94
发行债券	3.73	3.73	3.73	3.72	3.01	0.00	4.38
循环信贷额度	25.82	29.82	24.01	26.92	25.82	24.86	31.24
应用决策模型导致的资金成本变化							
项目	基准情景	通胀预期	高收益杠杆收购违约风险	石油供应危机	存款特征模型假设的变化	资产结构的变化	银行降级一档
资金成本变化	-0.30	0.51	-0.66	-0.06	-0.94	-4.73	-0.40
公司经常账户	-0.01	-0.01	-0.01	-0.01	0.00	0.01	-0.01
公司定期存款	0.76	1.07	0.62	0.87	0.83	1.00	0.76
发行债券	-4.24	-4.24	-4.24	-4.25	-4.96	-7.97	-5.01
循环信用额度	3.19	3.68	2.97	3.33	3.19	2.23	3.86

资料来源：作者加工整理。

实施优化模型后对银行 1 的盈利能力受到很大影响，这可以从存款特征化模型假设情景的变化中看出，因为融资成本从 3079 万欧元降至2985万欧元。这是一个有趣的结果，由此可得出以下结论：优化根据不断变化的客户行为校准了融资基础的目标比例。在这种特殊情况下，在分析的情景下，假设未到期存款余额的稳定性增加，因为产品的不稳定部分从65%减少至40%。这一结果表明了行为假设在降低融资成本中的重要性以及优化模型对此因素的高度敏感性。此外，负债方对行为假设的敏感性似乎高于资产方。

表5.3和表5.4总结了优化前后与流动性和利率风险敞口相关的内部指标。在实施优化模型之前，银行1在所有情景下都未遵循短期累计流动性比率的要求。然而，在优化之后，这一要求得到了体现。此外，由于NII在平行冲击下的波动性降低，银行账簿利率风险指标的灵敏度较低。因此，我们观察到银行1的所有内部指标在以下方面都有所改善：

- 短期累积流动性比率改善，表明银行的CBC较高（短期流动性比率处于达标水平）。
- NII敏感性指标改善，表明+200个基点和–200个基点情景下的NII敏感性都有所降低。
- 资本充足率优化。

表 5.3　资产的内部阈值（限额）——银行 1

单位：%

小型银行（银行1）——资产方						
情景		流动性指标		银行账簿利率风险指标		资本充足率（CAR）
		累计短期比率	结构流动比率	NII敏感性+200个基点	NII敏感性–200个基点	
基准情景	在执行决策模型之前	59	92	78	4	26
	实施决策模型后	100	94	−4	−0.2	22
通胀预期	在执行决策模型之前	57	92	72	4	26
	实施决策模型后	100	94	−4	−0.2	22

续表

小型银行（银行1）——资产方						
情景		流动性指标		银行账簿利率风险指标		资本充足率（CAR）
		累计短期比率	结构流动比率	NII敏感性+200个基点	NII敏感性−200个基点	
高收益杠杆收购违约风险	在执行决策模型之前	59	92	78	4	26
	实施决策模型后	100	94	−4	−0.2	22
石油供应危机	在执行决策模型之前	60	92	71	4	26
	实施决策模型后	100	94	−4	−0.2	22
存款特征模型假设的变化	在执行决策模型之前	92	94	81	4	26
	实施决策模型后	100	94	−4	−0.2	21.5
包含提前还款率	在执行决策模型之前	62	94	79	4	26
	实施决策模型后	100	99	−4	−0.2	22
资产结构的变化	在执行决策模型之前	201	98	76	4	28
	实施决策模型后	100	94	−4	−0.2	22
银行降级一档	在执行决策模型之前	60	92	73	4	26
	实施决策模型后	100	94	−4	−0.2	22

资料来源：作者加工整理。

表 5.4　负债的内部阈值（限额）——银行1

单位：%

小型银行（第一银行）——负债方					
情景		流动性指标		银行账簿利率风险指标	
		累计短期比率	结构流动比率	NII敏感性+200个基点	NII敏感性−200个基点
基准情景	在执行决策模型之前	59	92	78	4
	实施决策模型后	100	90	70	4
通胀预期	在执行决策模型之前	60	92	72	4
	实施决策模型后	100	90	64	3

续表

小型银行（第一银行）——负债方					
情景		流动性指标		银行账簿利率风险指标	
		累计短期比率	结构流动比率	NII敏感性+200个基点	NII敏感性−200个基点
高收益杠杆收购违约风险	在执行决策模型之前	60	92	72	4
	实施决策模型后	100	90	65	3
石油供应危机	在执行决策模型之前	60	92	71	4
	实施决策模型后	100	90	64	3
存款特征模型假设的变化	在执行决策模型之前	92	94	81	4
	实施决策模型后	100	90	70	3
包含提前还款率	在执行决策模型之前	62	94	79	4
	实施决策模型后	100	90	69	3
资产结构的变化	在执行决策模型之前	201	98	76	4
	实施决策模型后	100	90	57	3
银行降级一档	在执行决策模型之前	60	92	73	4
	实施决策模型后	100	90	66	3

资料来源：作者加工整理。

如前所述，无论是资产方还是负债方，在优化之前，都存在违反内部限额的问题。这表明，短期流动性比率低于要求的阈值，即100%，银行必须采取缓释措施以提高HQLA水平。在本案例中，没有考察银行1违反限额的原因。需要注意的是，在这一阶段，优化应用要求遵守这一内部限额，并使其在所有情况下都稳定在100%的水平（HQLA的要求水平）。

通过应用优化算法，表5.1至表5.4中对优化效益进行了量化，并受到不等式约束。根据图5.4中的示例，计算模型优化前后的加权平均收入和融资成本。

随后，根据图5.5中的示例，通过优化模型计算优化的融资结构。

在基准情景下，优化模型实施前后的总成本比较如图5.6所示。

附录1中提供了针对银行1所有方案的类似分析。

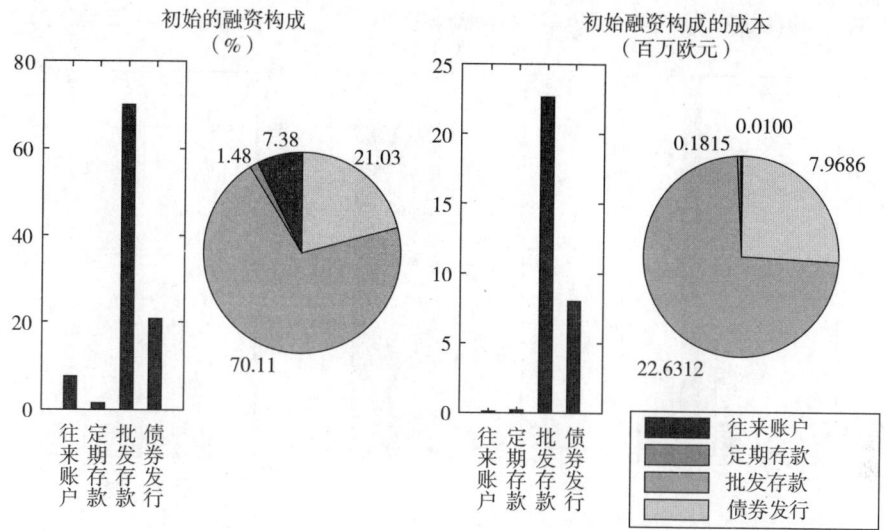

图5.4　在基准情景下实施优化模型之前，银行1的初始融资结构和相应的融资成本

（资料来源：作者加工整理）

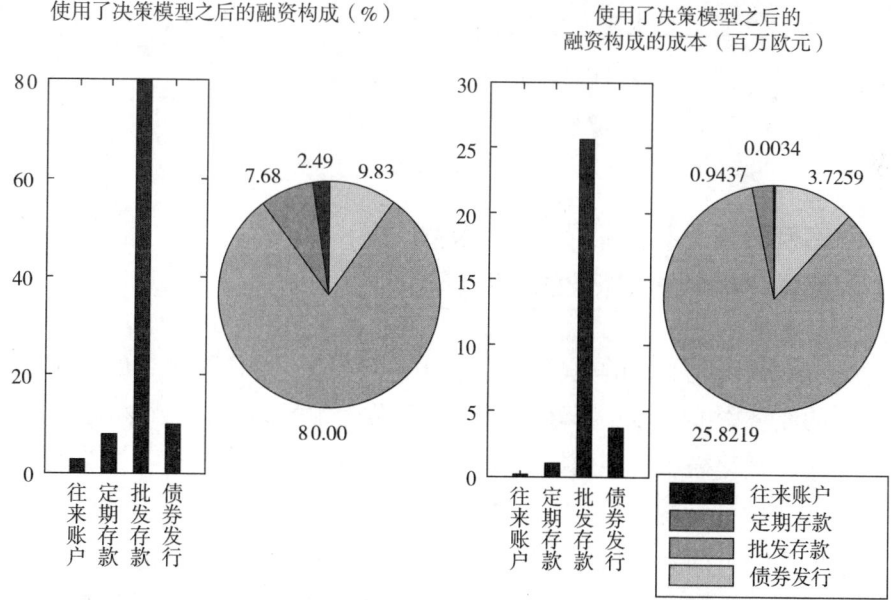

图5.5　银行1在基准情景下优化后的融资构成及相应的融资成本

（资料来源：作者加工整理）

149

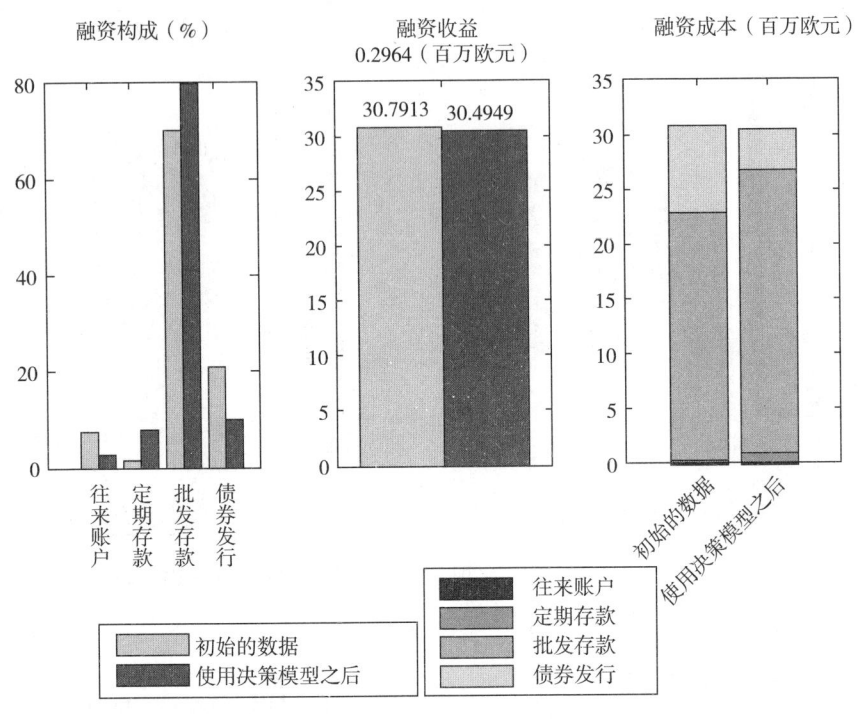

图5.6 基准情景下银行1收益的量化

（资料来源：作者加工整理）

案例分析：基准情景和敏感性情景下最优化模型对银行2的经济影响

本案例研究的目的是量化优化模型在英国一家国际银行的应用所产生的经济影响，该银行在分析中被命名为银行2。与银行1的案例研究类似，优化模型应用的影响是在基准情景和敏感性情景下计算的。此外，在这种情况下，该模型分别应用于资产方和负债方。银行2是一家典型的英国大型银行，因此，它反映了英国银行的共同特点，即大多数资产为浮动利率贷款、短期固定利率贸易贷款和管制利率产品（管制利率产品具有重要的金融特征，由银行自行决定调整客户支付的利率）。管制利率产品与英格兰银行基准利率高度相关。在我们的案例研究中，假设资产基础由1090亿美元的零售资产、1780亿美元的公司客户资产、2020亿美元的金融市场资产和600亿美元的优质流动性资产组成。风险敏感资产总计达到5490亿美元。大多数资产是按交易对手类型分类的短期固定利率贸易融资贷款，即银行贷款和非银行金融机构贷款。零售资产主要是管制利率产品，这是英国市场的普遍特征。其余部分则由浮动利率资产组成，分别基于1个月和3个月LIBOR定价。银行2持有一批有价证券，这些有价证券可以迅速转换为现金或作为抵押品，以应对流动性压力下的资金外流和存放在央行的款项。其组成如下：

（1）中央银行现金：40%。

（2）有价短期证券：40%。

（3）1个月以内的ALM资产：20%。

客户群分布在：

（1）零售资产——抵押。

（2）中型公司的客户资产。

（3）银行和非银行金融机构。

银行2资产的平均期限如图5.7所示。

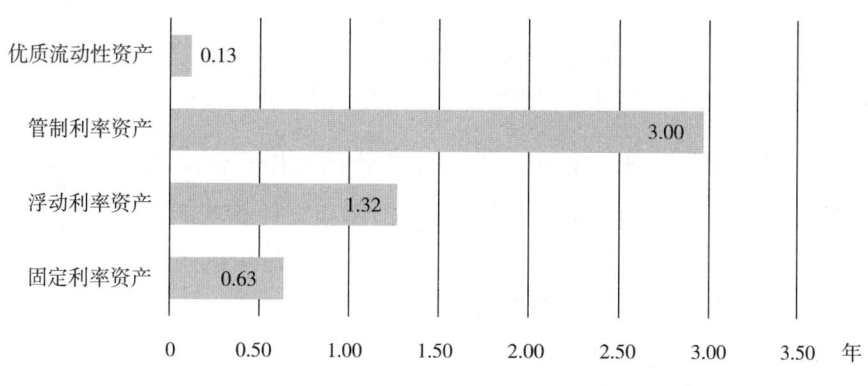

图5.7　银行2资产方的平均到期期限

（资料来源：作者加工整理）

可以注意到，与银行1的资产期限相比，银行2资产的平均期限要短得多。资产的平均期限较短是对短期贸易融资资产的严重依赖所致。

风险因素分布如图5.8所示。银行的资金来源如下：

- 零售存款：从零售客户获取的活期存款。经常账户主要是指无息或低息账户。

- 交易性银行产品（现金管理和支付）：没有确定到期日的产品（没有任何合同到期日的产品）。该产品涵盖企业客户和银行。公司客户账户被认为是高度稳定的，因为公司客户需要一个银行账户来管理其业务的运营交易活动。

- 优先债券发行是指浮动利率债务，剩余期限为5年。

十亿美元

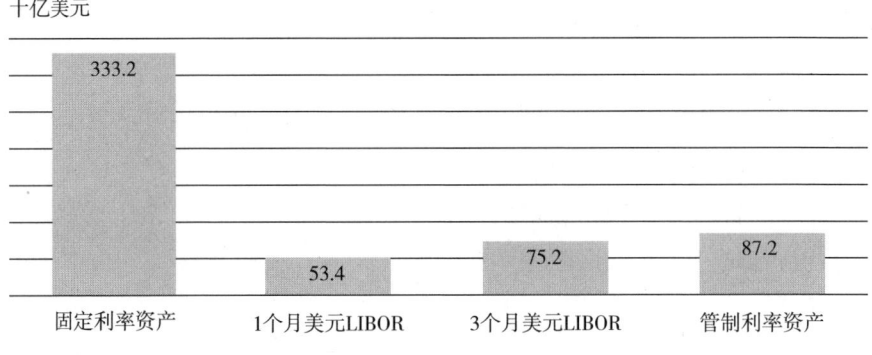

图5.8　按风险因子分类的资产细分

（资料来源：作者加工整理）

金融市场产品为客户提供各种风险管理和投融资解决方案，提供跨期（ across origination ）、结构化、销售和交易的功能。该类别为客户提供一套解决方案，从短期普通存款到长期结构化产品，以满足客户的战略投资需求或运营现金需求。

金融市场产品包括：

（1）公司定期存款（CTD）。CTD是银行2负债基础的重要支柱，因为它们是风险规避投资者的关键投资渠道。CTDs的期限从隔夜到2年不等。

（2）结构性存款和结构性票据。结构性存款与CTD分开分类，因为它们通常与衍生工具相关，跟踪基础资产类别，并向客户提供更高的收益。结构性存款的交易期限往往长于传统的CTD。结构性存款的剩余期限约为12个月。

（3）商业票据和存款证明。作为一种补充资金来源，该产品的平均期限约为2年，可提供增量流动性。

银行2拥有4920亿美元的RSL，主要由活期账户和储蓄账户（CASA）产品提供资金（56%的资金基础是到期日不确定的项目）。鉴于该产品类别在资金来源中的重要性，了解该产品的建模假设如何影响优化模型的结果是很有意思的。融资剩余部分包括金融市场产品。

图5.9显示了风险因素在银行2融资基础上的分布。可以清楚地看到，银行负债的主要部分由管制利率产品组成，这是英国银行的典型情况。此外，缺乏浮动利率负债，笔者认为，这一事实表明，就风险因素而言，多样化程度有限，因此，与银行1相比，该机构管理基本风险的灵活性较低。

十亿美元

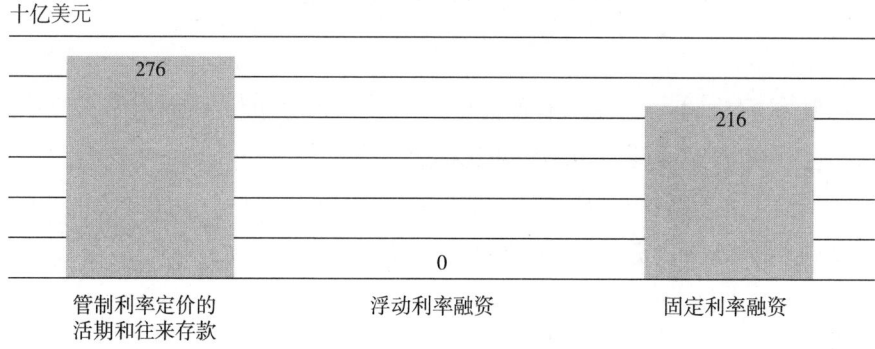

图5.9　银行2按风险因素划分的负债明细

（资料来源：作者加工整理）

　　从融资基础的平均到期日来看，其对CASA行为建模结果的严重依赖已经显现出来。在合同基础上，银行2所有负债的平均期限都小于1年（见图5.10）。这种结构引入了银行账簿中嵌入的重大模型风险，这是由存款特征模型的假设和结果驱动的，该假设和结果在第三章"客户存款模型——负债方"中进行了详细介绍。出于风险管理的目的，必须对没有确定到期日（合同到期日等于1天）的产品进行分析和建模。

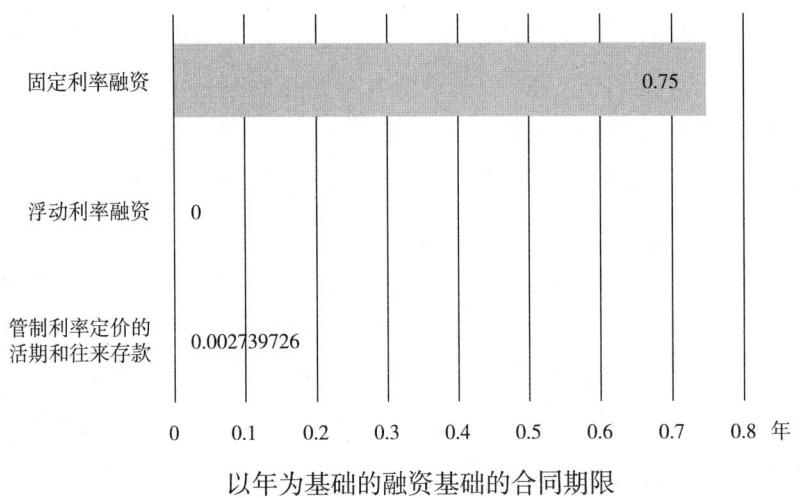

以年为基础的融资基础的合同期限

图5.10　银行2的平均融资期限
（资料来源：作者加工整理）

　　让我们检验一下在所有敏感情景下应用于资产方的优化，这些情景产生了如表5.5和表5.6所示的结果。

　　与银行1的案例研究类似，在应用优化模型前后，对银行2的内部限额进行了分析，总结如表5.7和表5.8所示。

表 5.5　银行 2 应用优化前后获得的资产平均收益方面的结果

单位：十亿美元

在投资组合层面，在应用决策模型之前，总资产结构产生的加权平均收入							
项目	基准情景	通胀预期	极端情景	石油供应危机	存款特征模型假设的变化	固定利率资产结构的变化	银行降级一档	预付款包括在内
总资产组合	6.30	7.64	5.86	6.92	6.30	5.33	6.44	6.30
浮动利率按揭	1.53	1.83	1.50	1.70	1.53	1.53	1.67	1.53
公司资产	2.50	3.03	2.36	2.74	2.54	1.43	2.54	2.54
贸易金融	2.11	2.67	1.89	2.37	2.12	2.12	2.12	2.12
高质量流动性资产	0.11	0.11	0.11	0.11	0.11	0.26	0.11	0.11
在投资组合层面，在应用决策模型之后，总资产结构产生的加权平均收入							
项目	基准情景	通胀预期	极端情景	石油供应危机	存款特征模型假设的变化	固定利率资产结构的变化	银行降级一档	预付款包括在内
总资产组合	6.58	8.03	6.14	7.29	6.59	6.59	6.83	6.58
浮动利率按揭	2.06	2.48	2.02	2.30	2.06	2.06	4.38	2.06
公司资产	1.99	2.37	1.85	2.15	1.99	1.99	0.00	1.99
贸易金融	2.48	3.14	2.21	2.79	2.48	2.48	2.38	2.48
高质量流动性资产	0.05	0.05	0.05	0.05	0.05	0.05	0.07	0.05
应用决策模型导致的资产收益变化							
项目	基准情景	通胀预期	极端情景	石油供应危机	存款特征模型假设的变化	固定利率资产结构的变化	银行降级一档	预付款包括在内
总资产组合	0.28	0.38	0.27	0.37	0.28	1.25	0.39	0.27
浮动利率按揭	0.53	0.64	0.52	0.59	0.53	0.53	2.71	0.53
公司资产	−0.51	−0.66	−0.51	−0.58	−0.55	0.56	−2.54	−0.55
贸易金融	0.37	0.47	0.33	0.42	0.37	0.37	0.27	0.36
高质量流动性资产	−0.06	−0.06	−0.06	−0.06	−0.06	−0.21	−0.05	−0.06

资料来源：作者加工整理。

表 5.6 银行 2 在应用决策模型之前和之后获得的平均融资成本方面的结果

单位：十亿美元

在应用决策模型之前和在投资组合层面，总融资结构产生的加权平均融资成本							
项目	基准情景	通胀预期	极端情景	石油供应危机	存款特征模型假设的变化	固定利率资产结构的变化	银行降级一档	将CPR包含在固定利率资产中
总资金基础	2.85	3.44	2.57	3.20	2.85	2.85	2.99	2.85
零售活期账户	0.01	0.01	0.01	0.01	0.01	0.01	0.01	0.01
交易银行往来账户	0.17	0.17	0.17	0.17	0.17	0.17	0.17	0.17
发行债券	0.64	0.79	0.58	0.69	0.64	0.64	0.78	0.64
公司定期存款	1.02	1.30	0.92	1.12	1.02	1.02	1.02	1.02
结构性定期存款	0.33	0.39	0.29	0.39	0.33	0.33	0.33	0.33
商业票据和存款证	0.68	0.78	0.59	0.81	0.68	0.68	0.68	0.68
在应用决策模型之后和在投资组合层面，总融资结构产生的加权平均融资成本							
项目	基准情景	通胀预期	极端情景	石油供应危机	存款特征模型假设的变化	固定利率资产结构的变化	银行降级一档	将CPR包含在固定利率资产中
总资金基础	2.20	2.72	1.98	2.44	2.20	1.98	2.24	2.18
零售活期账户	0.01	0.01	0.01	0.01	0.01	0.01	0.06	0.01
交易银行往来账户	0.06	0.06	0.06	0.06	0.06	0.06	0.01	0.06
发行债券	0.21	0.27	0.20	0.23	0.21	0.00	0.26	0.20
公司定期存款	1.50	1.90	1.35	1.64	1.50	1.50	1.50	1.50
结构性定期存款	0.24	0.28	0.21	0.28	0.24	0.24	0.24	0.24
商业票据和存款证	0.17	0.20	0.15	0.21	0.17	0.17	0.17	0.17
应用决策模型导致的资金成本变化							
项目	基准情景	通胀预期	极端情景	石油供应危机	存款特征模型假设的变化	固定利率资产结构的变化	银行降级一档	将CPR包含在固定利率资产中
总资金基础	−0.65	−0.72	−0.59	−0.76	−0.65	−0.87	−0.75	−0.67
零售活期账户	0.01	0.01	0.01	0.01	0.01	0.00	0.05	0.01
交易银行往来账户	−0.11	−0.11	−0.11	−0.11	−0.11	−0.11	−0.16	−0.11
发行债券	−0.42	−0.53	−0.39	−0.46	−0.42	−0.64	−0.52	−0.44
公司定期存款	0.48	0.60	0.43	0.52	0.48	0.48	0.48	0.48
结构性定期存款	−0.10	−0.11	−0.08	−0.11	−0.10	−0.09	−0.10	−0.10
商业票据和存款证	−0.50	−0.58	−0.44	−0.60	−0.50	−0.51	−0.50	−0.50

资料来源：作者加工整理。

表 5.7　银行 2 资产方的内部比率

单位：%

英国银行——资产方							
情景		流动性指标				银行账簿利率风险指标		资本吸收
		AD比率	MTFRcont	MTFRbehav	SH_2M	NII敏感性+200个基点	NII敏感性-200个基点	资本充足率
基准情景	在执行决策模型之前	80	60	176	134	38	1.9	12.4
	实施决策模型后	79	60.0	166	100	30	1.5	12
通胀预期	在执行决策模型之前	80	60	176	134	31	1.6	12.4
	实施决策模型后	80	60.2	166	100	25	1.2	12
极端情景	在执行决策模型之前	80	60	176	133	40	2.0	12.4
	实施决策模型后	80	60.2	166	100	32	1.6	12
石油供应危机	在执行决策模型之前	80	60	175	133	35	1.7	12.4
	实施决策模型后	80	60.2	165	100	28	1.4	12
存款特征模型假设的变化	在执行决策模型之前	80	60	176	134	31	1.6	12.4
	实施决策模型后	80	60	166	100	24	1.2	12.0
固定利率资产结构的变化	在执行决策模型之前	80	63	176	133	38	1.9	12
	实施决策模型后	80	62	165	100	30	1.5	12
银行降级一档	在执行决策模型之前	58	82	215	214	73	3.6	15.0
	实施决策模型后	80	60	166	100	30	1.5	12.0
将CPR包含在固定利率资产中	在执行决策模型之前	80	60	176	134	38	1.9	12.4
	实施决策模型后	80	60	152	100	60	2.9	14.6

资料来源：作者加工整理。

表 5.8　银行 2 负债方的内部比率

单位：%

英国银行——负债方							
情景		流动性指标				银行账簿利率风险指标	
		AD比率	MTFRcont	MTFRbehav	SH_2M	NII敏感性+200个基点	NII敏感性−200个基点
基准情景	在执行决策模型之前	80	60	176	134	38	1.90
	实施决策模型后	72	35	176	157	31	1.52
通胀预期	在执行决策模型之前	80	60	175	134	31	1.55
	实施决策模型后	72	35	175	156	25	1.24
极端情景	在执行决策模型之前	80	60	176	134	40	1.97
	实施决策模型后	72	35	176	157	32	1.58
石油供应危机	在执行决策模型之前	80	60	175	133	34	1.74
	实施决策模型后	72	35	175	156	28	1.39
存款特征模型假设的变化	在执行决策模型之前	80	60	176	133	71	3.50
	实施决策模型后	72	35	176	156	62	3.00
固定利率资产结构的变化	在执行决策模型之前	80	59	176	133	65	3.26
	实施决策模型后	72	35	175	156	55	2.73
银行降级一档	在执行决策模型之前	58	82	215	214	129	6.40
	实施决策模型后	50	39	216	246	121	6.08
将CPR包含在固定利率资产中	在执行决策模型之前	80	60	176	133	65	3.20
	实施决策模型后	72	35	176	156	54	2.70

资料来源：作者加工整理。

对银行2资产基础的分析表明，在该情景下，应用优化模型的效益最高，经济效益总计达12.5亿美元。这是一个非常有趣的结果，因为银行1对相同因子显示出最高的敏感度。与银行1的情况一样，经济效益按单一组合水平进行了划分，以便更好地了解每种产品对整体结果的贡献。例如，无论是公司资产组合还是浮动利率抵押贷款，在应用该模型后的收入都有了显著增长。尽管在所有情况下仍有超过2.5亿美元的收益，但在极端情景和包含预付款的情景下，影响最小。

　　经济效益如图5.11所示。

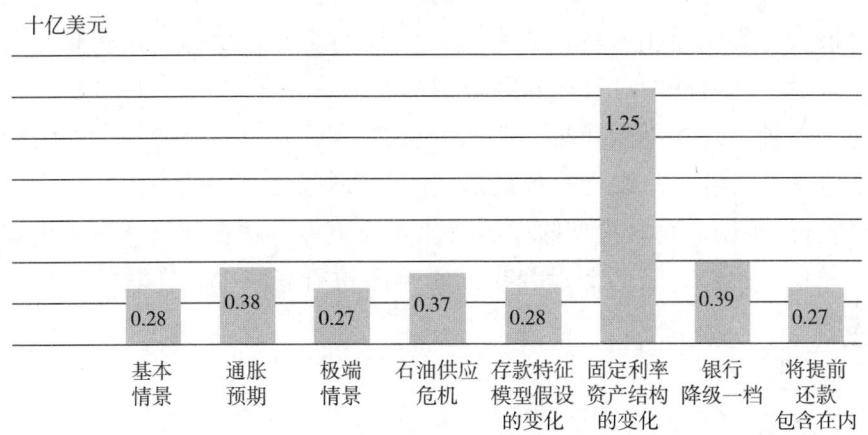

十亿美元

图5.11　银行2资产决策模型应用的经济效益

（资料来源：作者加工整理）

　　图5.12根据敏感性因素对银行1决策模型的应用对降低融资成本的影响进行了排名。

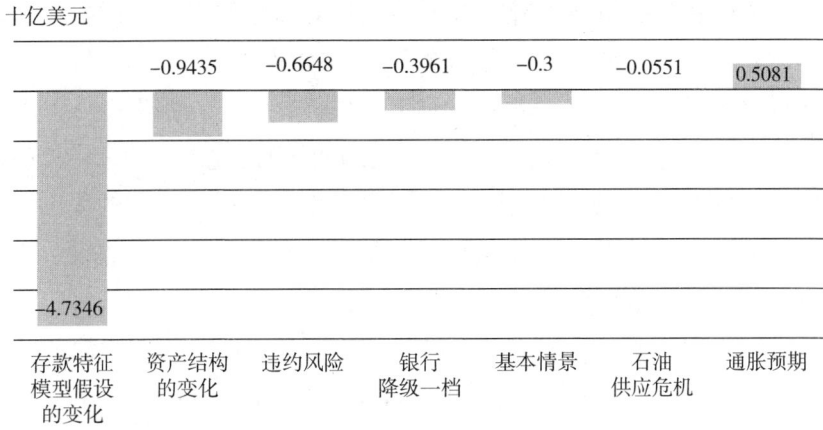

十亿美元

图5.12　敏感性因素对银行1应用负债决策模型降低融资成本的影响

（资料来源：作者加工整理）

可以清楚地看出，在两种情况下，最重要的因素都与资产结构（银行的业务策略）和利率曲线的变化有关。

如前所述，敏感性因素对银行2的影响与银行1的结果类似，因为最大的影响是由利率情景和资产结构的改变驱动的。在实施决策模型后，行为模型对资产和融资结构的影响存在差异。对于银行2来说，这种情况虽然很重要，但并不是影响最大的因素之一。作者推断这一事实可以由银行的规模来证明。银行2是一家大型国际银行，与银行1相比，它对模型假设的变化反应更慢，融资和资产基础更加多样化。因此，行为假设变化的影响因银行账簿中存在其他项目而减弱。

结论

本书提供的案例研究旨在分析优化模型实施前后银行账簿的目标结构。首先，对总部分别位于欧元区和英国的商业银行的资产和负债构成进行了初步审查。然后，应用MATLAB中的非线性优化计算器对该结构进行了重新计算。研究的问题是以非线性目标函数的形式建立的，该函数将融资成本降到最低，资产收益达到最大。融资成本的最小化和资产收益的最大化是两个独立的优化问题，即分别针对资产方和负债方进行了优化。此外，对于每项优化工作，都有一些基本假设，这些假设与以下情形有关：未确定到期日的项目建模（如CASA的利率敏感性程度和余额波动性）；固定利率资产提前还款的程度；客户在定期存款到期时展期的意愿；以及资产和负债的定价假设，即确认为负债或计入资产的商业利差和流动性溢价。基于资金转移定价曲线及其结构中包含的所有因素，产品定价的差异必须反映金融机构的地理位置及其在当地市场的融资成本。

融资成本最小化和资产收益最大化代表了约束优化问题，其受第四章"优化过程中建立目标函数和约束函数"中列出的内部限额的约束。约束函数既是等式函数又是不等式函数，这在优化方法中引入了另一层复杂性。

总的来说，本书讨论了是否有可能通过应用优化技术找到银行账簿的目标结构的问题，该目标结构为银行提供了更好的经济效益，同时确保遵守银行所承担风险的内部限额。

表5.1、表5.2、表5.5和表5.6显示了所有情景的分析结果，可以清楚地看到，在所有情景下都取得了经济效益。经济效益的大小随着不同因素的变化而变化，如市场利率水平、CASA产品的弹性和波动性、固定利率贷款的提前赎回率，最后，银行账簿本身的初始结构在优化过程中发挥着重要作用。

我们在本书中分析了优化模型在基准情景（称为持续经营视图）下的应用，这些情景讨论了模型对内外部因素的敏感性，这些因素在第四章优化模型的敏感性参数定义中有详细的描述。优化模型的计算结果为基础情景和敏感性情景下的经济效益提供了明确的证据。此外，直接观察到的是，这种好处的大小与银行账簿的规模成正比。

从降低融资成本的角度分析，最敏感的因素与银行账簿的初始结构有关。就资产而言，银行账簿的初始组成似乎决定了应用该模型所取得的效益的大小。这可能会促使人们得出这样的结论：银行账簿某些构成的优化较其他结构效果更好。这一点似乎对资产收益最大化或融资成本最小化都是有效的。作者对这一结论做了进一步的探讨并指出，一些银行可能在一开始就注定要通过优化模型即通过其初始结构的建立获得更高的利润。在曲线向上运动（情景：通货膨胀预期和石油供应危机）下，融资成本的减少要高于基准和向下运动的期限结构情景（极端情景）。此外，在降级事件下，与其他因素相比，优化模型似乎可以进一步降低融资成本。

通过分析规模较小的机构（银行1）也获得了类似的结果。同样，在这个例子中，在所有情景下都可以实现经济利益，并且在资产结构更改的情况下出现了最高的利益。决策模型的应用证明了它对石油供应危机和存款特征模型假设的变化都具有巨大的好处。为通过应用融资基础决策模型获得的结果进行的分析提供了额外的证据，证明该情景受益最大。同样，存款特征模型假设情景中的变化在模型有效性中起着重要作用。

仅在一种情况下，即在通胀预期的情况下，没有实现经济利益。但是，对机构的流动性比率（表5.3和表5.4）进行的分析表明，在应用优化模型之前短期累积流动性比率存在违反限额的情况，因此出现这一结果是合理的。

为了满足模型中的约束条件，在利率上升的环境下，这一结果可以看作维持遵守内部限制所需的最低成本。关于所分析的其余情景，出现了一个有趣的观点。如前所述，规模较小的机构（银行1）在优化工作的初始阶段违反了内部流动性限额。然而，决策模型的应用促使银行账簿结构朝着满足限额并为机构提供经济利益的组合方向发展（上述一种情况除外）。因此，可以很容易地得出结论，如果银行不突破内部限额，经济效益会更大。就第二家金融机构（国际银行、银行2）而言，没有违反任何内部限制。

上述情况也证实了最初提出的第二个假设。优化模型改进了利率风险和流动性风险的管理，因为在所有应用情景中，内部风险度量的结果更好。可以清楚地看到，在NII敏感性的情况下，模型的应用降低了利率风险敏感性。对流动性风险也是如此。模型还优化了短期流动性指标，防止过剩的流动性被当作流动性缓冲及稳定资金的低效管理。特别是，优化模型指出银行拥有过多的长期资金，因此限制了银行进行健康的期限错配所带来的潜在利润。

本书的最后一部分为读者提供了银行优化过程的细节，即展示了目标和约束函数的建立过程。作者在Excel中分享了简单的优化模型。此外，如第三章所述，还有一些与未到期债务和结构性预付款建模有关的案例研究。作者还提供了简单的EVE和NII敏感性计算模型，并简要介绍了其功能。

附录1和附录2的内容将引导读者了解资产方和负债方每种情景的优化结果。

银行1优化模型实施详解

优化模型的应用——资产方[①]

基准情景

在基准情景下，资产初始结构及其收益情况如下：

- 浮动利率资产：资产1占比=78.37%
- 固定利率资产：资产2占比=20.32%
- 流动性缓冲资产：资产3占比=1.31%

在基准情景下的资产结构产生的利息收入如下：

- 资产1利息收入=5642万欧元
- 资产2利息收入=1845万欧元
- 资产3利息收入=1万欧元

总利息收入=7500万欧元[②]

[①] 由于四舍五入原因，附录公式中的数据与图表数据存在不一致的情况。——编辑注

[②] 由于四舍五入原因，总数与各项合计存在不一致的情况。——编辑注

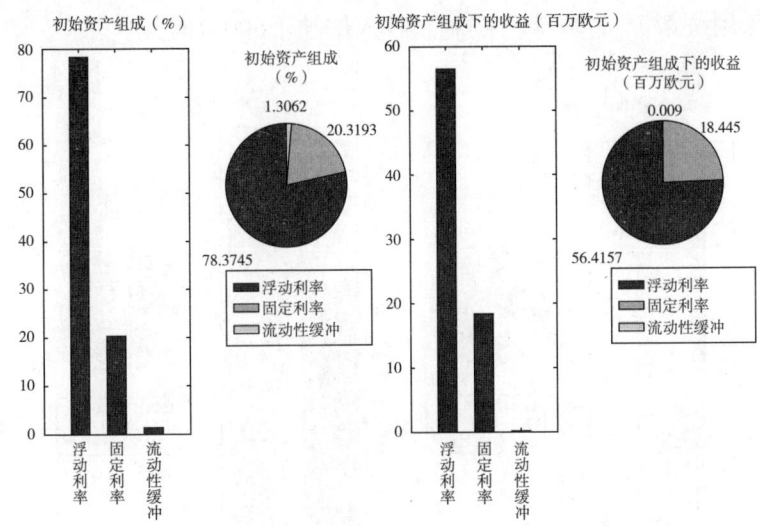

基准情景下的初始资产结构

（资料来源：作者加工整理）

在初始结构下，流动性风险和利率风险敞口指标数据如下：

• 短期流动性比率累计=59.7%

• 结构化流动性风险比率=91.9%

• $\Delta NII_{+200bps}$= 80.5%

• $\Delta NII_{-200bps}$= 11.62%

• 资本充足率=26.2%

决策模型建立后，资产结构变化如下：

• 浮动利率资产：资产1占比=30.58%

• 固定利率资产：资产2占比=66.03%

• 流动性缓冲资产：资产3占比=3.39%

由此产生的利息变化如下：

• 资产1利息收入=2200万欧元

• 资产2利息收入=5990万欧元

• 资产3利息收入=2.335万欧元

总利息收入=8190万欧元

采用决策模型使6个月的利息收入增加了690万欧元。

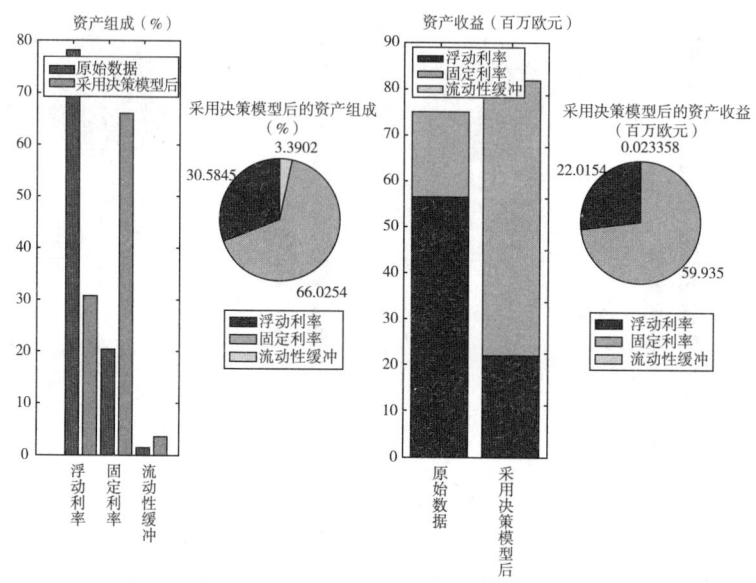

基准情景下，采用决策模型后的资产结构

在目标结构下，流动性风险和利率风险敞口指标数据如下：

- 短期流动性比率累计=100%
- 结构化流动性风险比率=93.9%
- $\Delta NII_{+200bps} = 4\%$
- $\Delta NII_{-200bps} = 7.8\%$
- 资本充足率=22%

利率风险情景

石油供应危机　在石油供应危机情景下，初始资产结构及其相应的收益如下：

- 浮动利率资产：资产1占比=78.37%
- 固定利率资产：资产2占比=20.32%

• 流动性缓冲资产：资产3占比=1.31%

在石油供应危机情景下的资产结构及其产生的利息收入如下：

• 资产1利息收入=5760万欧元

• 资产2利息收入=2030万欧元

• 资产3利息收入=1万欧元

总利息收入=7800万欧元

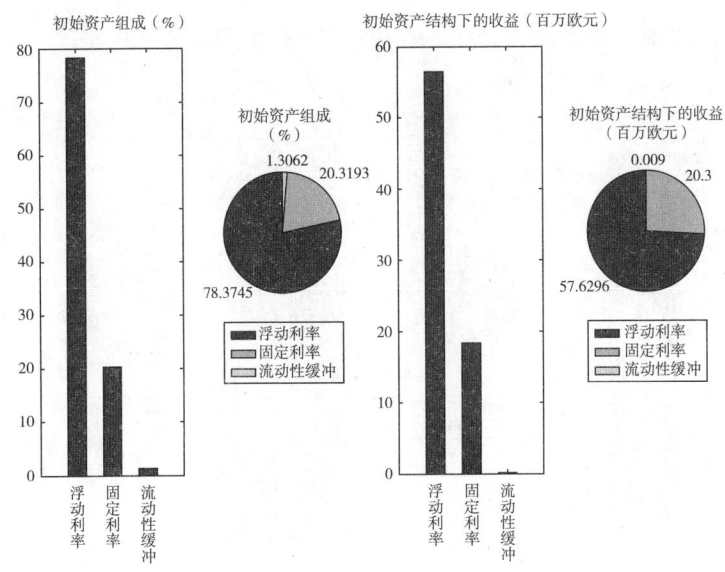

石油供应危机下的初始资产结构

在这种资产结构下，流动性风险和利率风险敞口指标数据如下：

• 短期流动性比率累计=59.8%

• 结构化流动性风险比率=91.9%

• $\Delta NII_{+200bps}$ = 81.5%

• $\Delta NII_{-200bps}$ = 11.62%

• 资本充足率=26.26%

采用决策模型后，资产结构变化如下：

• 浮动利率资产：资产1占比=30.62%

- 固定利率资产：资产2占比=66.01%
- 流动性缓冲资产：资产3占比=3.37%

由此产生的利息收入变化如下：

- 资产1利息收入=2252万欧元
- 资产2利息收入=6595万欧元
- 资产3利息收入=2.32万欧元

总利息收入=8849万欧元

采用决策模型使得6个月的利息收入增加了1049万欧元。

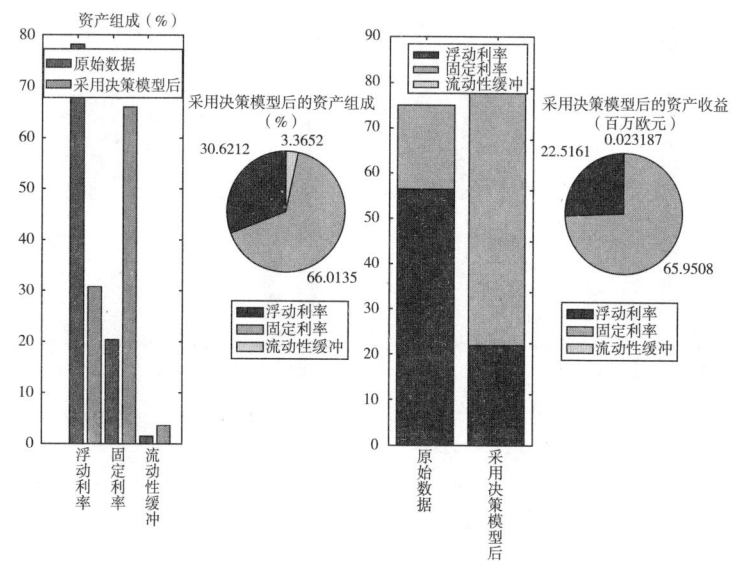

石油供应危机情景下，采用决策模型后的资产结构

在目标结构下，流动性风险和利率风险敞口指标数据如下：

- 短期流动性比率累计=100%
- 结构化流动性风险比率=93.9%
- $\Delta NII_{+200bps} = 4\%$
- $\Delta NII_{-200bps} = 7.8\%$
- 资本充足率=22%

通胀预期情景　在通胀预期情景下，初始资产结构及其各自收益如下：

- 浮动利率资产：资产1占比=78.37%
- 固定利率资产：资产2占比=20.32%
- 流动性缓冲资产：资产3占比=1.31%

通胀预期情景下的各类资产产生的利息收入如下：

- 资产1利息收入=6140万欧元
- 资产2利息收入=2020万欧元
- 资产3利息收入=1万欧元

总利息收入=8160万欧元

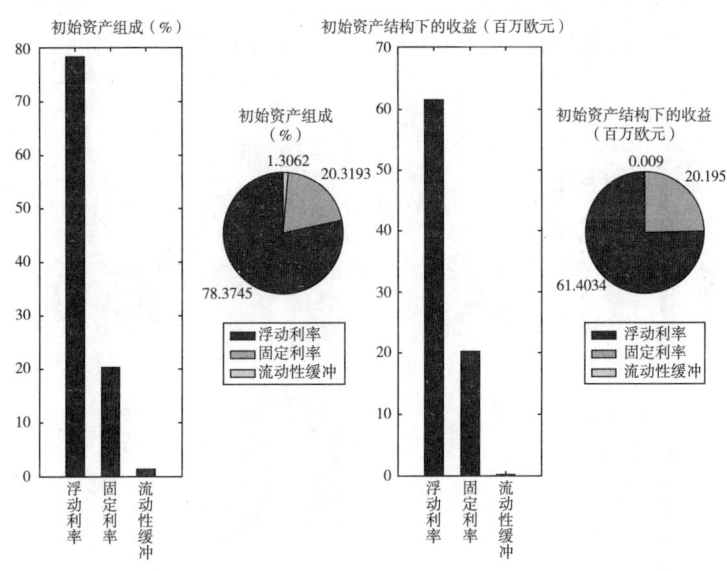

通胀预期情景下的资产结构

在这种资产结构下，流动性风险和利率风险敞口指标数据如下：

- 短期流动性比率累计=59.7%
- 结构化流动性风险比率=91.99%
- $\Delta NII_{+200bps} = 85.7\%$

- $\Delta NII_{-200bps} = 11.8\%$
- 资本充足率=26.2%

采用决策模型后，资产结构变化如下：

- 浮动利率资产：资产1占比=30.75%
- 固定利率资产：资产2占比=65.87%
- 流动性缓冲资产：资产3占比=3.38%

由此产生的利息收入变化如下：

- 资产1利息收入=2409万欧元
- 资产2利息收入=6547万欧元
- 资产3利息收入=2.3万欧元

总利息收入=8950万欧元

采用决策模型使得6个月的利息收入增加了790万欧元。

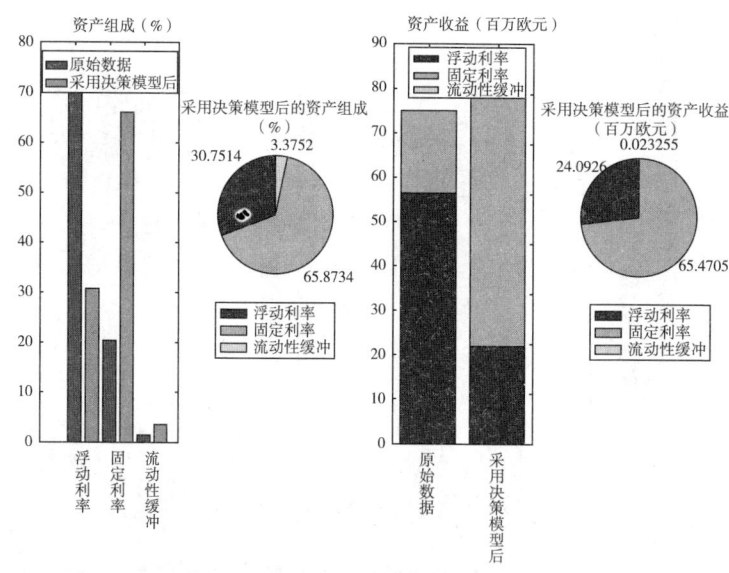

通胀预期情景下，采用决策模型后的资产结构

在目标结构下，流动性风险和利率风险敞口指标数据如下：

- 短期流动性比率累计=100%

- 结构化流动性风险比率=93.9%
- $\Delta \mathrm{NII}_{+200bps} = 4\%$
- $\Delta \mathrm{NII}_{-200bps} = 7.8\%$
- 资本充足率=22.06%

融资方——银行1

在基准情景下，对位于意大利米兰的商业银行的目标融资概况进行统计，得出以下结果：

t_0时点的初始融资结构：

企业活期账户：占比$_A$=7.38%

企业定期存款：占比$_B$=1.48%

批发融资：占比$_C$=70.11%

发行票据：占比$_D$=21.03%

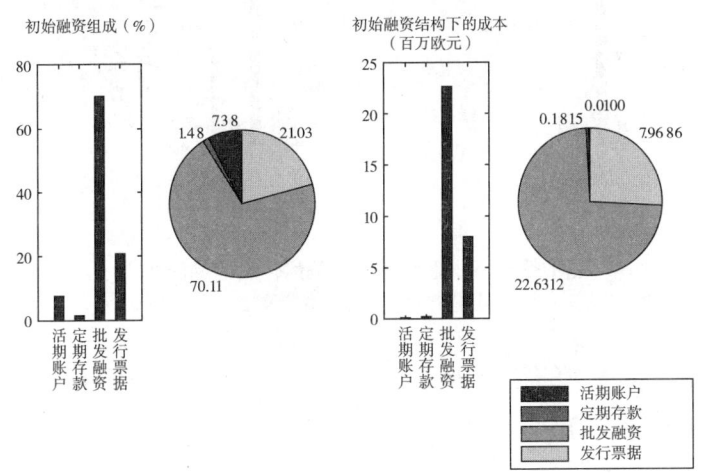

基准情景下的初始融资结构

（资料来源：作者加工整理）

在基准情景下的融资基础上，6个月的资金成本为3079万欧元。

在基准情景下，流动性风险和利率风险敞口指标数据如下：

• 短期流动性比率累计=59%

• 结构化流动性风险比率=92%

• 净利息收入敏感度$_{+200bps}$ = 78%

• 净利息收入敏感度$_{-200bps}$ = 3.9%

这家银行突破了短期流动性比率累计的限额。

采用决策模型后，融资基础组成变化如下：

企业活期账户：占比$_A$=2.49%

企业定期存款：占比$_B$=7.68%

批发融资：占比$_C$=80.00%

发行票据：占比$_D$=9.83%

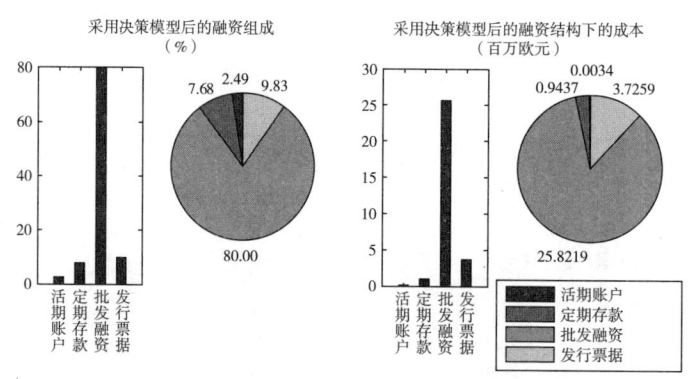

基准情景下，采用决策模型优化后的融资结构

（资料来源：作者加工整理）

在基准情景下的融资基础上，6个月的资金成本为3049万欧元。

采用决策模型情况下，流动性风险和利率风险敞口指标数据如下：

• 短期流动性比率累计=100%

• 结构化流动性风险比率=90%

• 净利息收入敏感度$_{+200bps}$ = 70.2%

• 净利息收入敏感度$_{-200bps}$ = 3.5%

采用决策模型所产生的经济收益每年达29.64万欧元。除此之外，该银行满足了银行内部限额要求。

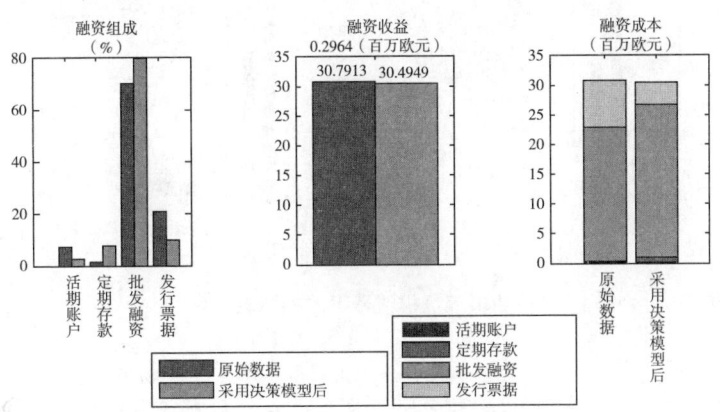

在基设情景下采用决策模型后，融资成本降低

（资料来源：作者加工整理）

利率风险情景

石油供应危机　t_0时点的初始融资结构：

企业活期账户：占比$_A$=7.38%

企业定期存款：占比$_B$=1.48%

批发融资：占比$_C$=70.11%

发行票据：占比$_D$=21.03%

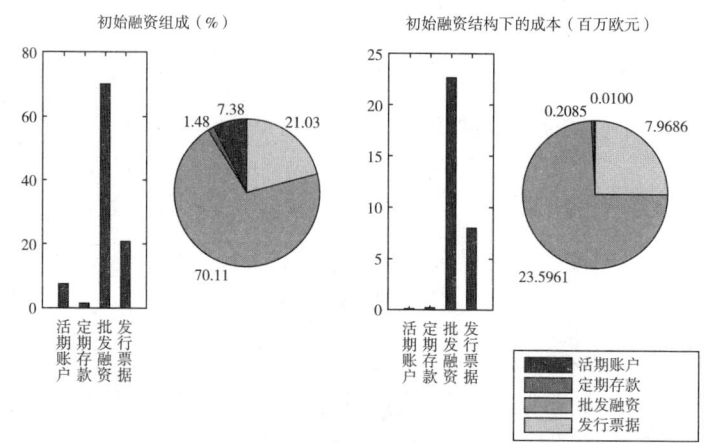

在石油供应危机情景下的初始融资结构

（资料来源：作者加工整理）

在采用决策模型前的融资结构下，6个月的资金成本为3139万欧元。

在石油供应危机情景下，流动性风险和利率风险敞口指标数据如下：

- 短期流动性比率累计=59.5%
- 结构化流动性风险比率=92%
- 净利息收入敏感度$_{+200bps}$ = 71.05%
- 净利息收入敏感度$_{-200bps}$ = 3.55%

这家银行突破了短期流动性比率累计的限额。

在采用决策模型后，融资结构组成如下：

企业活期账户：占比$_A$=2.53%

企业定期存款：占比$_B$=7.66%

批发融资：占比$_C$=79.99%

发行票据：占比$_D$=9.82%

采用决策模型的融资结构情况下，6个月的资金成本为3124万欧元。

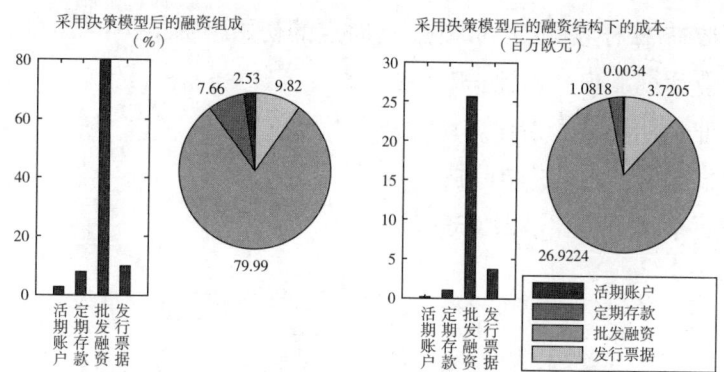

在石油供应危机情景下，采用决策模型后的融资结构

（资料来源：作者加工整理）

在基准情景下的融资基础上，6个月的资金成本为3124万欧元。

采用决策模型后，流动性风险和利率风险敞口指标数据如下：

- 短期流动性比率累计=100%
- 结构化流动性风险比率=90%
- 净利息收入敏感度$_{+200bps}$ = 63.8%
- 净利息收入敏感度$_{-200bps}$ = 3.19%

采用决策模型所产生的经济收益每年达28.12万欧元。

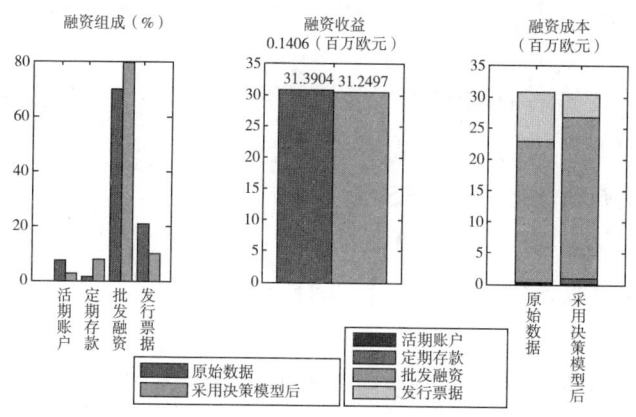

在石油供应危机情景下，采用决策模型资金成本降低

（资料来源：作者加工整理）

高收益/杠杆收购/违约风险　t_0时点的初始融资结构：

企业活期账户：占比$_A$=7.38%

企业定期存款：占比$_B$=1.48%

批发融资：占比$_C$=70.11%

发行票据：占比$_D$=21.03%

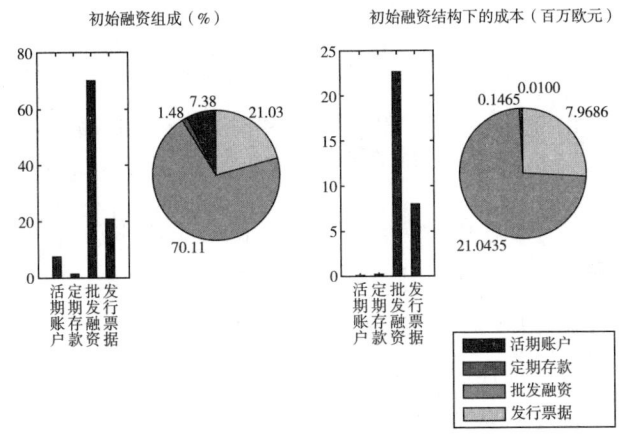

在高收益/杠杆收购/违约风险情景下的初始融资结构

（资料来源：作者加工整理）

在高收益/杠杆收购/违约风险情景下的融资基础上，6个月的资金成本为2916万欧元。

在高收益/杠杆收购/违约风险情景下，流动性风险和利率风险敞口指标数据如下：

- 短期流动性比率累计=59%
- 结构化流动性风险比率=92%
- 净利息收入敏感度$_{+200bps}$ = 78.41%
- 净利息收入敏感度$_{-200bps}$ = 3.9%

这家银行突破了短期流动性比率累计的限额。

在采用决策模型后，融资结构的变化如下：

企业活期账户：占比$_A$=2.49%

企业定期存款：占比$_B$=7.68%

批发融资：占比$_C$=80.00%

发行票据：占比$_D$=9.83%

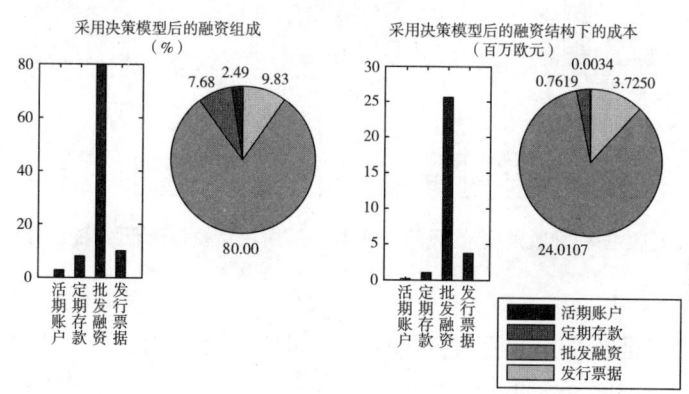

在高收益/杠杆收购/违约风险情景下，采用决策模型后的融资结构

（资料来源：作者加工整理）

在高收益/杠杆收购/违约风险情景下的融资基础上，6个月的资金成本为2850万欧元。

采用决策模型后，流动性风险和利率风险敞口指标数据如下：

• 短期流动性比率累计=100%

• 结构化流动性风险比率=90%

• 净利息收入敏感度$_{+200bps}$ = 70.43%

• 净利息收入敏感度$_{-200bps}$ = 3.52%

采用决策模型后的融资结构，与t_0时点初始融资结构相比，产生了收益。采用决策模型所产生的经济收益每年达66.77万欧元。

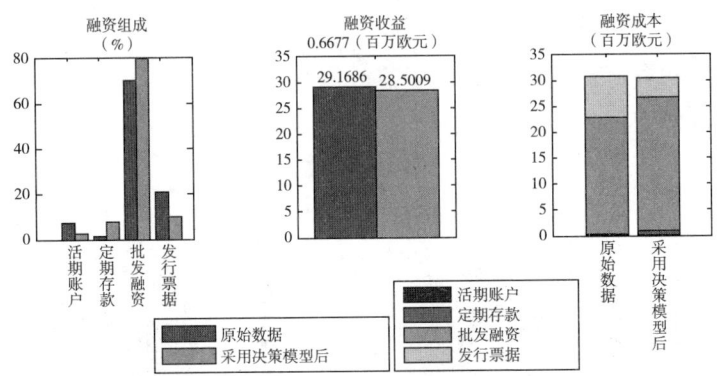

在高收益/杠杆收购/违约风险情景下，采用决策模型降低了融资成本

（资料来源：作者加工整理）

存款特征模型结果变化 t_0 时点的初始融资结构：

企业活期账户：占比$_A$=7.38%

企业定期存款：占比$_B$=1.48%

批发融资：占比$_C$=70.11%

发行票据：占比$_D$=21.03%

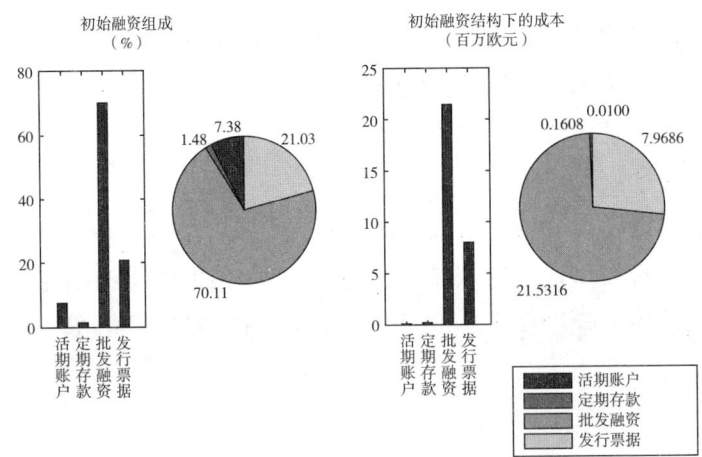

在存款特征模型结果变化情景下的初始融资结构

（资料来源：作者加工整理）

在存款特征模型结果变化的情景的融资基础上，6个月的资金成本为2967万欧元。

在存款特征模型结果变化的情景下，流动性风险和利率风险敞口指标数据如下：

- 短期流动性比率累计=91.89%
- 结构化流动性风险比率=93.66%
- 净利息收入敏感度$_{+200bps}$ = 79.36%
- 净利息收入敏感度$_{-200bps}$ = 3.96%

这家银行突破了短期流动性比率累计的限额。

在采用决策模型后，融资结构的变化如下：

企业活期账户：占比$_A$=3.83%

企业定期存款：占比$_B$=8.24%

批发融资：占比$_C$=80.00%

发行票据：占比$_D$=7.93%

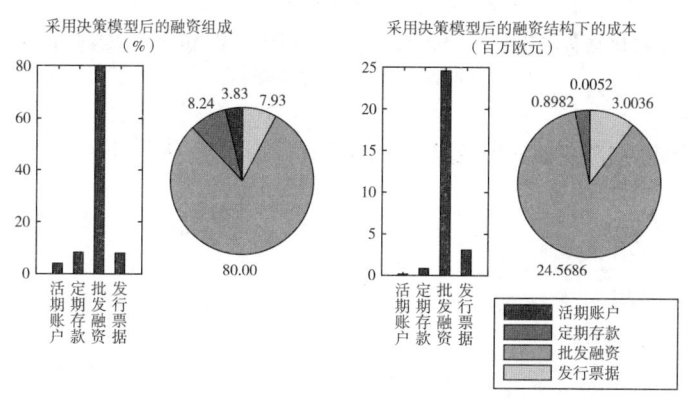

在存款特征模型结果变化的情景下，采用决策模型后的融资结构

（资料来源：作者加工整理）

在存款特征模型结果变化情景下的融资基础上，6个月的资金成本为2840万欧元。

采用决策模型后，流动性风险和利率风险敞口指标数据如下：

- 短期流动性比率累计=100%
- 结构化流动性风险比率=90%
- 净利息收入敏感度$_{+200bps}$ = 68.71%
- 净利息收入敏感度$_{-200bps}$ = 3.43%

采用决策模型后的融资结构，与t_0时点初始融资结构相比，产生了收益，每年达119.54万欧元。

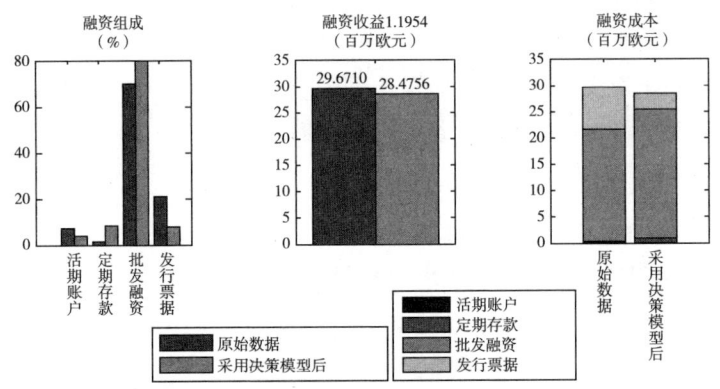

在存款特征模型结果变化的情景下，采用决策模型后的融资结构

（资料来源：作者加工整理）

资产组合的原始占比变化 资产组合占比变化如下：

由：

资产1=78.37%

资产2=20.32%

资产3=1.31%

变为：

资产1=72.8%

资产2=20%

资产3=7.2%

t_0时点的初始融资结构：

企业活期账户：占比$_A$=7.38%

企业定期存款：占比$_B$=1.48%

批发融资：占比$_C$=70.11%

发行票据：占比$_D$=21.03%

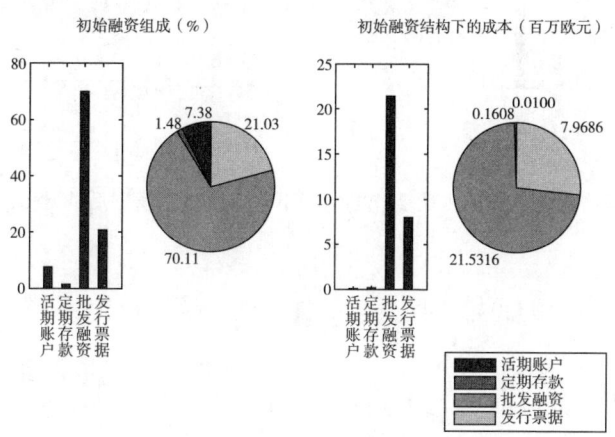

在资产组合的原始占比变化情景下的初始融资结构

（资料来源：作者加工整理）

在资产组合的原始占比变化的情景的融资基础上，6个月的资金成本为2967万欧元。

在采用决策模型后，融资结构的变化如下：

企业活期账户：占比$_A$=13.41%

企业定期存款：占比$_B$=9.57%

批发融资：占比$_C$=77.02%

发行票据：占比$_D$=0.0002%

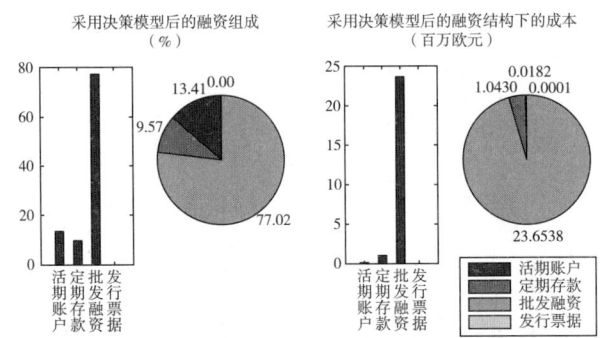

在资产组合的原始占比变化的情景下，采用决策模型后的融资结构
（资料来源：作者加工整理）

在资产组合的原始占比变化的情景的融资基础上，6个月的资金成本为2470万欧元。

在采用决策模型后，流动性风险和利率风险敞口指标数据如下：

• 短期流动性比率累计=100%

• 结构化流动性风险比率=90%

• 净利息收入敏感度$_{+200bps}$ = 55.7%

• 净利息收入敏感度$_{-200bps}$ = 2.7%

采用决策模型后的融资结构，与t_0时点初始融资结构相比，产生了显著的收益，每年达495.6万欧元。

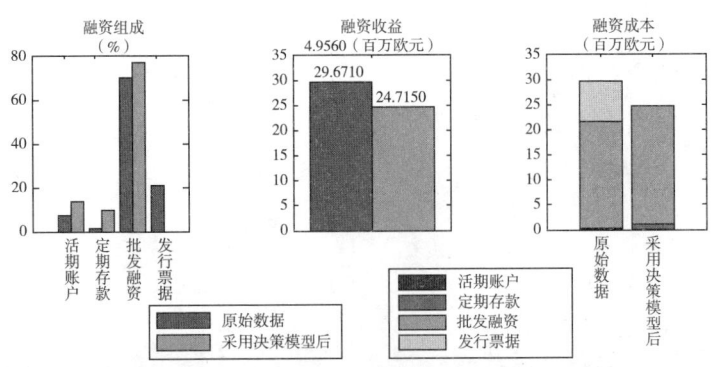

在资产组合原始占比变化的情景下，采用决策模型降低了融资成本
（资料来源：作者加工整理）

资产组合的原始占比变化　资产组合占比变化如下：

由：

资产1=78.37%

资产2=20.31%

资产3=1.31%

变为：

资产1=83.69%

资产2=15%

资产3=1.31%

t_0 时点的初始融资结构：

企业活期账户：占比$_A$=7.38%

企业定期存款：占比$_B$=1.48%

批发融资：占比$_C$=70.11%

发行票据：占比$_D$=21.03%

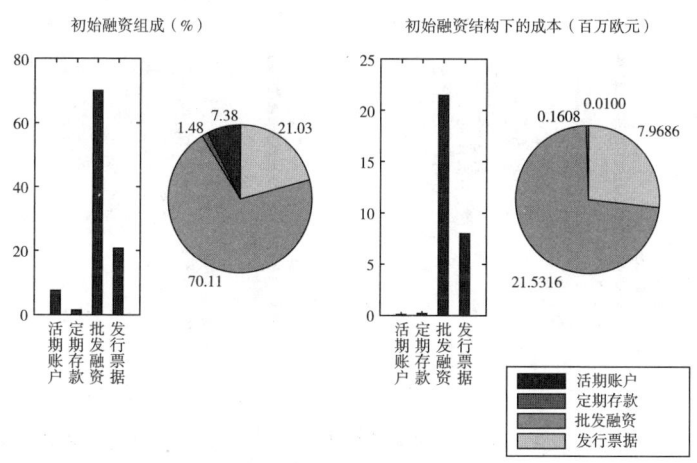

在资产组合的原始占比变化情景下的初始融资结构

（资料来源：作者加工整理）

在资产组合的原始占比变化情景的融资基础上，6个月的资金成本为2967万欧元。

在资产组合的原始占比变化情景下，流动性风险和利率风险敞口指标数据如下：

- 短期流动性比率累计=60.89%
- 结构化流动性风险比率=91.99%
- 净利息收入敏感度$_{+200bps}$ = 87.76%
- 净利息收入敏感度$_{-200bps}$ = 4.38%

这家银行突破了短期流动性比率累计的限额。

在采用决策模型后，融资结构的变化如下：

企业活期账户：占比$_A$=2.61%

企业定期存款：占比$_B$=7.61%

批发融资：占比$_C$=80.00%

发行票据：占比$_D$=9.78%

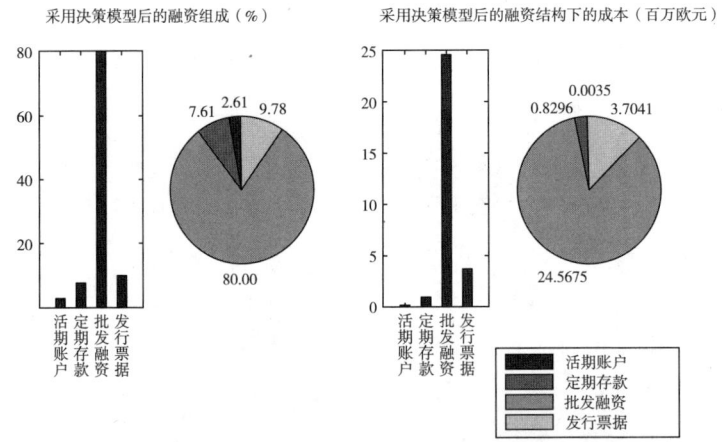

在资产组合的原始占比变化的情景下，采用决策模型后的融资结构

（资料来源：作者加工整理）

在资产组合的原始占比变化情景的融资基础上，6个月的资金成本为2910万欧元。

在采用决策模型后，流动性风险和利率风险敞口指标数据如下：

- 短期流动性比率累计=100%
- 结构化流动性风险比率=90%
- 净利息收入敏感度$_{+200bps}$ = 79.7%
- 净利息收入敏感度$_{-200bps}$ = 3.98%

采用决策模型的经济收益达到56.63万欧元。

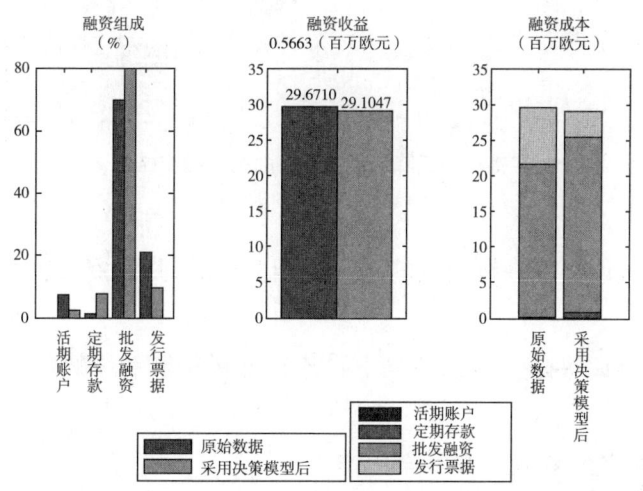

在资产组合原始占比变化的情景下，采用决策模型降低了融资成本

（资料来源：作者加工整理）

银行评级降一级　t_0时点的初始融资结构：

企业活期账户：占比$_A$=7.38%

企业定期存款：占比$_B$=1.48%

批发融资：占比$_C$=70.11%

发行票据：占比$_D$=21.03%

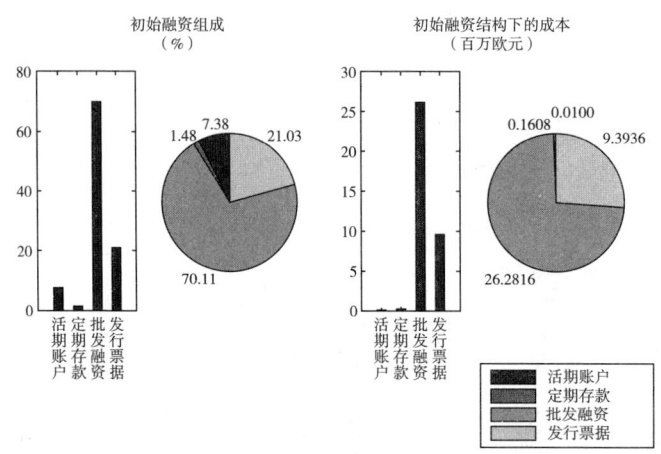

在银行评级降一级情景下的初始融资结构

（资料来源：作者加工整理）

在银行评级降一级情景的融资基础上，6个月的资金成本为3584万欧元。

在银行评级降一级的情景下，流动性风险和利率风险敞口指标数据如下：

- 短期流动性比率累计=59.8%
- 结构化流动性风险比率=91.99%
- 净利息收入敏感度$_{+200bps}$ = 72.18%
- 净利息收入敏感度$_{-200bps}$ = 3.6%

这家银行突破了短期流动性比率累计的限额。

在采用决策模型后，融资结构的变化如下：

企业活期账户：占比$_A$=2.54%

企业定期存款：占比$_B$=7.65%

批发融资：占比$_C$=80.00%

发行票据：占比$_D$=9.81%

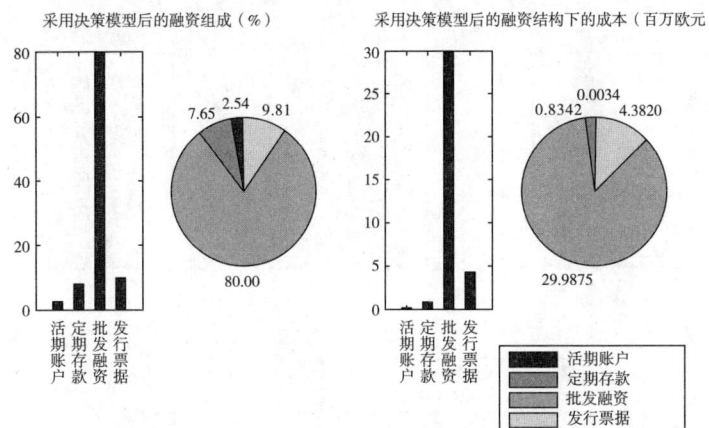

在银行评级降一级的情景下，采用决策模型后的融资结构
（资料来源：作者加工整理）

在此压力情景下，采用决策模型后的6个月的融资成本为3520万欧元。

在采用决策模型后，流动性风险和利率风险敞口指标数据如下：

• 短期流动性比率累计=100%

• 结构化流动性风险比率=90%

• 净利息收入敏感度$_{+200bps}$ = 6.8%

• 净利息收入敏感度$_{-200bps}$ = 3.24%

采用决策模型后，经济收益达到63.88万欧元。

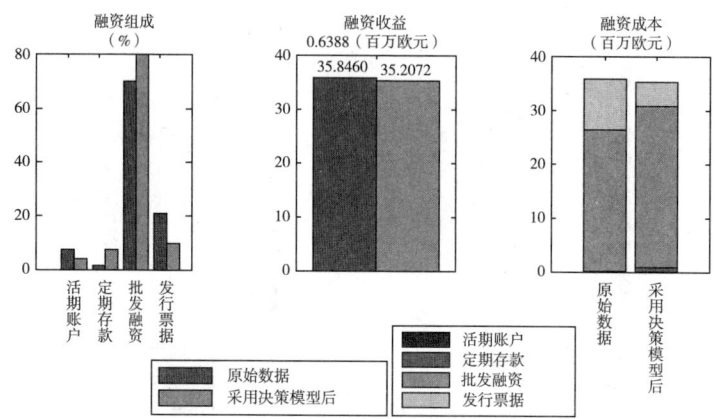

在银行评级降一级的情景下，采用决策模型降低了融资成本

（资料来源：作者加工整理）

固定利率资产隐含提前偿付率 t_0 时点的初始融资结构：

企业活期账户：占比$_A$=7.38%

企业定期存款：占比$_B$=1.48%

批发融资：占比$_C$=70.11%

发行票据：占比$_D$=21.03%

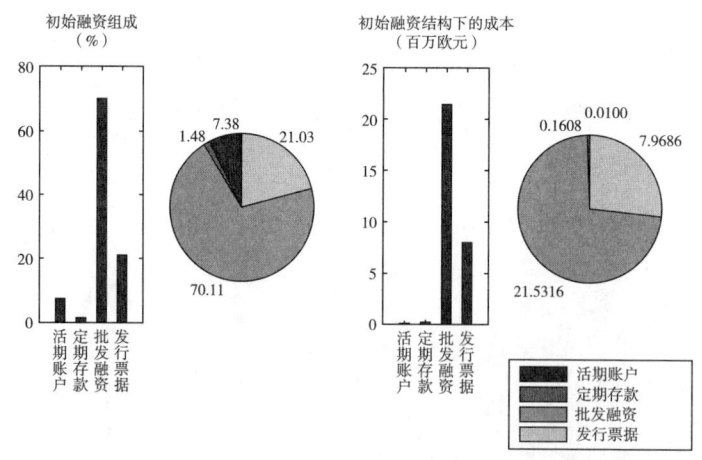

在固定利率资产隐含提前偿付率情景下的初始融资结构

（资料来源：作者加工整理）

在固定利率资产隐含提前偿付率情景的融资基础上，6个月的资金成本为2967万欧元。

在固定利率资产隐含提前偿付率的情景下，流动性风险和利率风险敞口指标数据如下：

- 短期流动性比率累计=62%
- 结构化流动性风险比率=94.19%
- 净利息收入敏感度$_{+200bps}$ = 77%
- 净利息收入敏感度$_{-200bps}$ = 3.8%

这家银行突破了短期流动性比率累计的限额。

在采用决策模型后，融资结构的变化如下：

企业活期账户：占比$_A$=1.85%

企业定期存款：占比$_B$=11.12%

批发融资：占比$_C$=80.00%

发行票据：占比$_D$=7.03%

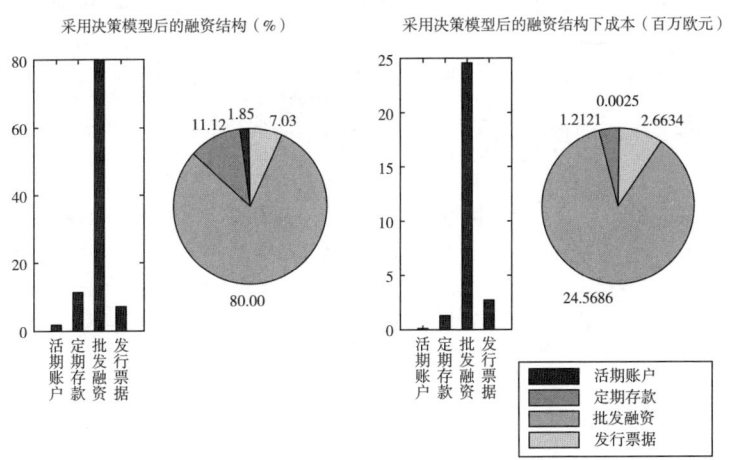

在固定利率资产隐含提前偿付率的情景下，采用决策模型后的融资结构

（资料来源：作者加工整理）

在此压力情景下，采用决策模型后的6个月的融资成本为2844万欧元。

在采用决策模型后，流动性风险和利率风险敞口指标数据如下：

- 短期流动性比率累计=100%
- 结构化流动性风险比率=90%
- 净利息收入敏感度$_{+200bps}$ = 67.68%
- 净利息收入敏感度$_{-200bps}$ = 3.38%

采用决策模型后，经济收益达122.44万欧元。

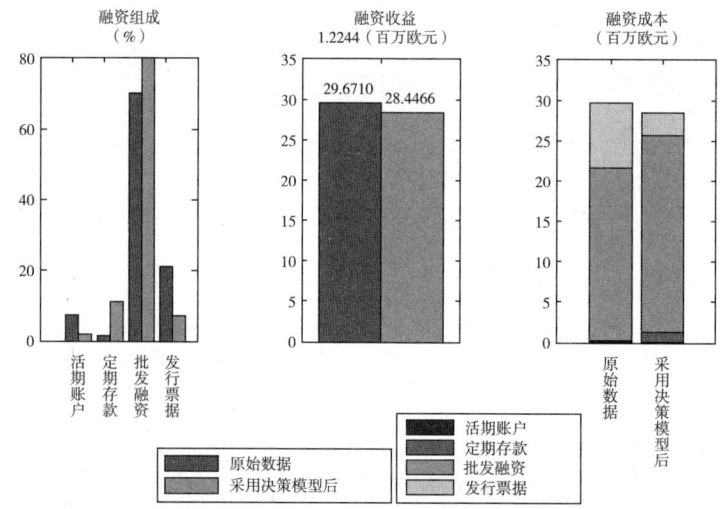

在固定利率资产隐含提前偿付率的情景下，采用决策模型降低了融资成本

（资料来源：作者加工整理）

银行2优化模型实施详解

优化模型的应用——资产方

基准情景

在基准情景下，资产原始结构及其收益情况如下：

- 零售资产：资产1占比=19.85%
- 企业客户资产：资产2占比=32.42%
- 金融市场资产：资产3占比=36.79%
  - 银行间：6个月内（资产3的20%）
  - 非银行金融机构间：6~9个月内（资产3的40%）
  - 非银行金融机构间：4~6个月内（资产3的40%）
- 流动性缓冲资产：资产4占比=10.93%

在基准情景下的资产结构产生的利息收入如下：

- 资产1利息收入=15.328亿美元
- 资产2利息收入=25.441亿美元
- 资产3利息收入=21.158亿美元
- 资产4利息收入=1.114美元

总利息收入=63亿美元

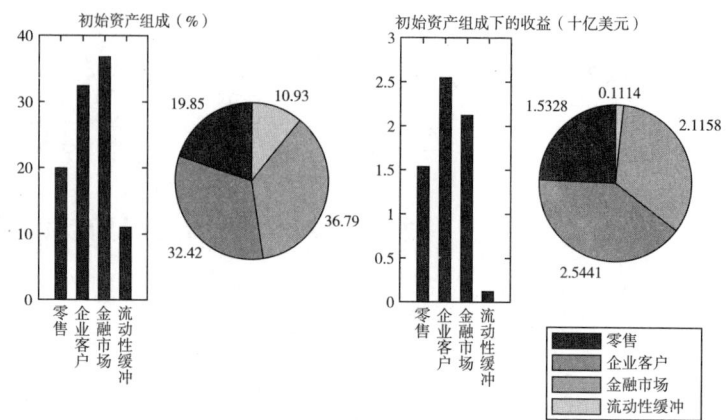

基准情景下的初始资产结构

在初始结构下，流动性风险和利率风险敞口指标数据如下：

- 客户贷款与客户融资比率=80%

- 中期融资比率$_{合同}$=60%

- 中期融资比率$_{行为}$=176%

- 2个月生存率=134%

- $\Delta NII_{+200bps} = 38\%$

- $\Delta NII_{-200bps} = 1.9\%$

- 资本充足率=12.4%

决策模型建立后，资产结构变化如下：

- 零售资产：资产1占比=26.74%

- 企业客户资产：资产2占比=25.41%

- 金融市场资产：资产3占比=43.19%

  - 银行间：6个月（资产3的20%）

  - 非银行金融机构间：6~9个月内（资产3的40%）

  - 非银行金融机构间：4~6个月内（资产3的40%）

- 流动性缓冲资产：资产4占比=4.66%

由此产生的利息收入变化如下：

- 资产1利息收入=20.642亿美元

- 资产2利息收入=19.936亿美元
- 资产3利息收入=24.837亿美元
- 资产4利息收入=0.475亿美元

总利息收入=65.88亿美元

采用决策模型使6个月的利息收入增加了2.849亿美元。

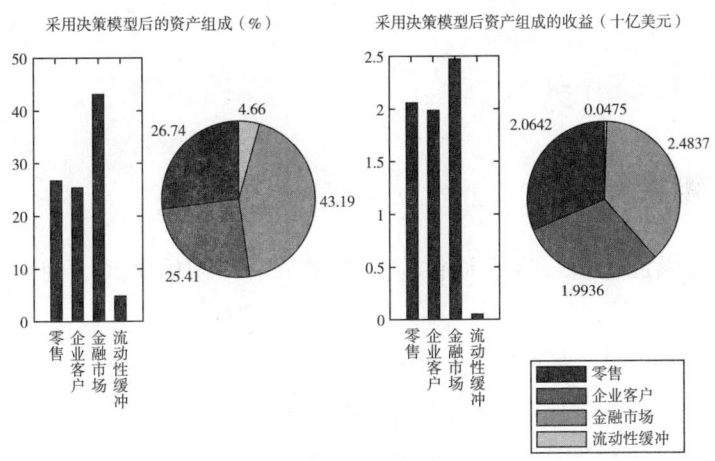

基准情景下，采用决策模型后的资产结构

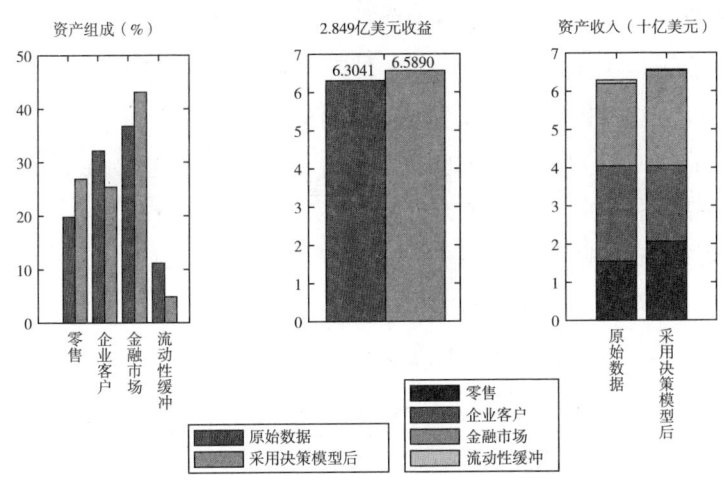

在基准情景下，采用决策模型后的收益

在目标结构下，流动性风险和利率风险敞口指标数据如下：

- 客户贷款与客户融资比率=80%
- 中期融资比率$_{合同}$=60.15%
- 中期融资比率$_{行为}$=166%
- 2个月生存率=100%
- $\Delta NII_{+200bps}$ = 30.37%
- $\Delta NII_{-200bps}$ = 1.51%
- 资本充足率=12%

利率风险情景

石油供应危机　在石油供应危机情景下，初始资产结构及其相应的收益如下：

- 零售资产：资产1占比=19.85%
- 企业客户资产：资产2占比=32.42%
- 金融市场资产：资产3占比=36.79%
- 银行间：6个月（资产3的20%）
- 非银行金融机构间：6~9个月内（资产3的40%）
- 非银行金融机构间：4~6个月内（资产3的40%）
- 流动性缓冲资产：资产4占比=10.93%

在石油供应危机情景下的资产结构及其产生的利息收入如下：

- 资产1利息收入=17.022亿美元
- 资产2利息收入=27.535亿美元
- 资产3利息收入=23.779亿美元
- 资产4利息收入=1.114亿美元

总利息收入=69.45亿美元

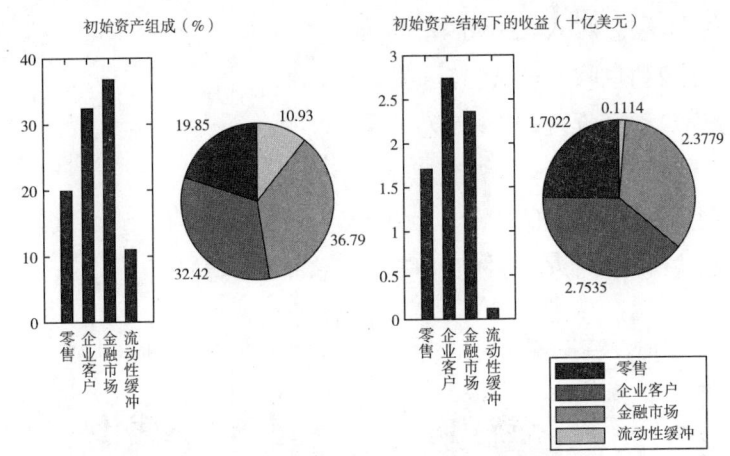

石油供应危机下的初始资产结构

在目标结构下，流动性风险和利率风险敞口指标数据如下：

- 客户贷款与客户融资比率=80%
- 中期融资比率$_{合同}$=60.15%
- 中期融资比率$_{行为}$=176%
- 2个月生存率=134%
- $\Delta \text{NII}_{+200\text{bps}} = 35\%$
- $\Delta \text{NII}_{-200\text{bps}} = 1.74\%$
- 资本充足率=12.4%

采用决策模型后，资产结构变化如下：

- 零售资产：资产1占比=26.78%
- 企业客户资产：资产2占比=25.36%
- 金融市场资产：资产3占比=43.21%
  - 银行间：6个月（资产3的20%）
  - 非银行金融机构间：6~9个月内（资产3的40%）
  - 非银行金融机构间：4~6个月内（资产3的40%）
- 流动性缓冲资产：资产4占比=4.64%

由此产生的利息收入变化如下：

- 资产1利息收入=22.963亿美元
- 资产2利息收入=21.537亿美元
- 资产3利息收入=27.929亿美元
- 资产4利息收入=0.473亿美元

总利息收入=72.9亿美元

采用决策模型使6个月的利息收入增加了3.452亿美元。

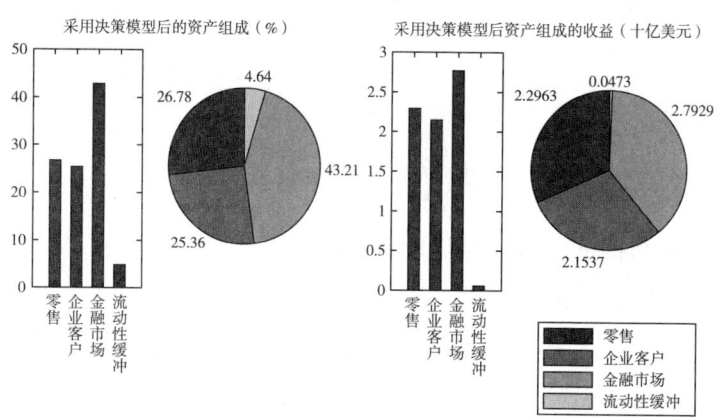

石油供应危机情景下，采用决策模型后的资产结构

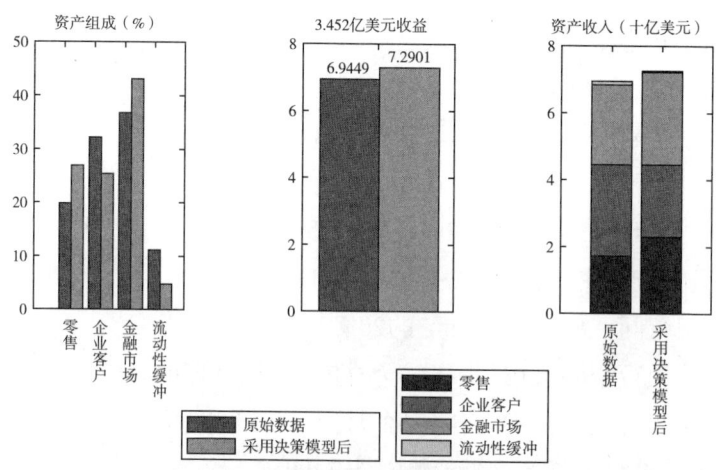

在石油供应危机情景下，采用决策模型后的收益

在目标结构下，流动性风险和利率风险敞口指标数据如下：

- 客户贷款与客户融资比率=79%
- 中期融资比率$_{合同}$=60.15%
- 中期融资比率$_{行为}$=165.86%
- 2个月生存率=100%
- $\Delta NII_{+200bps}$ = 27.68%
- $\Delta NII_{-200bps}$ = 1.384%
- 资本充足率=12%

极端情景　在极端情景假设下，初始资产结构及其各自收益如下：

- 零售资产：资产1占比=19.85%
- 企业客户资产：资产2占比=32.42%
- 金融市场资产：资产3占比=36.79%
  - 银行间：6个月（资产3的20%）
  - 非银行金融机构间：6~9个月内（资产3的40%）
  - 非银行金融机构间：4~6个月内（资产3的40%）
- 流动性缓冲资产：资产4占比=10.93%

极端情景假设下的各类资产产生的利息收入如下：

- 资产1利息收入=15.023亿美元
- 资产2利息收入=23.639亿美元
- 资产3利息收入=18.860亿美元
- 资产4利息收入=1.114亿美元

总利息收入=58.6亿美元

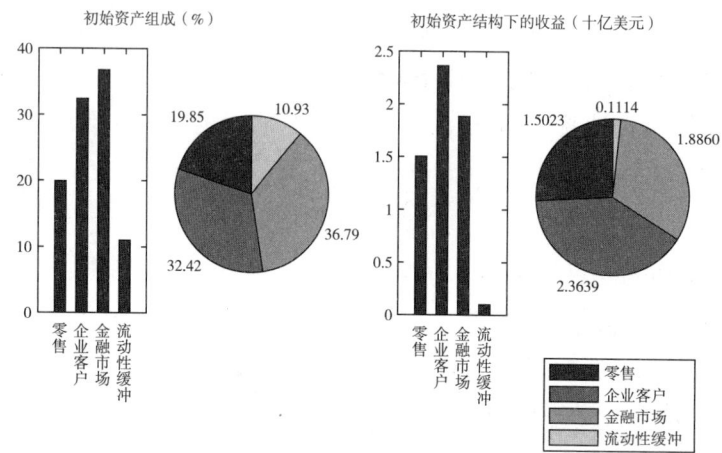

极端情景假设下的初始资产结构

在初始结构下，流动性风险和利率风险敞口指标数据如下：

- 客户贷款与客户融资比率=80%
- 中期融资比率$_{合同}$=60%
- 中期融资比率$_{行为}$=176%
- 2个月生存率=134%
- $\Delta NII_{+200bps}$ = 39.5%
- $\Delta NII_{-200bps}$ = 1.97%
- 资本充足率=12.4%

采用决策模型后，资产结构变化如下：

- 零售资产：资产1占比=26.72%
- 企业客户资产：资产2占比=25.42%
- 金融市场资产：资产3占比=43.18%
  - 银行间：6个月（资产3的20%）
  - 非银行金融机构间：6~9个月内（资产3的40%）
  - 非银行金融机构间：4~6个月内（资产3的40%）
- 流动性缓冲资产：资产4占比=4.67%

由此产生的利息收入变化如下：

- 资产1利息收入=20.220亿美元
- 资产2利息收入=18.535亿美元
- 资产3利息收入=22.135亿美元
- 资产4利息收入=0.476亿美元

总利息收入=61.365亿美元

采用决策模型使6个月的利息收入增加了2.73亿美元。

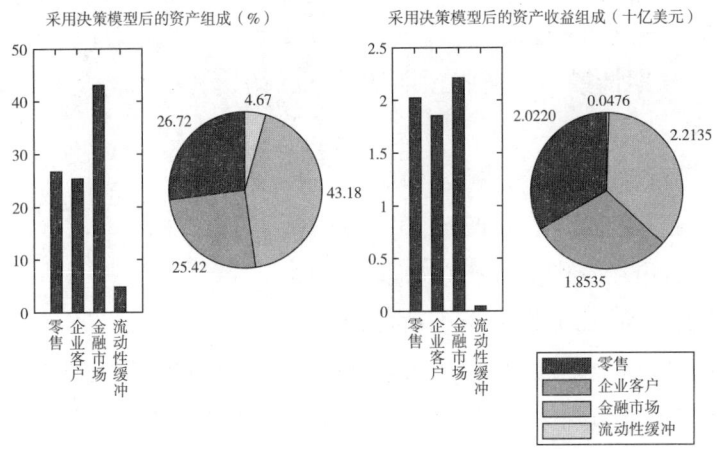

在极端情景假设下，采用决策模型后资产结构

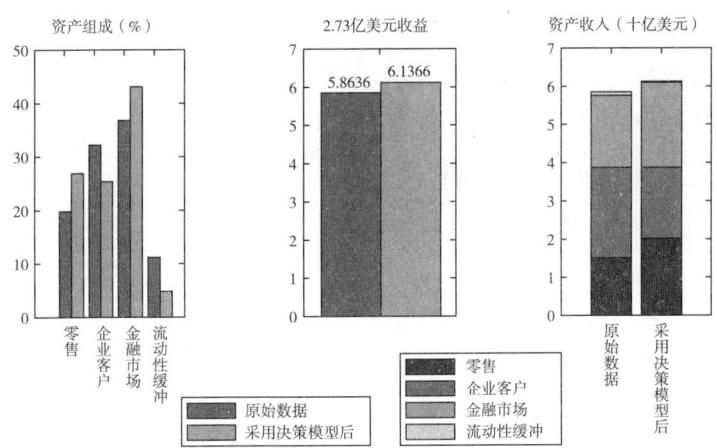

在极端情景假设下，采用决策模型后的收益

在目标结构下，流动性风险和利率风险敞口指标数据如下：

- 客户贷款与客户融资比率=79.9%

- 中期融资比率$_{合同}$=60.15%

- 中期融资比率$_{行为}$=165.9%

- 2个月生存率=100%

- $\Delta NII_{+200bps} = 31.5\%$

- $\Delta NII_{-200bps} = 1.57\%$

- 资本充足率=12%

通胀预期情景 在通胀预期情景下，初始资产结构及其各自收益如下：

- 零售资产：资产1占比=19.85%

- 企业客户资产：资产2占比=32.42%

- 金融市场资产：资产3占比=36.79%

  - 银行间：6个月（资产3的20%）

  - 非银行金融机构间：6~9个月内（资产3的40%）

  - 非银行金融机构间：4~6个月内（资产3的40%）

- 流动性缓冲资产：资产4占比=10.93%

通胀预期情景下的各类资产产生的利息收入如下：

- 资产1利息收入=18.322亿美元

- 资产2利息收入=30.321亿美元

- 资产3利息收入=26.702亿美元

- 资产4利息收入=1.114亿美元

总利息收入=76.45亿美元

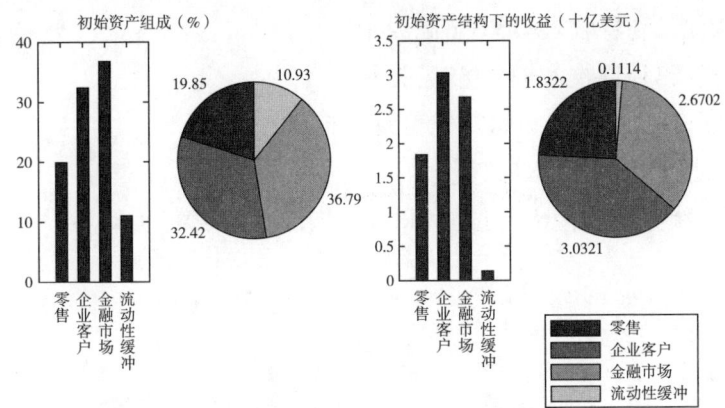

通胀预期情景下的初始资产结构

在初始结构下，流动性风险和利率风险敞口指标数据如下：

- 客户贷款与客户融资比率=80.2%
- 中期融资比率$_{合同}$=60%
- 中期融资比率$_{行为}$=176%
- 2个月生存率=134%
- $\Delta \mathrm{NII}_{+200\mathrm{bps}} = 31.06\%$
- $\Delta \mathrm{NII}_{-200\mathrm{bps}} = 1.55\%$
- 资本充足率=12.4%

采用决策模型后，资产结构变化如下：

- 零售资产：资产1占比=26.85%
- 企业客户资产：资产2占比=25.30%
- 金融市场资产：资产3占比=43.25%
  - 银行间：6个月（资产3的20%）
  - 非银行金融机构间：6~9个月内（资产3的40%）
  - 非银行金融机构间：4~6个月内（资产3的40%）
- 流动性缓冲资产：资产4占比=4.61%

由此产生的利息收入变化如下：

- 资产1利息收入=24.777亿美元

- 资产2利息收入=23.656亿美元
- 资产3利息收入=31.385亿美元
- 资产4利息收入=0.470亿美元

总利息收入=80.287亿美元

采用决策模型使6个月的利息收入增加了3.829亿美元。

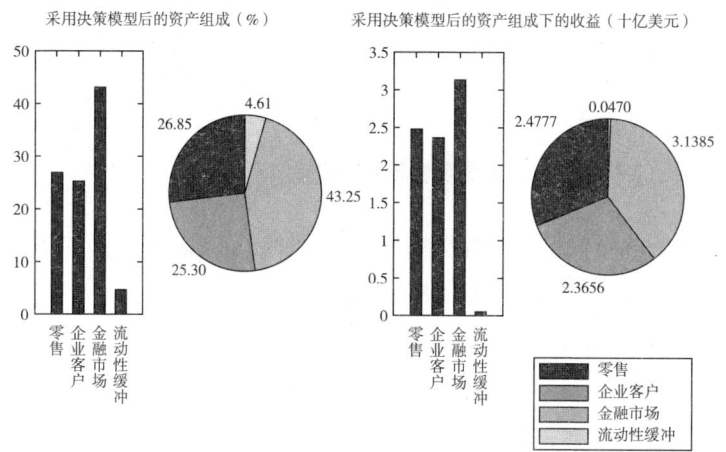

在通胀预期情景下，采用决策模型后资产结构

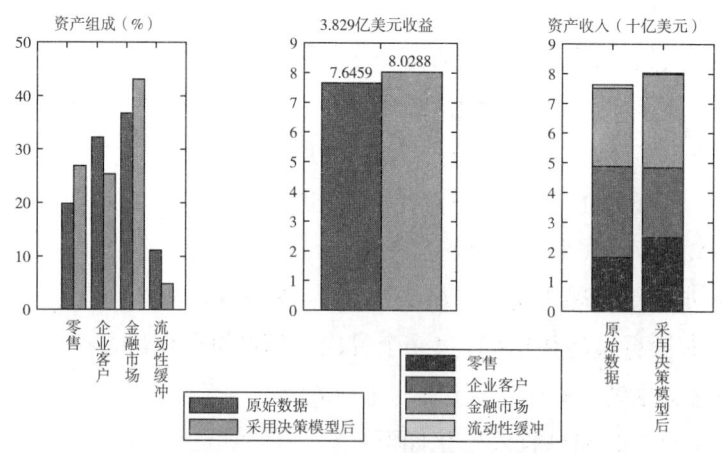

在通胀预期情景下，采用决策模型后的收益

在目标结构下，流动性风险和利率风险敞口指标数据如下：

- 客户贷款与客户融资比率=79.9%

- 中期融资比率$_{合同}$=60.15%

- 中期融资比率$_{行为}$=166%

- 2个月生存率=100%

- $\Delta NII_{+200bps} = 24.64\%$

- $\Delta NII_{-200bps} = 1.23\%$

- 资本充足率=12%

银行评级降一级　在银行评级降一级的情景下，初始资产结构及其各自收益如下：

- 零售资产：资产1占比=19.85%

- 企业客户资产：资产2占比=32.42%

- 金融市场资产：资产3占比=36.79%

  - 银行间：6个月（资产3的20%）

  - 非银行金融机构间：6~9个月内（资产3的40%）

  - 非银行金融机构间：4~6个月内（资产3的40%）

- 流动性缓冲资产：资产4占比=10.93%

在银行评级降一级的情景下，各类资产产生的利息收入如下：

- 资产1利息收入=16.690亿美元

- 资产2利息收入=25.441亿美元

- 资产3利息收入=21.158亿美元

- 资产4利息收入=1.114亿美元

总利息收入=64.4亿美元

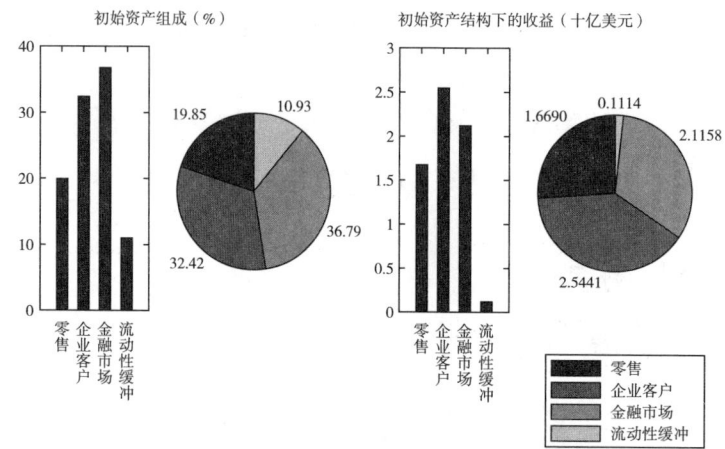

银行评级降一级情景下的初始资产结构

在初始结构下，流动性风险和利率风险敞口指标数据如下：

• 客户贷款与客户融资比率=80.2%

• 中期融资比率$_{合同}$=60%

• 中期融资比率$_{行为}$=176%

• 2个月生存率=134%

• $\Delta NII_{+200bps}$ = 38.7%

• $\Delta NII_{-200bps}$ = 1.9%

• 资本充足率=12.4%

采用决策模型后，资产结构变化如下：

• 零售资产：资产1占比=52.14%

• 企业客户资产：资产2占比=0.00011%

• 金融市场资产：资产3占比=41.47%

 • 银行间：6个月（资产3的20%）

 • 非银行金融机构间：6~9个月内（资产3的40%）

 • 非银行金融机构间：4~6个月内（资产3的40%）

• 流动性缓冲资产：资产4占比=6.39%

由此产生的利息收入变化如下：

- 资产1利息收入=43.834亿美元
- 资产2利息收入=0.0001万美元
- 资产3利息收入=23.847亿美元
- 资产4利息收入=0.651亿美元

总利息收入=68.331亿美元

采用决策模型使6个月的利息收入增加了3.929亿美元。

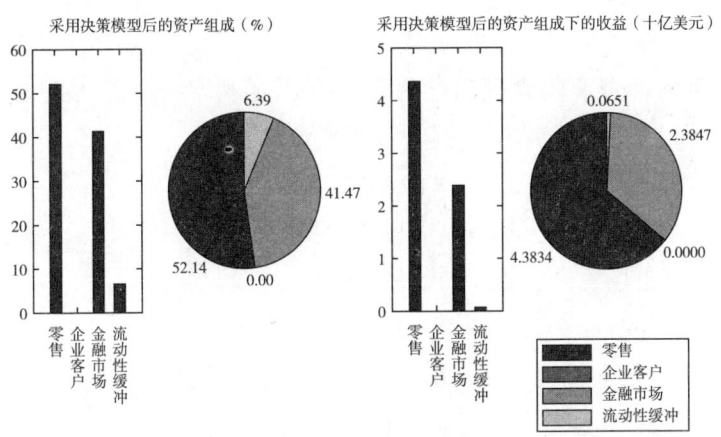

在银行评级降一级的情景下，采用决策模型后资产结构

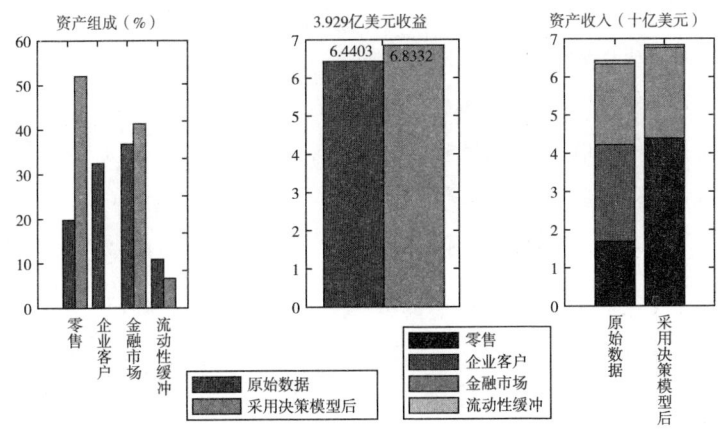

在银行评级降一级的情景下，采用决策模型后的收益

在目标结构下，流动性风险和利率风险敞口指标数据如下：

- 客户贷款与客户融资比率=79.9%

- 中期融资比率$_{合同}$=60.15%

- 中期融资比率$_{行为}$=152%

- 2个月生存率=100%

- $\Delta NII_{+200bps}$ = 59.9%

- $\Delta NII_{-200bps}$ = 2.99%

- 资本充足率=14.56%

固定利率资产隐含提前偿付率　在固定利率资产隐含提前偿付率的情景下，初始资产结构及其各自收益如下：

- 零售资产：资产1占比=19.85%

- 企业客户资产：资产2占比=32.42%

- 金融市场资产：资产3占比=36.79%

  - 银行间：6个月（资产3的20%）

  - 非银行金融机构间：6~9个月内（资产3的40%）

  - 非银行金融机构间：4~6个月内（资产3的40%）

- 流动性缓冲资产：资产4占比=10.93%

在固定利率资产隐含提前偿付率的假设情景下，各类资产产生的利息收入如下：

- 资产1利息收入=15.328亿美元

- 资产2利息收入=25.441亿美元

- 资产3利息收入=21.158亿美元

- 资产4利息收入=1.114亿美元

总利息收入=63.04亿美元

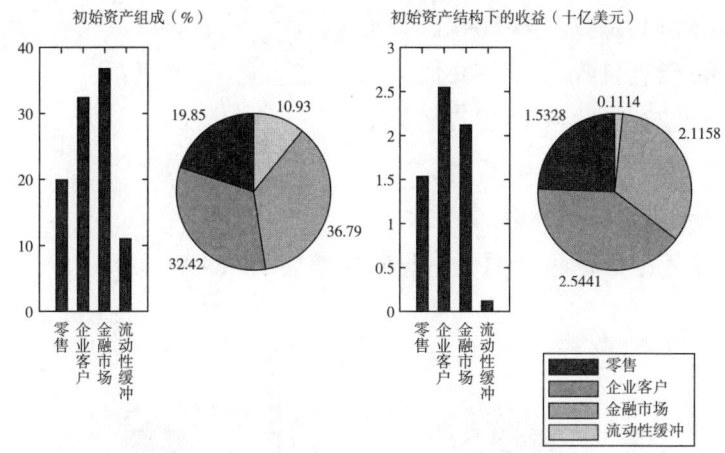

在固定利率资产隐含提前偿付率的情景下的初始资产结构

在初始结构下，流动性风险和利率风险敞口指标数据如下：

- 客户贷款与客户融资比率=80.2%
- 中期融资比率$_{合同}$=60%
- 中期融资比率$_{行为}$=176%
- 2个月生存率=133.8%
- $\Delta \mathrm{NII}_{+200bps}$ = 38.7%
- $\Delta \mathrm{NII}_{-200bps}$ = 1.9%
- 资本充足率=12.4%

采用决策模型后，资产结构变化如下：

- 零售资产：资产1占比=26.74%
- 企业客户资产：资产2占比=25.41%
- 金融市场资产：资产3占比=43.19%
  - 银行间：6个月（资产3的20%）
  - 非银行金融机构间：6~9个月内（资产3的40%）
  - 非银行金融机构间：4~6个月内（资产3的40%）
- 流动性缓冲资产：资产4占比=4.66%

由此产生的利息收入变化如下：

- 资产1利息收入=20.642亿美元
- 资产2利息收入=19.936亿美元
- 资产3利息收入=24.837亿美元
- 资产4利息收入=0.475亿美元

总利息收入=65.889亿美元

采用决策模型使6个月的利息收入增加了2.849亿美元。

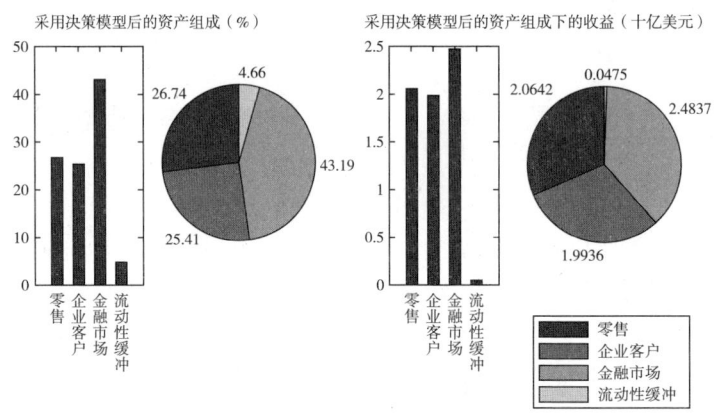

在固定利率资产隐含提前偿付率的情景下，采用决策模型后资产结构

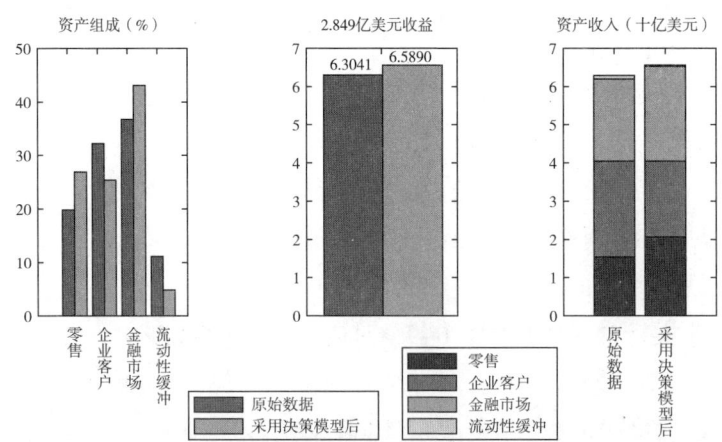

在固定利率资产隐含提前偿付率的情景下，采用决策模型后的收益

在目标结构下，流动性风险和利率风险敞口指标数据如下：

- 客户贷款与客户融资比率=79.9%
- 中期融资比率$_{合同}$=62.59%
- 中期融资比率$_{行为}$=166%
- 2个月生存率=100%
- $\Delta NII_{+200bps}$ = 30.37%
- $\Delta NII_{-200bps}$ = 1.51%
- 资本充足率=12%

存款特征模型的结果改变，如余额波动或者敏感性增加　在存款特征模型的结果改变，如余额波动或者敏感性增加情景下，初始资产结构及其各自收益如下：

- 零售资产：资产1占比=19.85%
- 企业客户资产：资产2占比=32.42%
- 金融市场资产：资产3占比=36.79%
  - 银行间：6个月（资产3的20%）
  - 非银行金融机构间：6~9个月内（资产3的40%）
  - 非银行金融机构间：4~6个月内（资产3的40%）
- 流动性缓冲资产：资产4占比=10.93%

在存款特征模型的结果改变，如余额波动或者敏感性增加情景下，各类资产产生的利息收入如下：

- 资产1利息收入=15.328亿美元
- 资产2利息收入=25.441亿美元
- 资产3利息收入=21.158亿美元
- 资产4利息收入=1.114亿美元

总利息收入=63.04亿美元

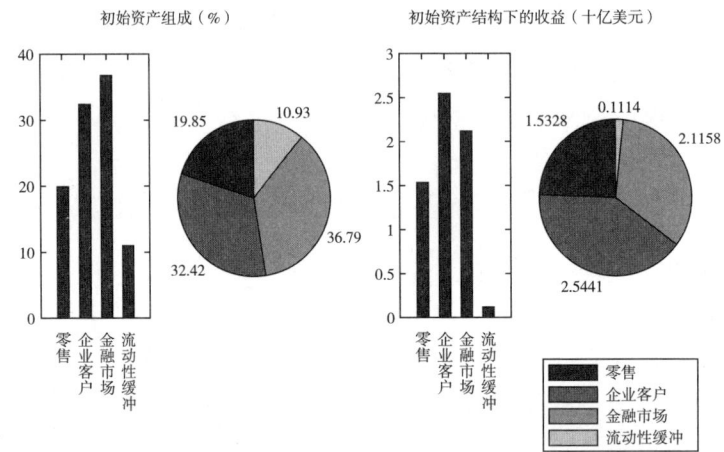

初始资产组成（%）　　　　　　　　初始资产结构下的收益（十亿美元）

在存款特征模型的结果改变，如余额波动或者敏感性增加情景下的初始资产结构

在初始结构下，流动性风险和利率风险敞口指标数据如下：

- 客户贷款与客户融资比率=80.2%
- 中期融资比率$_{合同}$=60%
- 中期融资比率$_{行为}$=176%
- 2个月生存率=133.8%
- $\Delta NII_{+200bps}$ = 31.4%
- $\Delta NII_{-200bps}$ = 1.57%
- 资本充足率=12.4%

采用决策模型后，资产结构变化如下：

- 零售资产：资产1占比=26.74%
- 企业客户资产：资产2占比=25.41%
- 金融市场资产：资产3占比=43.19%
    - 银行间：6个月（资产3的20%）
    - 非银行金融机构间：6~9个月内（资产3的40%）
    - 非银行金融机构间：4~6个月内（资产3的40%）
- 流动性缓冲资产：资产4占比=4.66%

由此产生的利息收入变化如下：

- 资产1利息收入=20.642亿美元
- 资产2利息收入=19.936亿美元
- 资产3利息收入=24.837亿美元
- 资产4利息收入=0.475亿美元

总利息收入=65.88亿美元

采用决策模型使6个月的利息收入增加了2.849亿美元。

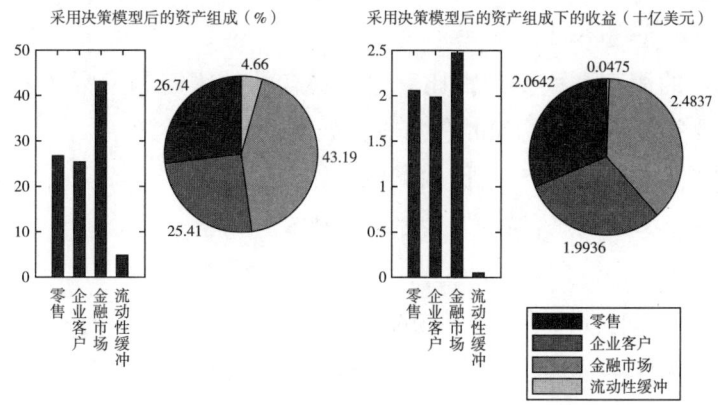

在存款特征模型的结果改变，如在余额波动或者敏感性增加情景下，
采用决策模型后资产结构

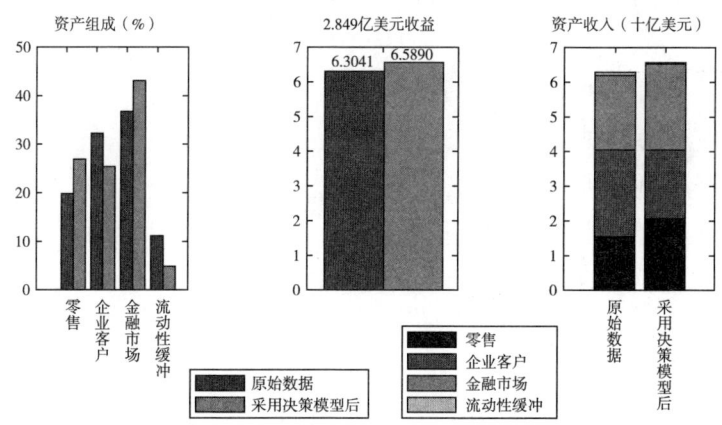

在存款特征模型的结果改变，如在余额波动或者敏感性增加情景下，
采用决策模型后的收益

在目标结构下，流动性风险和利率风险敞口指标数据如下：

- 客户贷款与客户融资比率=79.9%
- 中期融资比率$_{合同}$=60.15%
- 中期融资比率$_{行为}$=166%
- 2个月生存率=100%
- $\Delta \text{NII}_{+200bps} = 24.31\%$
- $\Delta \text{NII}_{-200bps} = 1.21\%$
- 资本充足率=12%

初始的固定利率资产占比变化 在初始的固定利率资产占比变化情景下，初始资产结构及其各自收益如下：

- 零售资产：资产1占比=19.85%
- 企业客户资产：资产2占比=18.21%
- 金融市场资产：资产3占比=36.79%
  - 银行间：6个月（资产3的20%）
  - 非银行金融机构间：6~9个月内（资产3的40%）
  - 非银行金融机构间：4~6个月内（资产3的40%）
- 流动性缓冲资产：资产4占比=25.14%

在初始的固定利率资产占比变化情景下，各类资产产生的利息收入如下：

- 资产1利息收入=15.329亿美元
- 资产2利息收入=14.293亿美元
- 资产3利息收入=21.158亿美元
- 资产4利息收入=2.561亿美元

总利息收入=53.34亿美元

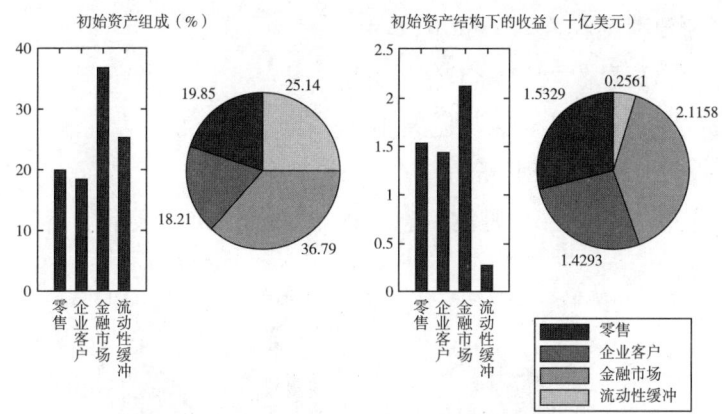

初始的固定利率资产占比变化情景下的初始资产结构

在初始结构下，流动性风险和利率风险敞口指标数据如下：

• 客户贷款与客户融资比率=58.4%

• 中期融资比率$_{合同}$=82.39%

• 中期融资比率$_{行为}$=215%

• 2个月生存率=214%

• $\Delta \text{NII}_{+200bps}$ = 72.8%

• $\Delta \text{NII}_{-200bps}$ = 3.644%

• 资本充足率=15.14%

采用决策模型后，资产结构变化如下：

• 零售资产：资产1占比=26.74%

• 企业客户资产：资产2占比=25.41%

• 金融市场资产：资产3占比=43.19%

  • 银行间：6个月（资产3的20%）

  • 非银行金融机构间：6~9个月内（资产3的40%）

  • 非银行金融机构间：4~6个月内（资产3的40%）

• 流动性缓冲资产：资产4占比=4.66%

由此产生的利息收入变化如下：

• 资产1利息收入=20.642亿美元

- 资产2利息收入=19.936亿美元
- 资产3利息收入=24.837亿美元
- 资产4利息收入=0.475亿美元

总利息收入=65.88亿美元

采用决策模型使6个月的利息收入增加了12.55亿美元。

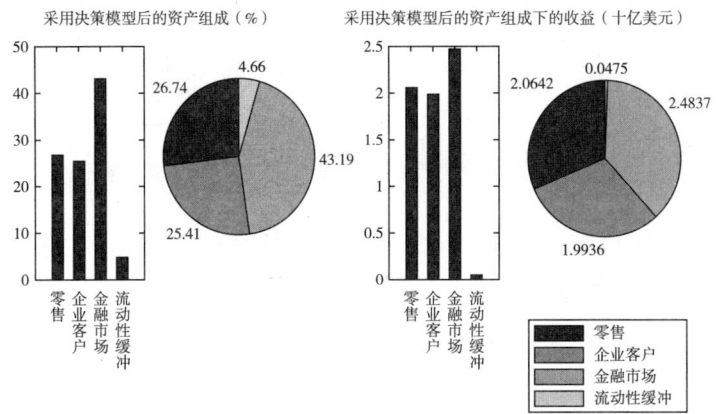

在初始的固定利率资产占比变化情景下，采用决策模型后资产结构

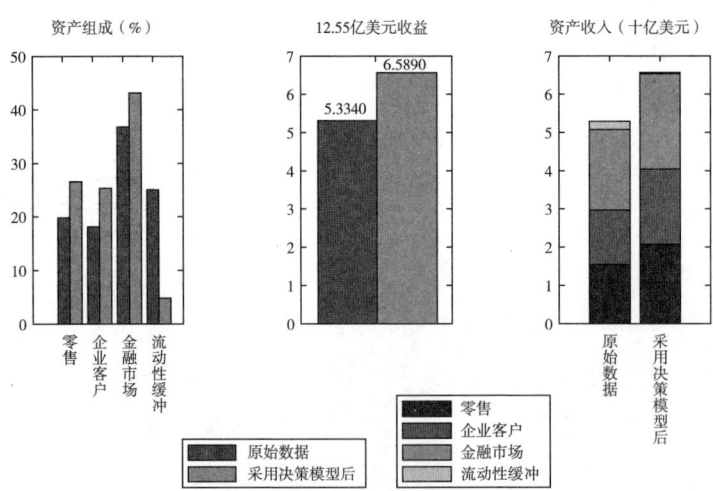

在存款特征模型的结果改变，如余额波动或者敏感性增加情景下，
采用决策模型后的收益

在目标结构下，流动性风险和利率风险敞口指标数据如下：

- 客户贷款与客户融资比率=79.9%
- 中期融资比率$_{合同}$=60.15%
- 中期融资比率$_{行为}$=167%
- 2个月生存率=100%
- $\Delta NII_{+200bps} = 30.37\%$
- $\Delta NII_{-200bps} = 1.51\%$
- 资本充足率=12%

负债方

基准情景

在基准情景下，对位于英国的商业银行进行目标融资概况进行统计，得出以下结果：

t_0时点的初始融资结构：

- 零售活期账户（CASA）：占比$_A$=28.25%
- 企业及非银金融机构活期账户：占比$_B$=27.85%
- 优先发债：占比$_C$=11.38%
- 企业定期存款：占比$_{D1}$=20.49%
- 结构性存款：占比$_{D2}$=4.23%
- 商业票据及存款证：占比$_{D3}$=7.8%

当前的基准情景资金结构下的融资成本：

- 成本$_A$=0.070亿美元
- 成本$_B$=1.713亿美元
- 成本$_C$=6.384亿美元
- 成本$_{D1}$=10.232亿美元
- 成本$_{D2}$=3.328亿美元

- 成本$_{D3}$=6.768亿美元

    总融资成本=28.494亿美元

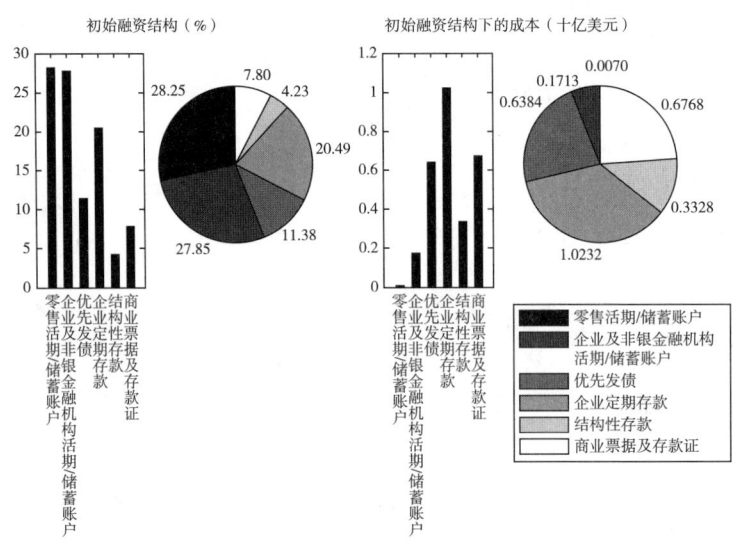

在基准情景下的初始融资结构

（资料来源：作者加工整理）

在初始结构下，流动性风险和利率风险敞口指标数据如下：

- 客户贷款与客户融资比率=80.2%

- 中期融资比率$_{合同}$=60%

- 中期融资比率$_{行为}$=176%

- 2个月生存率=133%

- $\Delta NII_{+200bps}$ = 65%

- $\Delta NII_{-200bps}$ = 3.26%

采用决策模型后，融资结构变化如下：

- 零售活期账户（CASA）：占比$_A$=51.16%

- 企业及非银金融机构活期账户：占比$_B$=10%

- 优先发债：占比$_C$=3.8%

- 企业定期存款：占比$_{D1}$=30%

- 结构性存款：占比$_{D2}$=3%
- 商业票据及存款证：占比$_{D3}$=2%

由此产生的融资成本变化如下：

- 成本$_A$=0.125亿美元
- 成本$_B$=0.615亿美元
- 成本$_C$=2.149亿美元
- 成本$_{D1}$=14.982亿美元
- 成本$_{D2}$=2.361亿美元
- 成本$_{D3}$=1.734亿美元

总融资成本=21.967亿美元

采用决策模型后，6个月的融资成本降低了6.526亿美元。

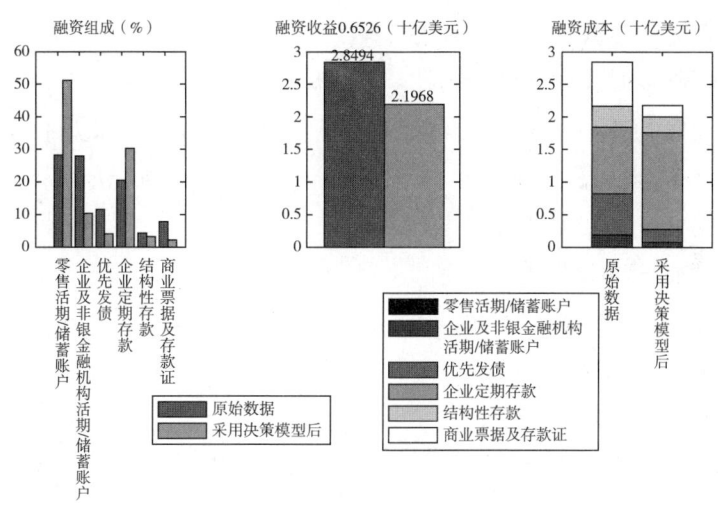

采用决策模型后，融资成本降低

在目标结构下，流动性风险和利率风险敞口指标数据如下：

- 客户贷款与客户融资比率=72%
- 中期融资比率$_{合同}$=35%
- 中期融资比率$_{行为}$=176%

- 2个月生存率=156%

- $\Delta \text{NII}_{+200\text{bps}} = 54\%$

- $\Delta \text{NII}_{-200\text{bps}} = 2.7\%$

利率变动情景

通胀预期情景（各参数定义见第四章） 在通胀预期情景下，初始融资结构及其各自成本如下：

- 零售活期账户（CASA）：占比$_A$=28.25%

- 企业及非银金融机构活期账户：占比$_B$=27.85%

- 优先发债：占比$_C$=11.38%

- 企业定期存款：占比$_{D1}$=20.49%

- 结构性存款：占比$_{D2}$=4.23%

- 商业票据及存款证：占比$_{D3}$=7.8%

在通胀预期情景下，该融资结构产生的融资成本结果如下：

- 成本$_A$=0.07亿美元

- 成本$_B$=1.713亿美元

- 成本$_C$=7.916亿美元

- 成本$_{D1}$=12.990亿美元

- 成本$_{D2}$=3.9亿美元

- 成本$_{D3}$=6.768亿美元

总融资成本=33.356亿美元

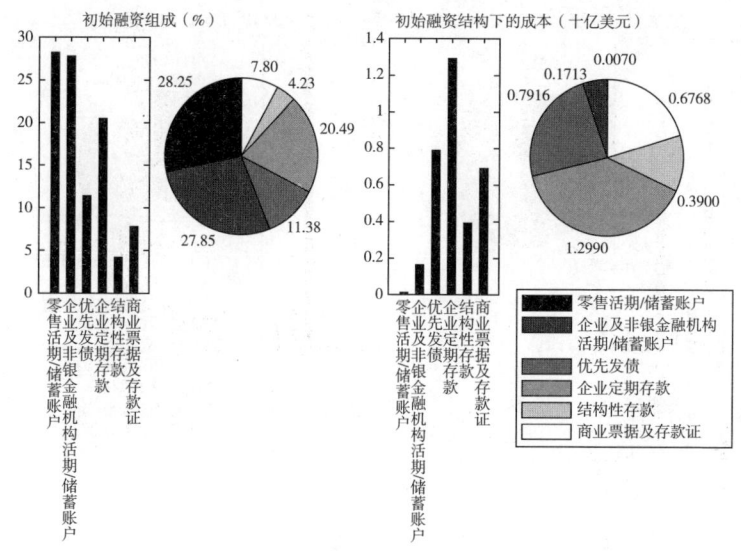

在通胀预期情景下的初始融资结构

采用决策模型后，融资结构变化如下：

- 零售活期账户（CASA）：占比$_A$=51.17%
- 企业及非银金融机构活期账户：占比$_B$=10%
- 优先发债：占比$_C$=3.83%
- 企业定期存款：占比$_{D1}$=30%
- 结构性存款：占比$_{D2}$=3%
- 商业票据及存款证：占比$_D$3=2%

由此导致的融资成本变化如下：

- 成本$_A$=0.126亿美元
- 成本$_B$=0.615亿美元
- 成本$_C$=2.665亿美元
- 成本$_{D1}$=19.021亿美元
- 成本$_{D2}$=2.768亿美元
- 成本$_{D3}$=1.734亿美元

总融资成本=26.928亿美元

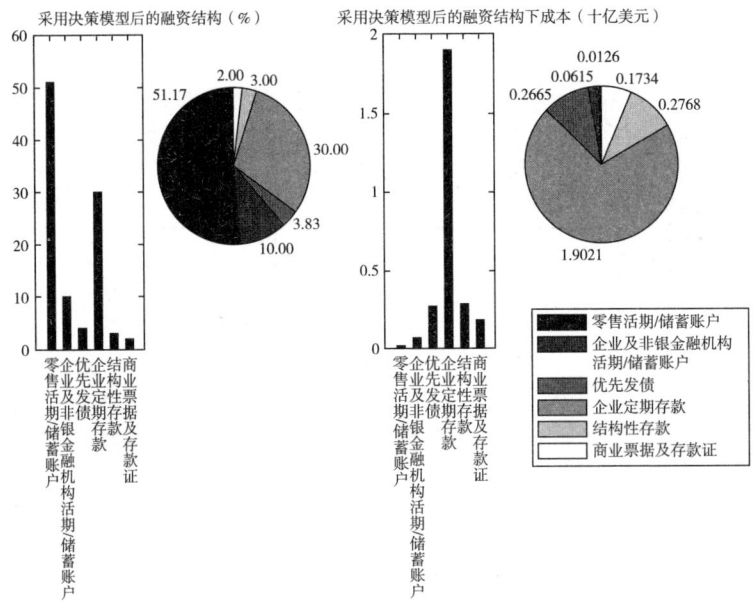

在通胀预期情景下，采用决策模型后的融资结构

采用决策模型后，6个月的融资成本降低了6.428亿美元。

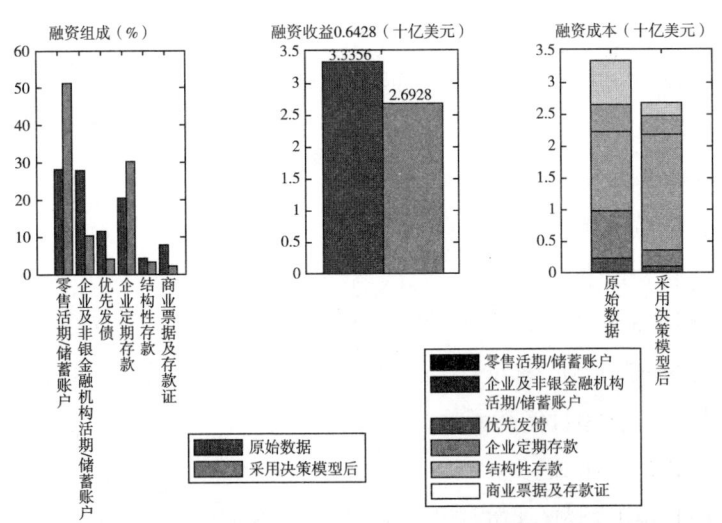

在通胀预期情景下，采用决策模型后融资成本下降

在目标结构下，流动性风险和利率风险敞口指标数据如下：

- 客户贷款与客户融资比率=72%

- 中期融资比率$_{合同}$=35%

- 中期融资比率$_{行为}$=175%

- 2个月生存率=156%

- $\Delta NII_{+200bps}$ = 49%

- $\Delta NII_{-200bps}$ = 2.47%

石油供应危机　在石油供应危机情景下，初始融资结构及其各自成本如下：

- 零售活期账户（CASA）：占比$_A$=28.25%

- 企业及非银金融机构活期账户：占比$_B$=27.85%

- 优先发债：占比$_C$=11.38%

- 企业定期存款：占比$_{D1}$=20.49%

- 结构性存款：占比$_{D2}$=4.23%

- 商业票据及存款证：占比$_{D3}$=7.8%

由此产生的融资成本变化如下：

- 成本$_A$=0.07亿美元

- 成本$_B$=1.713亿美元

- 成本$_C$=6.939亿美元

- 成本$_{D1}$=11.23亿美元

- 成本$_{D2}$=3.879亿美元

- 成本$_{D3}$=6.768亿美元

总融资成本=30.597亿美元

在当前结构下，流动性风险和利率风险敞口指标数据如下：

- 客户贷款与客户融资比率=80%

- 中期融资比率$_{合同}$=60%

- 中期融资比率$_{行为}$=175%

- 2个月生存率=133%

- $\Delta \text{NII}_{+200bps} = 62\%$

- $\Delta \text{NII}_{-200bps} = 3.1\%$

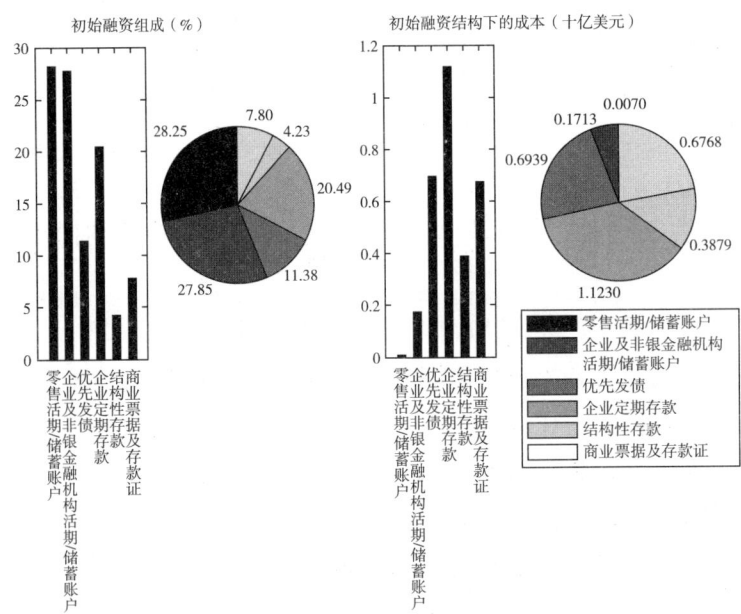

在石油供应危机情景下的初始融资结构

采用决策模型后，融资结构变化如下：

- 零售活期账户（CASA）：占比$_A$=51.17%

- 企业及非银金融机构活期账户：占比$_B$=10%

- 优先发债：占比$_C$=3.83%

- 企业定期存款：占比$_{D1}$=30%

- 结构性存款：占比$_{D2}$=3%

- 商业票据及存款证：占比$_{D3}$=2%

由此导致的融资成本变化如下：

- 成本$_A$=0.126亿美元

- 成本$_B$=0.615亿美元

- 成本$_C$=2.336亿美元

- 成本$_{D1}$=16.443亿美元
- 成本$_{D2}$=2.753亿美元
- 成本$_{D3}$=1.734亿美元

合计融资成本=24亿美元

采用决策模型后，6个月的融资成本降低了6.591亿美元。

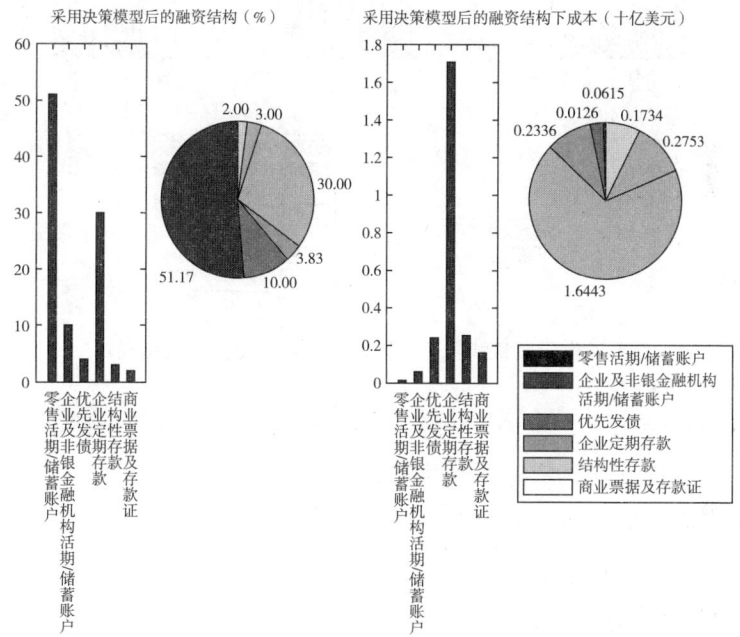

在石油供应危机情景下，采用决策模型后的融资结构降低了融资成本

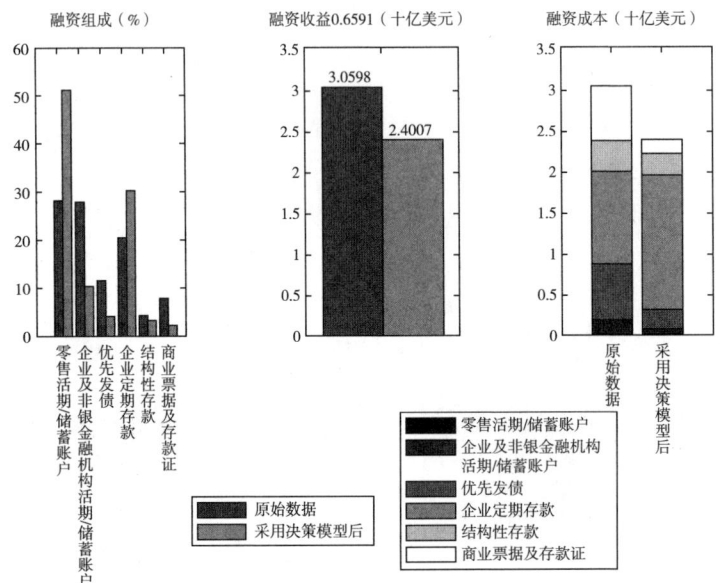

融资组成（%）　融资收益0.6591（十亿美元）　融资成本（十亿美元）

在石油供应危机情景下，采用决策模型降低了融资成本

在目标结构下，流动性风险和利率风险敞口指标数据如下：

- 客户贷款与客户融资比率=72%
- 中期融资比率$_{合同}$=35%
- 中期融资比率$_{行为}$=175%
- 2个月生存率=156%
- $\Delta NII_{+200bps}$ = 51.7%
- $\Delta NII_{-200bps}$ = 2.58%

极端情景　在极端情景下，初始融资结构及其各自成本如下：

- 零售活期账户（CASA）：占比$_A$=28.25%
- 企业及非银金融机构活期账户：占比$_B$=27.85%
- 优先发债：占比$_C$=11.38%
- 企业定期存款：占比$_{D1}$=20.49%
- 结构性存款：占比$_{D2}$=4.23%
- 商业票据及存款证：占比$_{D3}$=7.8%

由此产生的融资成本变化如下:

- 成本A=0.07亿美元
- 成本B=1.713亿美元
- 成本C=5.837亿美元
- 成本D1=9.247亿美元
- 成本D2=2.891亿美元
- 成本D3=6.768亿美元

合计融资成本=26.525亿美元

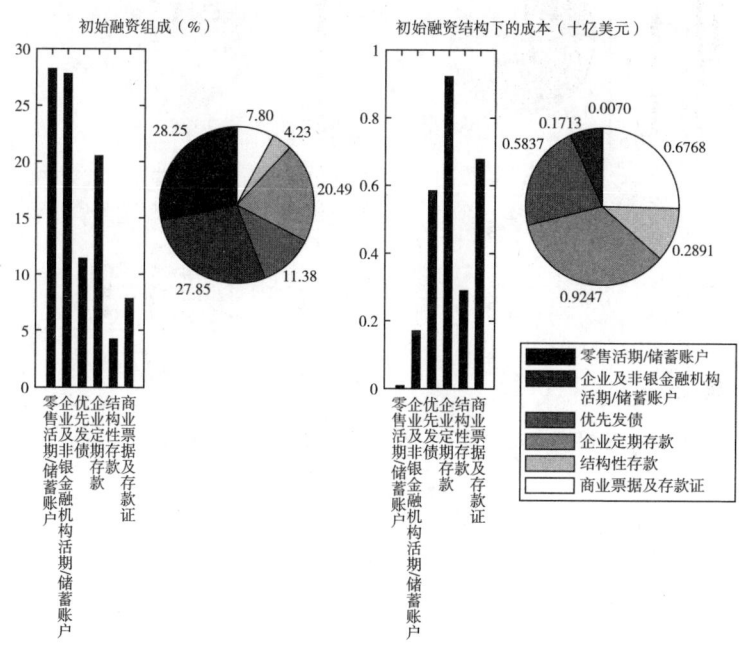

在极端情景假设下的初始融资结构

在当前结构下,流动性风险和利率风险敞口指标数据如下:

- 客户贷款与客户融资比率=80%
- 中期融资比率$_{合同}$=60%
- 中期融资比率$_{行为}$=175%

- 2个月生存率=133%
- $\Delta \text{NII}_{+200bps} = 64\%$
- $\Delta \text{NII}_{-200bps} = 3.2\%$

采用决策模型后，6个月的融资成本降低了6.493亿美元。

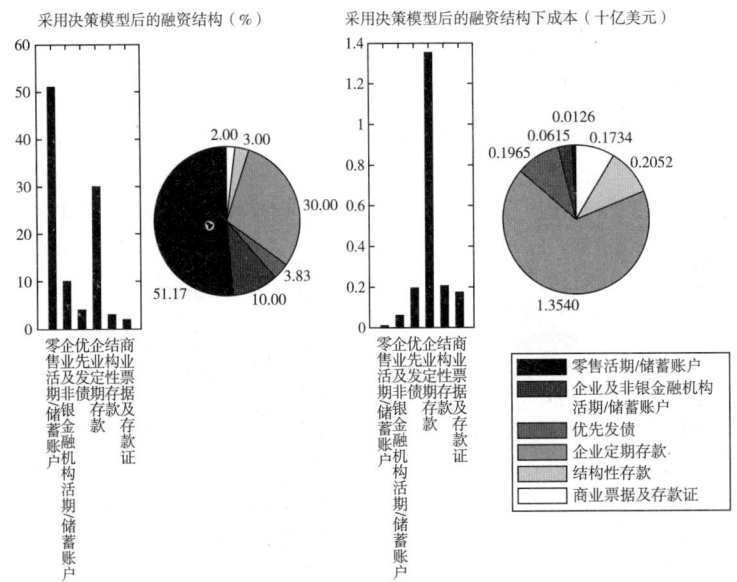

在极端情景假设下，采用决策模型后的融资结构

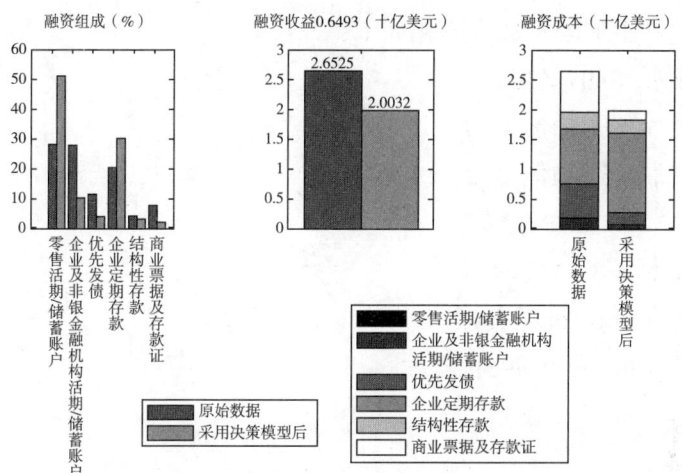

在极端情景假设下，采用决策模型降低了融资成本

在目标结构下，流动性风险和利率风险敞口指标数据如下：

- 客户贷款与客户融资比率=72%

- 中期融资比率$_{合同}$=35%

- 中期融资比率$_{行为}$=175%

- 2个月生存率=156%

- $\Delta NII_{+200bps} = 53\%$

- $\Delta NII_{-200bps} = 2.67\%$

存款特征模型的结果改变，如余额波动或者敏感性增加 在存款特征模型的结果改变，如余额波动或者敏感性增加情景下，初始融资结构及其各自成本如下：

- 零售活期账户（CASA）：占比$_A$=28.25%

- 企业及非银金融机构活期账户：占比$_B$=27.85%

- 优先发债：占比$_C$=11.38%

- 企业定期存款：占比$_{D1}$=20.49%

- 结构性存款：占比$_{D2}$=4.23%

- 商业票据及存款证：占比$_{D3}$=7.8%

由此产生的融资成本变化如下：

- 成本$_A$=0.07亿美元
- 成本$_B$=1.713亿美元
- 成本$_C$=6.384亿美元
- 成本$_{D1}$=10.232亿美元
- 成本$_{D2}$=3.328亿美元
- 成本$_{D3}$=6.768亿美元

总融资成本=28.493亿美元

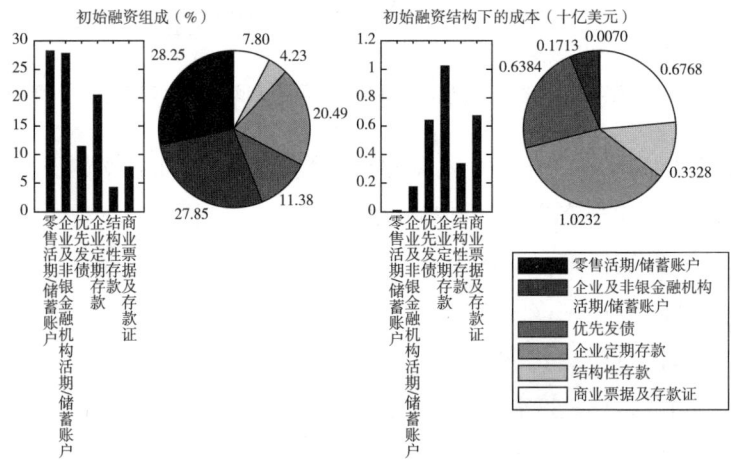

在存款特征模型的结果改变情景下的初始融资结构

在当前结构下，流动性风险和利率风险敞口指标数据如下：

- 客户贷款与客户融资比率=80%
- 中期融资比率$_{合同}$=60%
- 中期融资比率$_{行为}$=175%
- 2个月生存率=133%
- $\Delta NII_{+200bps}$ = 71%
- $\Delta NII_{-200bps}$ = 3.5%

采用决策模型后，融资结构变化如下：

- 零售活期账户（CASA）：占比$_A$=51.17%
- 企业及非银金融机构活期账户：占比$_B$=10%
- 优先发债：占比$_C$=3.83%
- 企业定期存款：占比$_{D1}$=30%
- 结构性存款：占比$_{D2}$=3%
- 商业票据及存款证：占比$_{D3}$=2%

由此导致的融资成本变化如下：

- 成本$_A$=0.126亿美元
- 成本$_B$=0.615亿美元
- 成本$_C$=2.149亿美元
- 成本$_{D1}$=14.982亿美元
- 成本$_{D2}$=2.362亿美元
- 成本$_{D3}$=1.734亿美元

总融资成本=21.967亿美元

采用决策模型后，6个月的融资成本降低了6.526亿美元。

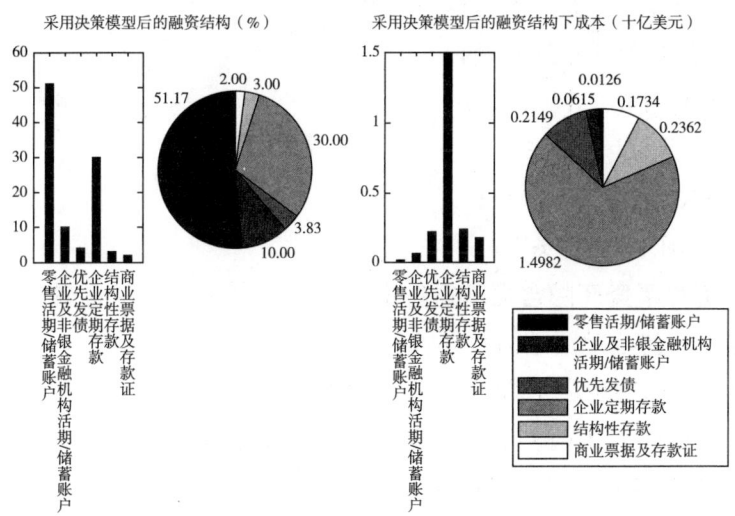

在存款特征模型的结果改变情景下，采用决策模型后的融资结构

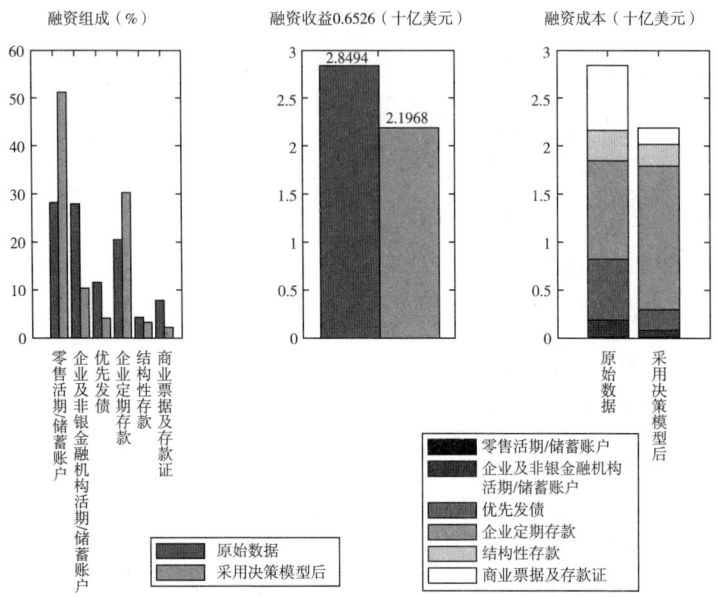

在存款特征模型的结果改变情景下，采用决策模型降低了融资成本

在目标结构下，流动性风险和利率风险敞口指标数据如下：

• 客户贷款与客户融资比率=72%

• 中期融资比率$_{合同}$=35%

• 中期融资比率$_{行为}$=176%

• 2个月生存率=156%

• $\Delta NII_{+200bps}$ = 61.85%

• $\Delta NII +$ = 3.09%

固定利率资产隐含提前偿付率　在固定利率资产隐含提前偿付率的情景下，初始融资结构及其各自成本如下：

• 零售活期账户（CASA）：占比$_A$=28.25%

• 企业及非银金融机构活期账户：占比$_B$=27.85%

• 优先发债：占比$_C$=11.38%

• 企业定期存款：占比$_{D1}$=20.49%

• 结构性存款：占比$_{D2}$=4.23%

- 商业票据及存款证：占比$_D$3=7.8%

由此产生的融资成本变化如下：

- 成本$_A$=0.070亿美元

- 成本$_B$=1.713亿美元

- 成本$_C$=6.384亿美元

- 成本$_{D1}$=10.232亿美元

- 成本$_{D2}$=3.328亿美元

- 成本$_{D3}$=6.768亿美元

总融资成本=28.493亿美元

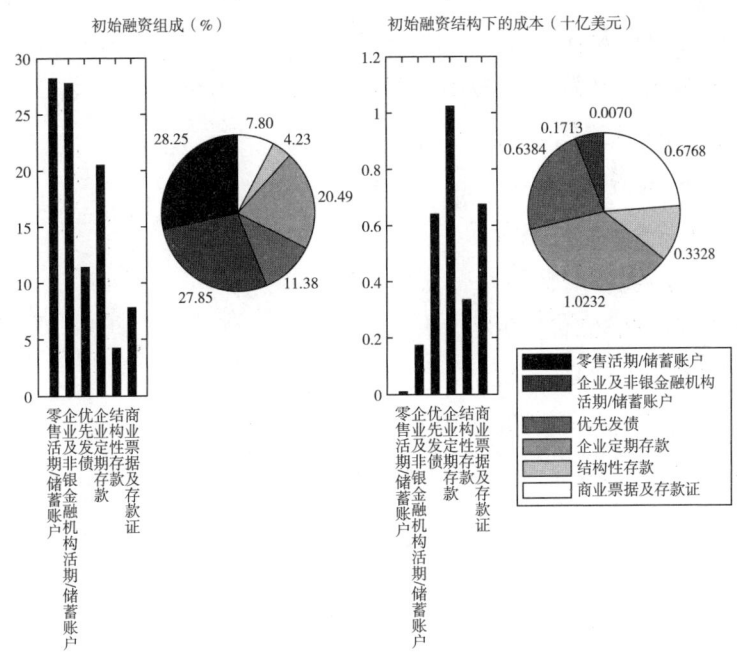

在固定利率资产隐含提前偿付率情景下的初始融资结构

在当前结构下，流动性风险和利率风险敞口指标数据如下：

- 客户贷款与客户融资比率=80%

- 中期融资比率$_{合同}$=59.02%

- 中期融资比率$_{行为}$=175%
- 2个月生存率=133%
- $\Delta NII_{+200bps}$ = 65%
- $\Delta NII_{-200bps}$ = 3.26%

采用决策模型后，融资结构变化如下：

- 零售活期账户（CASA）：占比$_A$=51.48%
- 企业及非银金融机构活期账户：占比$_B$=10%
- 优先发债：占比$_C$=3.52%
- 企业定期存款：占比$_{D1}$=30%
- 结构性存款：占比$_{D2}$=3%
- 商业票据及存款证：占比$_{D3}$=2%

由此导致的融资成本变化如下：

- 成本$_A$=0.127亿美元
- 成本$_B$=0.615亿美元
- 成本$_C$=1.976亿美元
- 成本$_{D1}$=14.982亿美元
- 成本$_{D2}$=2.362亿美元
- 成本$_{D3}$=1.734亿美元

合计融资成本=21.795亿美元

采用决策模型后，6个月的融资成本降低了6.698亿美元。

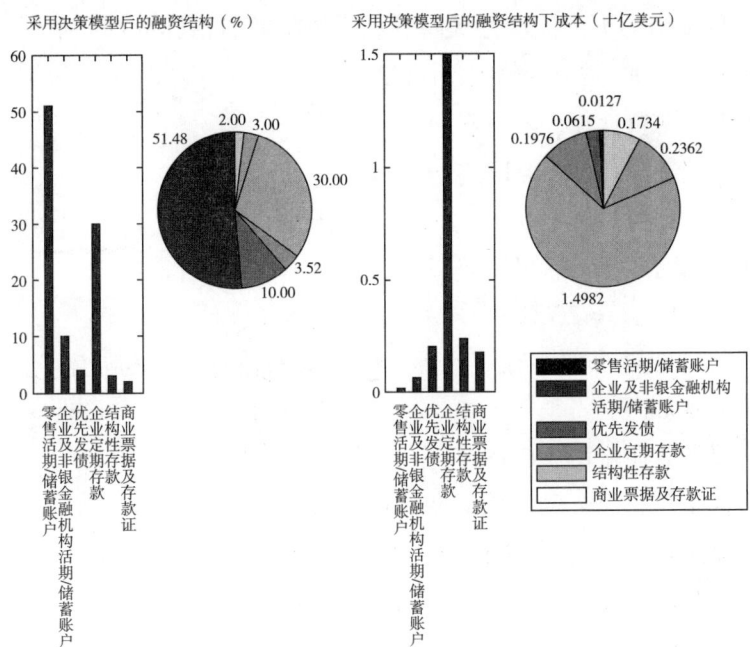

在固定利率资产隐含提前偿付率的情景下，采用决策模型后的融资结构

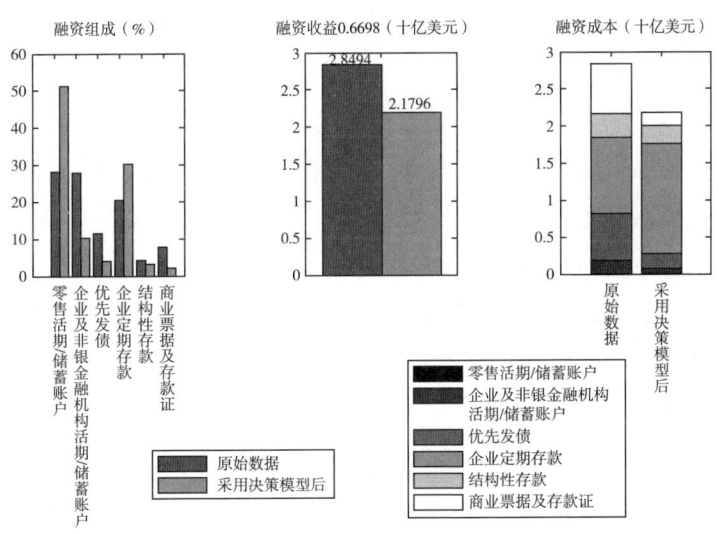

在固定利率资产隐含提前偿付率的情景下，采用决策模型降低了融资成本

233

在目标结构下，流动性风险和利率风险敞口指标数据如下：

- 客户贷款与客户融资比率=72%
- 中期融资比率$_{合同}$=35%
- 中期融资比率$_{行为}$=175%
- 2个月生存率=156%
- $\Delta NII_{+200bps}$ = 54.6%
- $\Delta NII_{-200bps}$ = 2.73%

银行评级降一级 在银行评级降一级的情景下，初始融资结构及其各自成本如下：

- 零售活期账户（CASA）：占比$_A$=28.25%
- 企业及非银金融机构活期账户：占比$_B$=27.85%
- 优先发债：占比$_C$=11.38%
- 企业定期存款：占比$_{D1}$=20.49%
- 结构性存款：占比$_{D2}$=4.23%
- 商业票据及存款证：占比$_{D3}$=7.8%

由此产生的融资成本变化如下：

- 成本$_A$=0.07亿美元
- 成本$_B$=1.713亿美元
- 成本$_C$=7.784亿美元
- 成本$_{D1}$=10.232亿美元
- 成本$_{D2}$=3.328亿美元
- 成本$_{D3}$=6.768亿美元

总融资成本=29.895亿美元

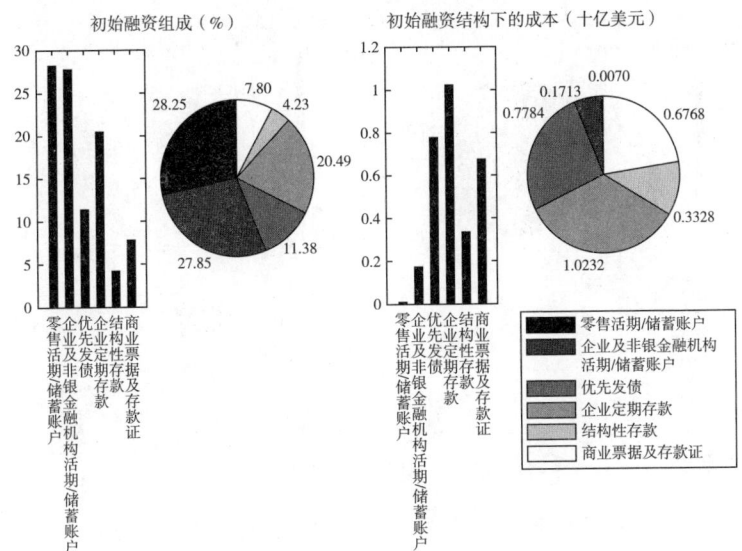

在银行评级降一级情景下的初始融资结构

采用决策模型后，融资结构变化如下：

- 零售活期账户（CASA）：占比$_A$=51.17%
- 企业及非银金融机构活期账户：占比$_B$=10%
- 优先发债：占比$_C$=3.83%
- 企业定期存款：占比$_{D1}$=30%
- 结构性存款：占比$_{D2}$=3%
- 商业票据及存款证：占比$_{D3}$=2%

由此导致的融资成本变化如下：

- 成本$_A$=0.126亿美元
- 成本$_B$=0.615亿美元
- 成本$_C$=2.620亿美元
- 成本$_{D1}$=14.982亿美元
- 成本$_{D2}$=2.361亿美元
- 成本$_{D3}$=1.734亿美元

总融资成本=22.439亿美元

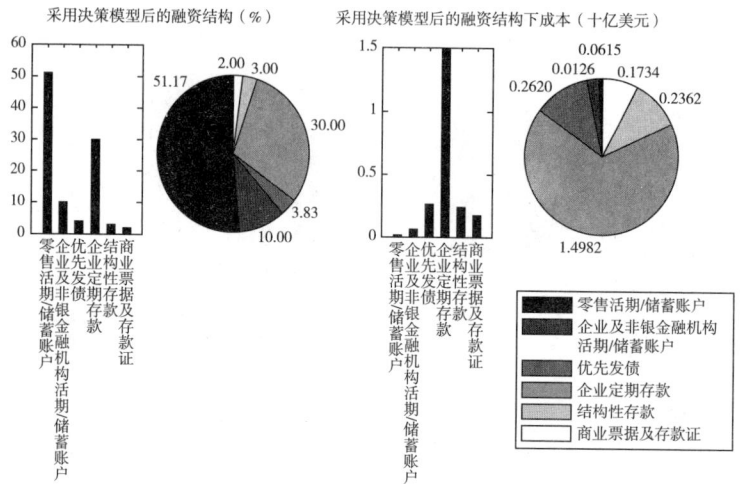

在银行评级降一级的情景下，采用决策模型后的融资结构

采用决策模型后，6个月的融资成本降低了7.455亿美元。

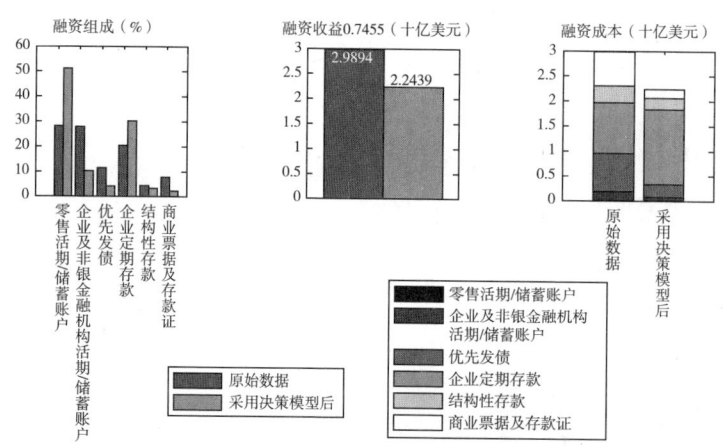

在银行评级降一级的情景下，采用决策模型降低了融资成本

在目标结构下，流动性风险和利率风险敞口指标数据如下：

• 客户贷款与客户融资比率=72%

• 中期融资比率$_{合同}$=35%

- 中期融资比率$_{行为}$=176%

- 2个月生存率=156%

- $\Delta \text{NII}_{+200bps} = 54.26\%$

- $\Delta \text{NII}_{-200bps} = 2.713\%$

初始的固定利率资产占比变化　在初始的固定利率资产占比变化情景下，初始融资结构及其各自成本如下：

- 零售活期账户（CASA）：占比$_A$=28.25%

- 企业及非银金融机构活期账户：占比$_B$=27.85%

- 优先发债：占比$_C$=11.38%

- 企业定期存款：占比$_{D1}$=20.49%

- 结构性存款：占比$_{D2}$=4.23%

- 商业票据及存款证：占比$_{D3}$=7.8%

由此产生的融资成本变化如下：

- 成本$_A$=0.07亿美元

- 成本$_B$=1.713亿美元

- 成本$_C$=6.384亿美元

- 成本$_{D1}$=10.232亿美元

- 成本$_{D2}$=3.328亿美元

- 成本$_{D3}$=6.768亿美元

总融资成本=28.493亿美元

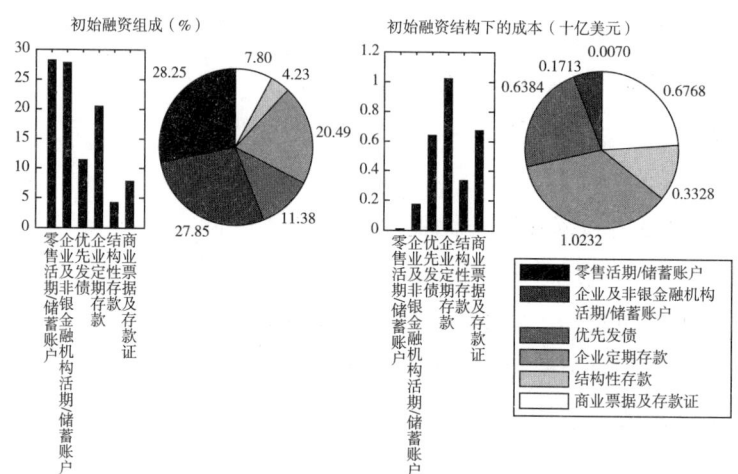

在初始的固定利率资产占比变化情景下的初始融资结构

在当前结构下，流动性风险和利率风险敞口指标数据如下：

- 客户贷款与客户融资比率=58.40%

- 中期融资比率$_{合同}$=82.39%

- 中期融资比率$_{行为}$=215%

- 2个月生存率=214%

- $\Delta NII_{+200bps}$ = 129%

- $\Delta NII_{-200bps}$ =6.4%

采用决策模型后，融资结构变化如下：

- 零售活期账户（CASA）：占比$_A$=55.0%

- 企业及非银金融机构活期账户：占比$_B$=10%

- 优先发债：占比$_C$=0.00011%

- 企业定期存款：占比$_{D1}$=30%

- 结构性存款：占比$_{D2}$=3%

- 商业票据及存款证：占比$_{D3}$=2%

由此导致的融资成本变化如下：

- 成本$_A$=0.135亿美元

- 成本$_B$=0.615亿美元
- 成本$_C$=0.00005995亿美元
- 成本$_{D1}$=14.982亿美元
- 成本$_{D2}$=2.362亿美元
- 成本$_{D3}$=1.734亿美元

总融资成本=19.82亿美元

采用决策模型后，6个月的融资成本降低了8.666亿美元。

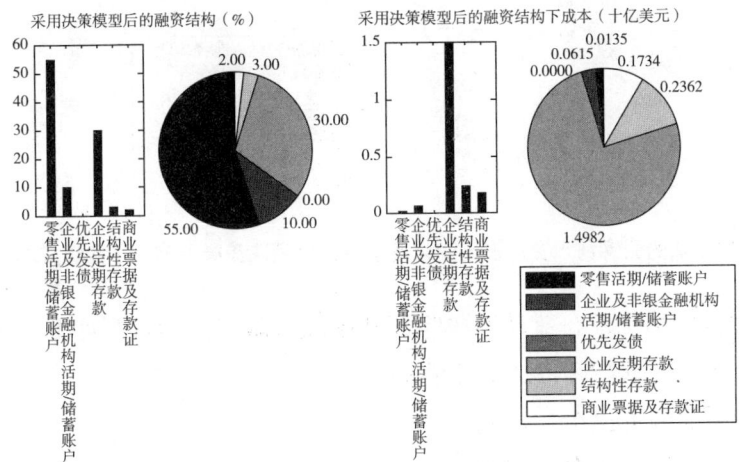

在初始的固定利率资产占比变化情景下，采用决策模型后的融资结构

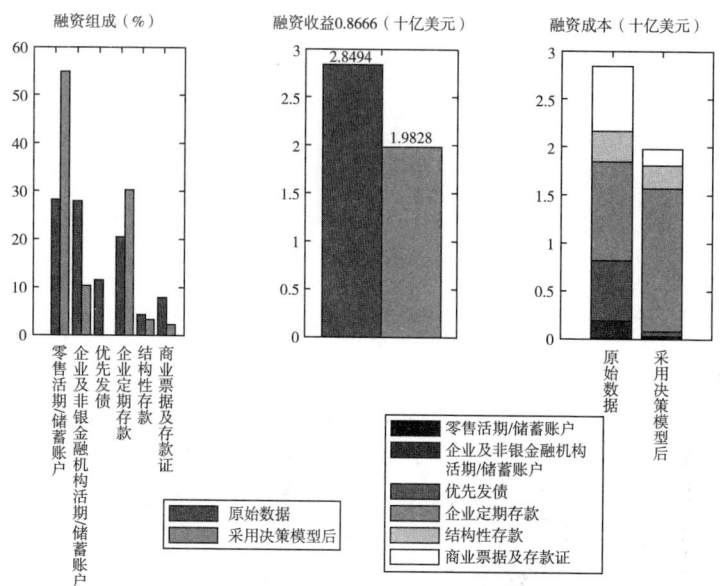

在初始的固定利率资产占比变化情景下，采用决策模型降低了融资成本

在目标结构下，流动性风险和利率风险敞口指标数据如下：

- 客户贷款与客户融资比率=50%
- 中期融资比率$_{合同}$=39%
- 中期融资比率$_{行为}$=216%
- 2个月生存率=247%
- $\Delta NII_{+200bps}$ = 121%
- $\Delta NII_{-200bps}$ = 6.08%

初始的浮动利率资产占比变化 在初始的浮动利率资产占比变化情景下，初始融资结构及其各自成本如下：

- 零售活期账户（CASA）：占比$_A$=28.25%
- 企业及非银金融机构活期账户：占比$_B$=27.85%
- 优先发债：占比$_C$=11.38%
- 企业定期存款：占比$_{D1}$=20.49%
- 结构性存款：占比$_{D2}$=4.23%

• 商业票据及存款证：占比$_{D3}$=7.8%

由此产生的融资成本变化如下：

• 成本$_A$=0.07亿美元

• 成本$_B$=1.713亿美元

• 成本C=6.384亿美元

• 成本$_{D1}$=10.232亿美元

• 成本$_{D2}$=3.328亿美元

• 成本$_{D3}$=6.768亿美元

总融资成本=28.493亿美元

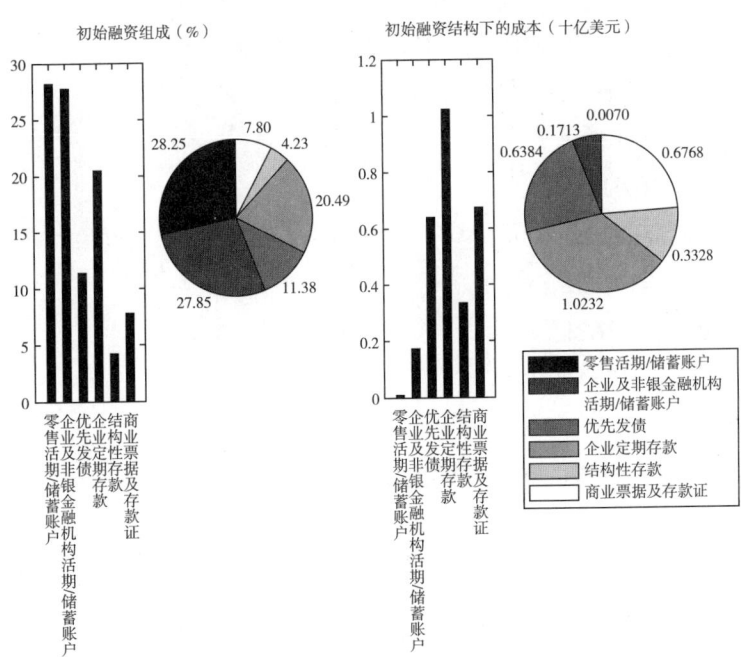

在初始的浮动利率资产占比变化情景下的初始融资结构

在当前结构下，流动性风险和利率风险敞口指标数据如下：

• 客户贷款与客户融资比率=72%

• 中期融资比率$_{合同}$=66.74%

- 中期融资比率$_{行为}$=193%
- 2个月生存率=165%
- $\Delta \text{NII}_{+200bps} = 75.48\%$
- $\Delta \text{NII}_{-200bps} = 3.77\%$

采用决策模型后，融资结构变化如下：

- 零售活期账户（CASA）：占比$_A$=53.23%
- 企业及非银金融机构活期账户：占比$_B$=10%
- 优先发债：占比$_C$=1.77%
- 企业定期存款：占比$_{D1}$=30%
- 结构性存款：占比$_{D2}$=3%
- 商业票据及存款证：占比$_{D3}$=2%

由此导致的融资成本变化如下：

- 成本$_A$=0.131亿美元
- 成本$_B$=0.615亿美元
- 成本$_C$=0.992亿美元
- 成本$_{D1}$=14.982亿美元
- 成本$_{D2}$=2.362亿美元
- 成本$_{D3}$=1.734亿美元

合计融资成本=20.8亿美元

采用决策模型后，6个月的融资成本降低了6.526亿美元。

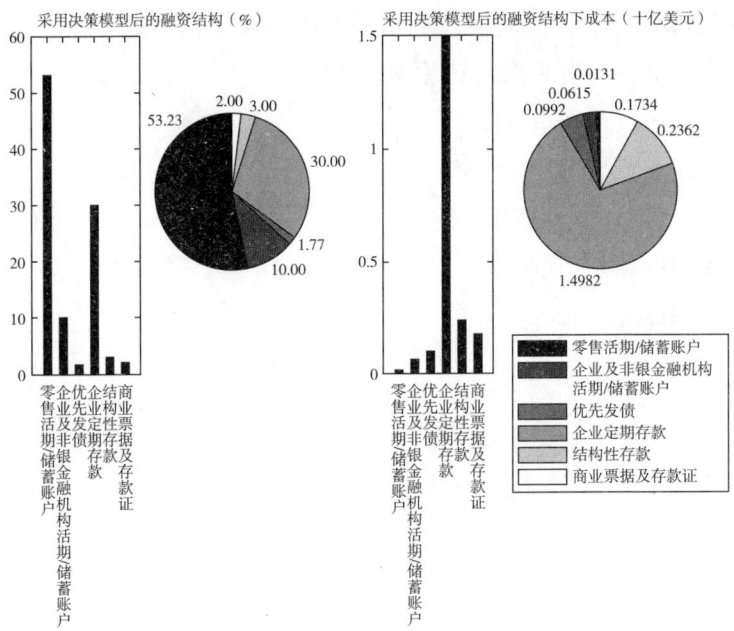

在初始的浮动利率资产占比变化情景下，采用决策模型后的融资结构

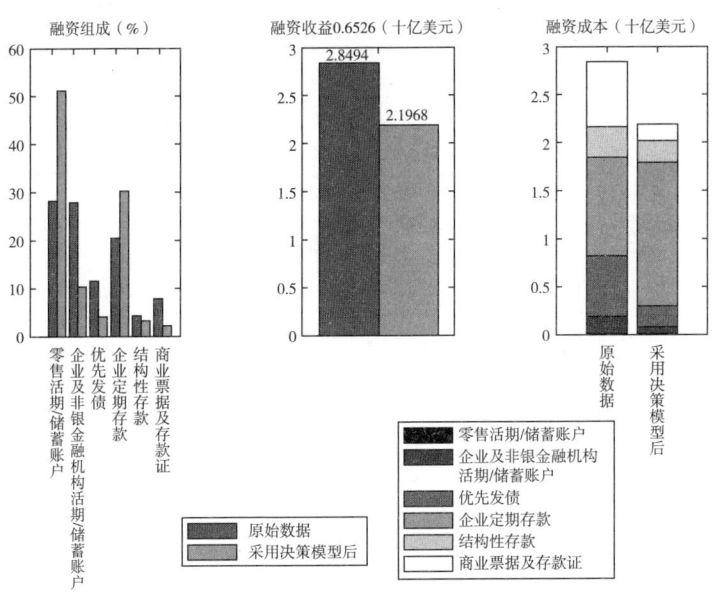

在初始的浮动利率资产占比变化情景下，采用决策模型降低了融资成本

在目标结构下，流动性风险和利率风险敞口指标数据如下：

- 客户贷款与客户融资比率=63.38%
- 中期融资比率$_{合同}$=35%
- 中期融资比率$_{行为}$=193%
- 2个月生存率=192%
- $\Delta NII_{+200bps} = 66\%$
- $\Delta NII_{-200bps} = 3.3\%$

参考文献

Adam A. (2007). *Handbook of Asset Liability Management: From Models to Optimal Return Strategies*. Wiley, Chichester.

Ahmed J.M. (2015). *A Course in Basel II and III*. CreateSpace Independent Publishing Platform.

Alessandri, P. and Drehmann, M. (2010). An economic capital model integrating credit and interest rate risk in the banking book. *Journal of Banking and Finance* 34: 730–742.

Baldan C., Zen F., and Rebonato T. (2012). Liquidity risk and interest rate risk on banks: Are they related? *The IUP Journal of Financial Risk Management* IX(4): 27–51.

Barfield R. (ed.) (2011). *A Practitioner's Guide to Basel III and Beyond*. Thomson Reuters, Sweet & Maxwell.

Basel Committee on Banking Supervision (1997). Principles for the management of interest rate risk, September.

Basel Committee on Banking Supervision (2004). Principles for the management of interest rate risk, July.

Basel Committee on Banking Supervision (2010). Basel III: International framework for liquidity risk management, standards and monitoring, December.

Basel Committee on Banking Supervision (2011). Basel III: A global regulatory framework for more resilient banks and banking systems – revised version, June.

Basel Committee on Banking Supervision (2013). Basel III: The Liquidity Coverage Ratio and liquidity risk monitoring tools, January.

Basel Committee on Banking Supervision (2014). Basel III: The Net Stable Funding Ratio, January.

Basel Committee on banking Supervision (2016). Standards: Interest rate risk in the banking book, April.

Bergner M., Marcus P., and Adler M. (2014). Bank runs and Liquidity Management Tools. In: Andreas Bohn and Marije Elkenbracht-Huizing (eds), *The Handbook of ALM in Banking*. Risk Books, London.

Bierg G. and Kaufman G.G. (1985). Duration gap for financial institutions. *Financial Analyst Journal* 41(2): 68–71.

Blair S. and Akkizidis I. (2011). Funding liquidity: risk, analysis and management, in: *The PRM Handbook*, Supplementary Papers, PRMIA.

Brigo, D. and Mercurio, F. (2007). *Interest Rate Models – Theory and Practice*. Springer Finance.

Burghardt G. (1994). *The Treasury Bonds Basis*. Irwin, New York, 90.

Cadamagnani F., Harimohan R., and Tangri K. (2015). A bank within a bank: how a commercial bank's treasury function affects the interest rates set for loans and deposits. The Prudential Regulatory Authority, *Bank of England Quarterly Bulletin* Q2 2015, 55(2): 153–164.

CEBS (2008). Technical Advice on Liquidity Management, September.

Choudhry M. (2007). *Bank Asset Liability Management: Strategy, Trading, Analysis*. Wiley, Singapore.

Choudhry M. (2017). Strategic ALM and integrated balance sheet management: the future of bank risk management, *European Finance Journal*, Aug–Sep.

Choudhry M. (2018). *The Moorad Choudhry Anthology*. Wiley, London.

Cornett, M.M., McNutt J.J., Strahan P.E., and Theranian H. (2011) Liquidity risk management and credit supply in the financial crises. *Journal of Financial Economics* 101: 297–312.

Drago D. (1998). Rischio di interesse e gestione bancaria. Modelli e tecniche a confront. Bancaria Editrice, Roma.

Drago D. (2001). *Nuove tendenze dell'Asset Liability management nelle banche*. Giuffre, Milano.

Enthofer H. and Haas P. (2016). *Asset Liability Management Handbook*. Linde.

European Banking Authority (EBA) (2014). Guidelines on common procedures and methodologies for the supervisory review and evaluation process (SREP), December.

European Banking Authority (EBA) (2017a). Guidelines on ICAAP and ILAAP information collected for SREP purposes, February.

European Banking Authority (EBA) (2017b). Consultation Paper, Guidelines on the management of interest rate risk arising from non-trading book activities, October.

European Banking Authority (EBA) (2018a). Final Report, Guidelines on the management of interest rate risk arising from non-trading book activities, July.

European Banking Authority (EBA) (2018b). Final report, Guidelines on the revised common procedures and methodologies for the supervisory review and evaluation process (SREP) and supervisory stress testing, July.

Forsgren A, Gill F.E., and Wright M.H. (2002). Interior methods for nonlinear optimization, *Society for Industrial and Applied Mathematics Rev* 44(4): 525–597.

Gentili G. and Santini N. (2014). Measuring and managing interest rate and basis risk. In: Andreas Bohn and Marije Elkenbracht-Huizing (eds) *The Handbook of ALM in Banking: Interest Rates, Liquidity and the Balance Sheet*. Risk Books, London.

Grundke, P. (2004). Integrating interest rate risk in credit portfolio models. *Journal of Risk Finance* 5: 6–15.

Gualandri, E. (1991). Aziende di credito e rischio d'interesse. In: P.L. Fabrizi (ed.) *La gestione integrata dell'attivo e passivo nelle aziende di credito*. Giuffrè, Milano.

Gualandri, E., Landi, A., and Venturelli, V. (2009). Financial crises and new dimensions of liquidity risk: rethinking prudential regulation and supervision. *Journal of Money, Investment and Banking*, 8: 25–42.

Hauschild A. and Buschmann C. (2014). Strategies for the management of reserve assets. In: Andreas Bohn and Marije Elkenbracht-Huizing (eds), *The Handbook of ALM in Banking: Interest Rates, Liquidity and the Balance Sheet*. Risk Books, London.

Hellemons H.J.A. (2012). Bank balance sheet optimization. Thesis, VU University Amsterdam, Amsterdam.

Hull J. (2012). *Risk Management and Financial Institutions*. Wiley, New York.

Kaufman G.G. (1984). Measuring and managing interest rate risk: A primer, *Economic Perspectives* (Federal Reserve Bank of Chicago) 8(1): 16–29.

Knies K. (1876). *Geld und Credit II, Abteilung Der Credit*. Leipzig.

Lekatis G. (2014). *Understanding Basel III, What is Different After January 2015*. Washington.

Lubinska, B. (2014). Review of the static methods used in the measurement of the exposure to the interest rate risk. *Financial Sciences* 4(21): 25–41.

Lubinska, B. (2017). Balance sheet shaping through decision model and the role of the funds transfer pricing process. In: Krzysztof Jajuga, Lucjan T. Orlowski and Karsten Staehr (eds) *Contemporary Trends and Challenges in Finance*, Springer Proceedings in Business and Economics book series (SPBE). Springer, Cham. 183–193.

Lusignani G. (1996). *La gestione dei rischi finanziari nella banca*. Il Mulino, Bologna.

Lusignani, G. (2004). La gestione dei rischi nella banca. In: M. Onado (ed.) *La banca come impresa*. Il Mulino, Bologna.

McCarthy J. (2015). Liquidity risk. In: *The PRM Handbook, Market Risk, Asset Liability Management and Funds Transfer Pricing*, Vol. III, PRMIA.

Memmel, C. (2011). Banks' exposure to interest rate risk, their earnings from term transformation, and the dynamics of the term structure. *Journal of Banking and Finance* 35: 282–289.

Neu P., Widowitz M., and Vogt, P. (2012). In the Center of the Storm: Insights from BCG's Treasury Benchmarking Survey, October. www.bcgperspectives.com/content/articles/financial_institutions_financial_management_budgeting_reporting_center_of_storm_treasury_benchmarking_survey_insights/?chapter=5#chapter5 (accessed 3 October 2012).

Newson P. (2017). *Interest Rate Risk in the Banking Book*. Risk Books, London.

Nocedal, J. and Wright, S.J. (2006). *Numerical Optimization*, Springer Series in Operations Research and Financial Engineering. Springer-Verlag, New York.

OCC, FED (2011–2012). Board of Governors of the Federal Reserve System Office of the Comptroller of the Currency, April. Sound Practices for Model Risk Management: Supervisory Guidance on Model Risk Management. https://www.occ.treas.gov/news-issuances/bulletins/2011/bulletin-2011-12a.pdf.

Parramore K. and Watsham T. (2015a). Numerical methods. In: *The PRM Handbook*, Mathematical Foundations of Risk Management, Vol. II, PRMIA.

Parramore K. and Watsham T. (2015b). Regression analysis in finance. In: *The PRM Handbook, Mathematical Foundations of Risk Management*, Vol. II, PRMIA.

Resti, A. and Sironi, S. (2007). *Risk Management and Shareholders' Value in Banking: From Risk Measurement Models to Capital Allocation Policies*. Wiley, Oxford.

Resti, A. (2011). Liquidita' e capitale delle banche: le nuove regole, i loro impatti gestionali. (Banks's capital and liquidity in the Basel III framework). *Bancaria* 11: 14–23.

Ryan, R.J. (2013). The Evolution of Asset/Liability Management (a summary). Research Foundation of CFA Institute.

Soulellis G. (2014). The modelling of non-maturity deposits. In: Andreas Bohn and Marije Elkenbracht-Huizing (eds), *The Handbook of ALM in Banking: Interest Rates, Liquidity and the Balance Sheet* (Chapter 5). Risk Books, London.

Staikouras, S. (2006). Financial intermediaries and interest rate risk: II. *Financial Markets, Institutions and Instruments* 15: 225–272.

Widowitz M., Vogt, P., and Neu, P. (2014). Funds transfer pricing in the new normal. In: Andreas Bohn and Marije Elkenbracht-Huizing (eds), *The Handbook of ALM in Banking: Interest Rates, Liquidity and the Balance Sheet*. Risk Books, London.

Zen, F. (2008). *La misurazione e la gestione del rischio del tasso di interesse nel banking book*. Giappichelli Editore, Torino.

译者后记

作为一名长期关注银行资产负债管理领域发展的银行从业人员，我深深地感受到，近年来商业银行资产负债管理在理念、工具、方法和指标管理上已经取得了长足的发展，特别是在科技浪潮的冲击下，商业银行数字化转型方兴未艾，数据维度越来越丰富，以往难以实现的管理目标和研究分析，都可以通过深度的数据挖掘和管理工具来实现。即便如此，我相信资产负债管理最优化，仍然是众多人士孜孜不倦的追求。

初次阅读《资产负债管理最优化：资产负债表管理和重塑的实践指南》这本书时，即被题目所吸引。译者在职业生涯中，也参与过几次资产负债管理优化的咨询和实施工作，感受到了先进理念和工具对提升商业银行经营管理效率的显著效果，同时也对诸多理念从吸收到落地的种种困难深有感触。受制于当时的技术手段，译者在与同事的交流中也常常陷入资产负债管理到底是科学还是艺术的循环争论之中，迫切地希望在方法论上能有所突破。所幸，本书不仅对资产负债管理的相关监管要求进行了梳理，同时也对最优化理念进行了阐述，并提供了可实施和借鉴的定量解决方案。

出于实践考虑，译者脑海中经常会浮现以下问题："商业银行流动性风险和利率风险在管理方向上是不是一致的，可否统一协调管控？"为了回答这个问题，译者曾从缺口表的改进方向上分析过两个风险的协同关系，并做了一些研究。当看到本书中提出的"商业银行资产负债管理不应该独立地管理流动性风险和利率风险，应该通过集成化措施进行综合管理"时，眼前一亮，这应和了长期萦绕在译者心头的问题。译者希望有越来越多的对银行管理感兴趣的读者能从本书中找到答案。

本书作者卢宾斯卡博士有多年的资产负债管理从业经历和深厚的理论研究功底。细读本书，读者会发现内容丰富且具有很强的操作性，特别是作者提供的定量解决方案尤为难得。本书从资产负债管理的发展历史出发，重点围绕商业银行流动性风险、银行账簿利率风险、内部资金转移定价等核心内容，详细阐述监管要求、管理理念和商业银行典型做法，由浅入深，引导读者入门；之后采用了数据建模的方式来解决资产负债的最优解问题。作者采用了拉格朗日求极值点的方式，以获取约束条件下的最优配比解；重点分析和阐述了在一般条件和不同的压力情景下，如何组合资产负债才能获取最大的收益。最后，作者选取了两个典型案例来详细阐述上述理念和方法，进一步加深了读者的理解，将本书的思想精华通过案例集中展示给读者，从微观层面研究了银行管理的工具与实践，更具现实意义。当然资产负债管理的定量解决方案不是一蹴而就的，数字化转型更不是一页纸翻过去就成功了，而是需要持续不断的优化。本书作者也在文中提出，书中所提供的方法论仅作为参考，希望读者能够从中选取到适合自身特点和循序渐进的方法。

感谢中国金融出版社李融和李林子编辑细致周到的工作，确保了本书的顺利出版。关继成完成了本书序言、绪论、第一章、第二章的初稿翻译工作，李康乐完成了本书第三章、第四章、第五章的初稿翻译工作，谭明洋完成了本书附录1、附录2的初稿翻译工作，我最后对文稿进行了总体梳理。

　　本书涉及银行诸多领域的专业知识，囿于学识、实践领域和精力，译文中难免会有不当之处，还望读者们予以谅解。我们也设置了专门接受读者意见的电子邮箱：bookreviews0616@163.com，恳请各位不吝批评指正。

于东智

2021年8月26日